HISTORIA CULTURAL DE LOS HISPANOHABLANTES EN JAPÓN

Araceli Tinajero

Title: *Historia cultural de los hispanohablantes en Japón*
ISBN-10: 1-940075-77-7
ISBN-13: 978-1-940075-77-8

Design: © Ana González Salamanca
Cover Design: © Jhon Aguasaco
Cover Image: *Japonesa con jeringa,* 2009; © Dr. Lakra / kurimanzutto, Mexico City / New York
Editor in Chief: Carlos Aguasaco
Associate Editor: Carlos Velásquez Torres
E-mail: carlos@artepoetica.com / aguasaco@gmail.com
Mail: 38-38 215 Place, Bayside, NY 11361, USA.

© *Historia cultural de los hispanohablantes en Japón*, Araceli Tinajero
© *Historia cultural de los hispanohablantes en Japón*, 2019 for this edition Escribana Books an Imprint of Artepoética Press Inc.

Library of Congress Subject Heading:
DS832.7.L3 T56 2019
Latin Americans -- Japan -- Social life and customs
Spaniards -- Japan--History
Latin Americans -- Japan -- Ethnic identity
Spanish language -- Japan
Return migration -- Japan
Spanish American literature -- Study and teaching -- Japan
Culture diffusion -- Japan
Culture diffusion in literature
Language spread -- Japan
Language and culture -- Japan
Latin American literature -- Asian influences.
Spanish literature -- Asian influences.
Cross-cultural studies -- Pacific Area
Latin American literature--21st century -- History and criticism
Spanish literature -- 21st century -- History and criticism

All photographs are courtesy of the author.

All rights reserved. No part of this publication may be reproduced, distributed, or transmitted in any form or by any means, including photocopying, recording, or other electronic or mechanical methods, without the prior written permission of the publisher, except in the case of brief quotations embodied in critical reviews and certain other noncommercial uses permitted by copyright law. For permission requests, write to the publisher, addressed "Attention: Permissions Coordinator," at the following address: 38-38 215 Place, Bayside, NY 11361, USA

HISTORIA CULTURAL DE LOS HISPANOHABLANTES EN JAPÓN

Araceli Tinajero

New York, 2019

A Josefina Tinajero,
hermana, amiga, ángel…

Contenido

AGRADECIMIENTOS	9
INTRODUCCIÓN	13
CAPÍTULO 1 LOS INTELECTUALES	19
CAPÍTULO 2 LOS MEDIOS DE COMUNICACIÓN	85
Primera parte - El periódico	87
Segunda parte - Las revistas	107
Tercera parte - La radio	151
CAPÍTULO 3 LA MÚSICA, LA DANZA, LOS FESTIVALES Y LAS ASOCIACIONES	177
CAPÍTULO 4 LA LITERATURA Y LAS BIBLIOTECAS	227
Primera parte - La literatura	229
Segunda parte - Las bibliotecas	268
EPÍLOGO	281
BIBLIOGRAFÍA	291

AGRADECIMIENTOS

Mis más profundas gracias...
a todas las personas que me concedieron entrevistas; no escribo sus nombres aquí aunque es obvio que éstos aparecen a través del libro,
a Takahiro Kato quien me recibió en Japón por primera vez como una profesional y por haberme invitado a dar tantas charlas y seminarios en varias universidades de Japón,
a mi amiga Mónica Ricketts por convencerme de no abandonar este proyecto y por su apoyo de siempre,
a Natsuki Uehara por haber hecho tanto por mí en Okinawa y por ayudarme a conseguir importantes estadísticas; y también a Atsushi Uema por su amable recibimiento,
a Shigeko Mato por su hospitalidad en Tokio y por todos los favores recibidos por varios años,
a Aurelio Asiain y Monserrat Loyde por su amabilidad y por la invitación a Kansai Gaidai,
a Junko Kajita, Michiyo Hayashi y Alvaro M. Navarro por su atención en Hirakata-shi,
a Noboru Kinoshita, Abel Cárdenas, Chizuru Ushida y Masaki Kawashima por su amable recibimiento en Nagoya,
a Ayako Saitou y Takaatsu Yanagihara por sus atenciones en Tokio,
a Alberto K. Fonseca Sakai por el bonito intercambio intelectual y por ayudarme con datos e importante bibliografía,
a Shoji Bando y Seiko Ota por otorgarme momentos inolvidables en Kioto,
a Jun'ichi Hibino por permitirme investigar sus archivos; gracias por su paciencia,
a Naomi Fujito por compartir tanto material y tantas anécdotas,
a Hisatoshi Tajima por su erudición en torno a la cultura okinawense,
a Marcos Rodríguez, Rosa María Pinelo y Akiko Mori por

permitirme conocer de cerca a los jóvenes cubanos ya maestros de música,

a Ryukichi Terao por su interesante conversación y por haberme regalado varias de sus impecables traducciones,

a Mariko y Akira Watanabe por los momentos maravillosos en Tokio y Yamanashi; también gracias a Yukiko Sugishita por su amena conversación en Kamata,

a Keiki Yoshitake, amigo fiel cuyos oídos siempre están atentos a mis inquietudes; gracias por hacerme sentir SIEMPRE en casa en Nagoya,

a Hiroshi Ojima por su entusiasmo y por promover la cultura cubana en Japón,

a Yoichi Higashiyama por sus sabios consejos y por su paciencia cuando revisé los archivos de Seisen Daigaku,

a Seiko Nishiyama por ayudarme a conseguir entrevistas difíciles y por su labor incondicional como voluntaria en el grupo "Friends",

a Yukiko Haneda, amiga de toda la vida, gracias por el sushi aquella tarde primaveral bajo los cerezos en Shinjuku Gyoen,

a las Hermanas Gwendolyn Hoeffel y Michiko Sato por su amable recibimiento en Nagoya y también por ayudarme con el estudio de las bibliotecas,

a Juan Carlos Lugo Alba por su hospitalidad en Okinawa,

a Zhexuan Wang por recordarme que la escritura es lo que le da sentido a mi vida,

a Helene Hoedl y Paul Hoeffel por su incondicional apoyo,

al Padre Anselmo Ferreira de Melo por su constante ayuda,

a Lorena Hernández Ramírez por la importante bibliografía y por ayudarme a articular el título del libro; también, gracias por sus amenas conversaciones en Nueva York,

a mis colegas, Emi Kukuchi y Akemi Kudo por su profundo apoyo de siempre,

a Elsa Cross por su apoyo con la bibliografía que me brindó cuando terminaba el manuscrito,

a los bibliotecarios de The City College of New York: Daisy Domínguez, Sarah Aponte y Jessy Pérez; así como también a Everett Allgood (bibliotecario de NYU), gracias por su esmero y apoyo,

a todos mis hermanos, Ángel, Leticia, Graciela, María Eugenia,

Natividad, Elvia, Josefina, Iván y Lizbeth por el cariño de siempre, al Dr. Lakra por permitirme usar su arte para la portada del libro; él sabe lo mucho que admiro su atrevimiento y el valor que le da al arte de "copiar",
a mis hermosos sobrinos, Nancy, Gisela, César, Karla, Miguel, Mónica, Jaritzi Guadalupe, Mariana, José Ángel, Marco Leopoldo, Esaú, Tania y Alexa; sobre todo le agradezco a mi sobrino Mario Alberto Vega López que me haya ayudado con las fotografías para este libro;
a Lizeth Y. López, mi fiel interlocutora de toda la vida, gracias por leer parte del manuscrito y por hacerme excelentes sugerencias; y finalmente a Stephen Pollard por tantas bondades.
Estoy profundamente endeudada con Carlos Aguasaco de Artepoética Press por la confianza que tiene en mis proyectos. Gracias por haberle dado a este manuscrito el valor que merece. También quisiera agradecerle a Carlos Velásquez Torres su empeño en la edición de este libro.
Parte de mis investigaciones se llevaron a cabo gracias a dos becas de PSC-CUNY (Professional Staff Congress of the City University of New York, Ciclos 44 y 47).

INTRODUCCIÓN

En el año 2009, cuando escribía mi libro *Kokoro, una mexicana en Japón,* volví a Nagoya, la ciudad donde había vivido a principios de los años ochenta. Cuando pisé sus calles después de tanto tiempo, la nostalgia me embargaba; ya era otra ciudad, ya era un Japón que yo no viví. Sabía que a partir de los años noventa habían llegado a Japón olas de inmigrantes latinoamericanos, pero yo no había convivido con ellos. Ellos llegaron después. También sabía que esos emigrantes habían comenzado a crear una cultura de la que yo no formé parte. Es decir, cuando yo viví en Japón no había ni revistas, ni periódicos, ni programas de radio o televisión en español.[1] Además, eran muy pocos los festivales del mundo hispánico; escasa era su música y eran relativamente pocos los restaurantes que servían comida hispana. Traté de encontrar un libro que me diera noticia de esa reciente historia cultural pero no lo encontré, aunque sí hay lúcidos estudios monográficos que cubren diferentes aspectos históricos y culturales de esa comunidad.[2]

Pero sería errado decir que la presencia de los hispanohablantes en el archipiélago es un fenómeno de las últimas décadas. De hecho, los misioneros españoles llegaron a Japón en

---

[1] Cuando viví en Japón era una joven y no me desempeñé en el medio académico. Los periódicos y revistas especializadas que se atesoran en las bibliotecas universitarias eran inasequibles porque yo no formaba parte de ese entorno.

[2] Véanse los libros o ediciones que directa o indirectamente se relacionan con los encuentros entre Occidente y el Japón: Bigenho, Camayd-Freixas, Cid Lucas, Betancort Santos, Fonseca Sakai, Gasquet, Kushigian, Gómez Aragón, Lee-DiStefano,, López-Calvo, Masterson y Funada-Classen, Matsuda, Rossi, Rustmji-Kerns, Nagy-Zekmi, Riger Tsurumi y Rossi entre otros (todos en la bibliografía). Algunos de esos estudios se concentran en los *nissei* o *sansei*—japoneses de segunda o tercera generación--que viven en Perú o en Brasil, por ejemplo. También hay varios estudios en japonés. Consúltese la bibliografía en el artículo de Fonseca Sakai.

el siglo XVI. Allá, los ibéricos introdujeron productos agrícolas, conocimientos teóricos de astronomía, geografía y matemáticas, bellas artes, productos físicos químicos--por ejemplo, el jabón, el espejo, el aguardiente, el vino, las lentes y telescopios—así como técnicas metalúrgicas y navieras.[3] Esas relaciones estuvieron vigentes por décadas hasta que a principios del siglo XVII se inició una persecución en contra de los católicos la cual se extendió por más de doscientos cincuenta años (la reciente película *Silencio* de Martin Scorsese muestra un episodio de esta historia).[4] A la par, Japón entraba en el periodo Edo o periodo Tokugawa (1603-1868) el cual se caracterizó por cerrar sus fronteras nacionales para evitar contacto con el extranjero. Ese autoaislamiento terminó en 1868 con la era Meiji (1868-1912) cuando se hizo lo contrario: el país entró en un profundo proceso de occidentalización.[5] Del mundo occidental se comenzó a aprender sobre todo la ciencia y la tecnología y a menor escala las humanidades. De hecho, las primeras clases de español se impartieron en la Escuela de Comercio de Tokio en 1890. Con el paso del tiempo se abrieron más y más escuelas de enseñanza del idioma. Después de la Segunda Guerra Mundial "hubo la esperanza de que se presentaran conversiones masivas [de católicos] en Japón"[6] pero ese no fue el caso; aunque, por otra parte, las que en el pasado habían sido escuelas se transformaron en universidades donde se impartía el español. En los años sesenta, con los juegos Olímpicos de Tokio, la Expo de Osaka en 1970 así como con el incremento de la popularidad de la música española y latinoamericana poco a poco se fueron abriendo departamentos de español en las grandes universidades: Sofia, Seisén, Kobe, Kioto, Nanzan, etcétera[7]. Este estudio no se detiene en esos importantísimos periodos del encuentro cultural entre Japón y el mundo hispanohablante.[8]

---

3   Cabezas García, 1.

4   La película está basada en el libro de Shusaku Endo.

5   Véase la edición de Michiko Tanaka, capítulos 3 y 4.

6   "Entrevista con el padre Gustavo Andrade, S. J." (208).

7   Rey, 168.

8   Un ejemplo es la importante edición de Cid Lucas, *Japón y la Península Ibérica. Cinco siglos de encuentros*, la cual incluye estudios con valiosa bibliografía. Otro ejemplo es la obra de

Este libro se centra en la historia cultural de los hispanohablantes en Japón en las últimas tres décadas.[9] Por hispanohablantes me refiero a los españoles y latinoamericanos que en el presente viven o que han vivido en ese país por largas temporadas últimamente.[10] La prosperidad económica de Japón a finales del siglo XX hizo que las compañías optaran por llevar a extranjeros a trabajar a ese país. En 1991 se ejecutó la Nueva Ley de Extranjería y Reconocimiento de los Refugiados la cual permitía el ingreso a todos los descendientes de origen japonés (*nissei*) hasta la tercera generación (*sansei*); ellos podían obtener la residencia permanente y trabajar sin restricción alguna.[11] Como en la primera mitad del siglo XX miles de japoneses, abandonando la pobreza, habían emigrado principalmente a Brasil y a Perú, ahora los hijos o nietos de ellos podían ir a trabajar legalmente a Japón. La llegada de miles de latinoamericanos *nissei* o *sansei* a Japón coincidió con los movimientos transnacionales globales.[12] Por ejemplo, así como España fue un país receptor de inmigrantes, al mismo tiempo cientos de españoles se fueron a vivir a otras partes del mundo y Japón no fue una excepción. Decidí estudiar la producción cultural de los latinoamericanos y españoles en Japón en conjunto porque como se verá, a ellos no solo los une la misma lengua, sino que en muchos casos trabajan para las mismas instituciones, escriben para los mismos periódicos o revistas y forman parte de los mismos públicos que presencian actividades artísticas y culturales.

Este libro, como todos los proyectos, comenzó con una inquietud personal. Yo había vivido en Nagoya, en la provincia de Aichi, al sur de Tokio, entre 1981 y 1984, durante unos años de una

---

Fernando García Gutiérrez cuyos eruditos estudios nos ayudan a comprender mejor el diálogo entre Japón y occidente a través del arte. Véanse sus estudios en la bibliografía.

9   En el proceso de escritura de este libro algunas personas que estudio y que vivían en Japón se mudaron a su país de origen o a otras partes del mundo. Como se sabe, ahora más que nunca la gente se muda de país o de continente más constantemente.

10 El uso de los términos "latino" e "hispano" ha generado varios debates y también ha sido la raíz de importantes estudios. Véanse los estudios de Juan González (sobre todo la introducción), David Gutiérrez (nota 2 de la página xxiii) y la edición de Delgado y Stefancic; todos en la bibliografía.

11 Rossi, ("Cantar la identidad" 126).

12 A lo largo de este libro utilizaré el termino *nissei* o *nikkei*; ambos se refieren a lo mismo.

bonanza económica sin precedentes. A unos cuantos años después de mi partida comenzaron a llegar los hispanohablantes de los que me ocupo en este libro. Sin embargo, yo no fui testigo de los procesos culturales de los que ellos fueron protagonistas como son la creación de periódicos, revistas, programas de radio, festivales, literatura escrita en español, etcétera. Y es precisamente eso lo que quise investigar. A partir de 2011, justamente después del Gran Terremoto del Este, comencé a viajar a Japón regularmente para conducir mis investigaciones las cuales llevé a cabo desde Tokio hasta Okinawa. El territorio de las islas japonesas es más grande que Francia o Alemania, aunque solamente un cuarto de la tierra es habitable; es por eso que en Japón sobre todo se hace tangible la sobrepoblación.[13] Fue un reto viajar por diversas ciudades y pueblos donde las comunidades de hispanohablantes no son realmente obvias como son los barrios chinos en diversas ciudades del mundo. En la actualidad hay 70,432 hispanohablantes en Japón y el 70% es de origen peruano.[14] Sin embargo, esa población hispanohablante en su totalidad no llega ni al 1% de la población japonesa que cuenta con más de 126 millones de habitantes[15]. La totalidad de los extranjeros en Japón, incluso los chinos y coreanos que en su conjunto superan el millón de habitantes, no llega ni al

---

13 Marshall, 221.

14 De acuerdo a datos del Ministerio de Justicia, en junio del 2018 había 70,432 hispanohablantes (costarricenses 189, cubanos 250, dominicanos 553, salvadoreños 144, guatemaltecos 139, hondureños 139, mexicanos 2744, nicaragüenses 89, panameños 56, argentinos 2825, bolivianos 5858, chilenos 751, colombianos 2405, ecuatorianos 228, paraguayos 2052, peruanos 48,266, uruguayos 110, venezolanos 417 y españoles 3217). Los datos de diciembre del 2016 señalan que había 274 costarricenses, 323 cubanos, 701 dominicanos, 146 salvadoreños, 191 guatemaltecos, 210 hondureños, 3,822 mexicanos, 106 nicaragüenses, 110 panameños, 3,257 argentinos, 5,591 bolivianos, 915 chilenos, 2,707 colombianos, 269 ecuatorianos, 1,976 paraguayos, 48,098 peruanos, 128 uruguayos, 437 venezolanos y 3110 españoles; un total de 72,372. Sin embargo, la población de brasileños es mayor: 196,781 (2018) y 183,583 (2016). En este estudio no me ocupo de los brasileños porque ellos en sí han creado un micro-universo cultural. Fuente de las estadísticas: http://www.moj.go.jp/housei/toukei/toukei_ichiran_touroku.html. Consultada feb. 3, 2018. Las cifras fluctúan; por ejemplo, la población de hispanohablantes disminuyó en el 2011 por la catástrofe del Gran Terremoto del Este cuando mucha gente decidió abandonar Japón. En la actualidad hay menos 20% de peruanos que en 2011. Fuente: correspondencia con Alberto Matsumoto. Además, hay varias personas que no están en los registros oficiales por diversas razones. Un ejemplo de la problemática de la demografía de los inmigrantes en Japón la explica a fondo el artículo de Monserrat Loyde sobre "Los mexicanos que viven en Japón".

15 http://www.worldometers.info/world-population/japan-population/. Consultado feb. 4, 2019.

1.83% de las personas que habitan en el archipiélago.[16] Dicho de otra forma, Japón es un país con muy pocos inmigrantes. Aunque la mayoría de los hispanohablantes son peruanos de ascendencia japonesa (*nissei* o *sansei*), en este libro no solo me enfoco en ellos porque, como trataré de mostrar, todos han contribuido a crear una cultura ecléctica y original.

Esta breve historia no les hace justicia a los miles de hispanohablantes que han vivido o vivieron por una época en Japón hasta 1990, ni mucho menos a sus logros. Tampoco les hace justicia a todos los japoneses que hablan español y que de una u otra forma también son parte de la historia cultural de los hispanohablantes. Son miles los japoneses que hablan español y que son parte de las diversas esferas de la sociedad: hay profesores de español y literaturas hispánicas, así como expertos en el terreno de las ciencias sociales; artistas plásticos, científicos, médicos, músicos, abogados, cineastas, interpretes, traductores, bailarines, empresarios, monjas, sacerdotes, y, en fin, un mundo de gente que ha convivido y ha ayudado a que los hispanohablantes se desarrollen mejor en su país y vivan una vida más digna. Hay también miles de intérpretes y traductores voluntarios que trabajan sin descanso para ayudar a aquellos hispanohablantes que todavía no logran comprender el idioma japonés. Este libro es un homenaje a todos esos japoneses también, porque, como los lectores habrán visto en los agradecimientos, este estudio habría sido imposible sin su acogida, su ayuda, su hospitalidad y sus sabios consejos.

En el primer capítulo hago un breve estudio de los profesionales e intelectuales en Japón. Los profesionales han fundado editoriales, han publicado libros, han traducido importantes obras y han escrito para los principales periódicos y revistas publicados en ese país. De la misma forma, como se podrá ver, tanto japoneses como hispanohablantes en Japón se benefician de las contribuciones de esos intelectuales. Éstos continuamente crean puentes de comunicación entre el mundo hispánico y Japón a través de sus seminarios y publicaciones en España o América Latina al mismo tiempo que actúan como 'embajadores' de los

---

16 Ibíd

intelectuales hispánicos que pasan cortas o largas temporadas en el país asiático.

En el segundo capítulo presento un estudio sobre los medios de comunicación en español. Comienzo con la fundación y el desarrollo del periódico *International Press*, un semanario pionero que hasta la fecha sigue siendo la publicación periodística más importante en Japón. El siguiente apartado se basa en las diversas revistas gratuitas y la parte final está dedicada a la radio. Este es el capítulo más extenso porque aludo a las diversas secciones del periódico y las revistas, a sus temas más candentes, así como a la literatura publicada en éstos. Como se verá, es sobre todo en los medios de comunicación donde los hispanohablantes coinciden ya que personas de todas partes del mundo hispánico actúan como emisores o receptores de esta producción cultural.

Las expresiones dancísticas y musicales son las protagonistas del tercer capítulo. Ahí hago un breve repaso de cómo el flamenco, el tango y la salsa llegaron a Japón para quedarse y cómo los hispanohablantes han promovido aún más su desarrollo. En torno a la música producida en Japón, doy ejemplos de agrupaciones que se dedican al bolero, a la música tropical, el pop e incluso al reggaetón. Como la música está íntimamente relacionada con los festivales que se celebran en ese país, en esta sección hago un estudio de los festejos que se celebran, así como de las asociaciones culturales que las organizan y las promueven.

El cuarto y último capítulo se centra en la literatura y en mucho menor grado en las bibliotecas. Tomando como hilo conductor la novela *Banteki (El salvaje)* de José Pazó, analizo cómo la producción literaria de los hispanohablantes sobre todo se ocupa de temas como la ciudad, la tecnología, la soledad, la cotidianeidad, la vida laboral, la convivencia con otros extranjeros, la discriminación, la nostalgia por el país de origen y el suicidio. En la segunda parte del capítulo hago un breve recorrido por bibliotecas no especializadas cuyos lectores son hispanohablantes que no se desempeñan en los espacios universitarios. Y, en el epílogo hago una breve alusión a los blogs y los blogueros cuyos miles de usuarios entran a su universo con un simple clic.

CAPÍTULO 1

LOS INTELECTUALES

Es difícil comenzar una historia reciente de los intelectuales que radican en Japón cuando hay una larga trayectoria de estudiosos que han residido en ese país a lo largo del siglo XX.[17] Mi enfoque en los intelectuales de los últimos treinta años radica en el hecho de que con la llegada de los miles de hispanohablantes en 1990 se ha creado un diálogo más abierto y plural entre Japón y el mudo hispanohablante. Además, en las últimas tres décadas han pasado varios acontecimientos: la muerte del Emperador Hirohito en 1989 (en 1990 Akihito ascendió al trono lo cual dio final a la era Shōwa y el comienzo de la era Heisei), el Terremoto de Kobe de 1995, la Copa Mundial Corea-Japón 2002, la recesión económica del 2008, el Gran Terremoto del Este y el problema de la radioactividad provocado por el accidente en la Planta Nuclear Daiichi de Fukushima en el 2011 y, muy pronto Japón será sede de los Juegos Olímpicos 2020. En el campo de la cultura, solo por citar un par de ejemplos, a finales de los ochenta nace la Confederación Académica Nipona, Española y Latinoamericana (CANELA) la cual fue creada por el profesor Pedro Simón, un argentino, Gran Canciller de la Universidad Nanzan de Nagoya. Lo importante

---

17 Véase *Japón y la Península Ibérica* coordinada por Cid Lucas y los artículos de García Cabezas y Pazó Espinosa en la misma edición. También véanse los trabajos de José María Ruiz, Jesús González Vallés, Fernando García Gutiérrez, Ángel Ferrer, Gonzalo Jiménez de la Espada, Federico Lanzaco y Fernando Rodríguez-Izquierdo así como el libro de Gasquet y el segundo capítulo de mi *Orientalismo en el modernismo hispanoamericano* aparte de los estudiosos que menciono en la introducción.

Más adelante hablaré de la Confederación Académica Nipona, Española y Latinoamericana (CANELA) donde una parte del consejo editorial y de los miembros consultivos de *Cuadernos CANELA* (una revista que publica la misma confederación) son doctores y profesores hispanohablantes (algunos son japoneses) asentados en Japón y autores de importantísimos trabajos académicos. La mayoría de los miembros también son profesores con los mismos grados académicos. Proveo una muy breve lista para que los lectores tengan una idea del número de intelectuales que radican en Japón: Daniel Saucedo Segami (director de CANELA), Daniel Arrieta, Ignacio Aristimuño, Paloma Trenado, Roger Civit i Contra, Montserrat Sanz Yagüe, Fernando Blanco, Arturo Escandón, Noritaka Fukushima, Noboru Kinoshita, Alfredo López-Pasarín Basabe, Naoka Mori, Emma Nishida, Kimiyo Nishimura, Carla Tronu Montané y Lluís Valls Campà, entre otros.

es que es la primera confederación académica en Japón donde los congresos y las publicaciones (*Cuadernos CANELA*) son en español. Dijo Simón en el primer congreso: "hoy un grupito de 22 amantes de lo español nos establecemos unidos en una confederación para conseguir estos fines. ... Reunidos aquí un grupo de colegas japoneses, españoles y latinoamericanos nos proponemos seguir profundizando en nuestros respectivos estudios de área. ... Y para que estos estudios lleguen al conocimiento de todo el grupo, nos proponemos comunicarnos en el idioma español".[18] Además, en el 2008 se instaló el Instituto Cervantes de Tokio, el centro más grande de toda la red, donde se llevan a cabo importantes congresos internacionales sobre el español y la cultura hispánica en Japón además de diversas actividades culturales de todo el mundo hispánico asequibles a académicos y a todo el público en general. Los intelectuales de los cuales me ocupo en este capítulo han vivido todo o parte de esos acontecimientos históricos. Además, como se verá, han creado casas editoriales, han traducido importantes obras o han editado importantes traducciones que por primera vez se han publicado en España o América Latina, han trabajado para los primeros diarios o las primeras revistas en español en Japón, han emprendido densos trabajos en torno a la energía nuclear o bien han sido emprendedores y han formado sus propios institutos. Decidí enfocarme solo en unos cuantos intelectuales (estoy consciente de que excluí a la gran mayoría[19] por la obvia falta de tiempo y espacio) para que los lectores tengan una idea de la tarea que éstos llevan a cabo en Japón; o sea, el capítulo muestra solo un microcosmos de lo que sucede en el archipiélago. Como me dedico a las Letras, me pareció oportuno entrevistar o estudiar a aquellos que se dedican a la literatura, a la traducción, a la interpretación, al periodismo y/o a la enseñanza de las lenguas.[20]

---

18 http://www.canela.org.es/cuadernoscanela/canelapdf/cc1saludo.pdf. Consultado 6 feb. 2019.

19 Un par de ejemplos: no me fue posible entrevistar a la mayoría de intelectuales y periodistas importantísimos como Pablo Lores Canto, Mario Castro Ganoza, Luis Álvarez ni tampoco al erudito académico Pedro Simón. En este capítulo utilizo el término intelectual en un sentido muy amplio que abarca la labor de esos diversos individuos.

20 Un breve libro en línea que acaba de publicarse es precisamente sobre los profesionales

Montse Watkins nació en Barcelona en 1955. Treinta años más tarde llegó a Japón cautivada por su historia y su cultura, pero sobre todo por las películas de Ozu Yasujiro. Pronto aprendió la lengua japonesa y trabajó como corresponsal de la agencia de noticias EFE en Tokio y el periódico AVUI de Barcelona. Watkins fue una de las pioneras en la traducción de la literatura japonesa directamente del japonés. Como le resultó muy difícil publicar sus primeras traducciones en España, en 1994 logró establecer la Colección Luna Books dentro de la editorial japonesa Gendaikikakushitsu. Desde 1994 hasta 2000, año en que murió, Watkins publicó más de 25 libros.[21] Lo importante de su labor es que algunas de sus traducciones se traducían al idioma español por primera vez. Por lo tanto, ella hizo posible que los lectores hispanohablantes en Japón tuvieran acceso a la literatura japonesa en traducción. Al mismo tiempo la exportación de sus libros al mundo Occidental permitió que se exploraran autores japoneses que nunca se habían leído.

Montse (así la llaman sus amigos y críticos) produjo una amplia obra. Las traducciones que hizo directamente del japonés son tres antologías de Kenji Miyazawa (1896-1933): *Tren nocturno de la vía láctea*, *Historias mágicas* y *El mesón con muchos pedidos*.[22] La traducción de este último libro lo hizo en colaboración con Elena Gallego. Asimismo publicó *El dragón*, una antología de cuentos de Ryunosuke Akutagawa; dos selecciones de cuentos de Yakumo Koizumi (Lafcadio Hearn): *Historias misteriosas* y *La linterna de peonía*; una selección de capítulos de la obra de Natsume Soseki, *Soy un gato*; y, de Shimazaki Toson, *El precepto roto*, donde plantea abiertamente la marginación de los *buraku* (los intocables). De Osamu Dazai publicó *Indigno ser humano* y *El ocaso*. Por último, en cama y enferma, quiso terminar la traducción de *Almohada de hierbas* de Natsume Soseki pero le fue imposible. Años más tarde,

---

españoles en Japón. Véase Sergio Colina Martín en la bibliografía.

21 Uno de los homenajes que se le han hecho a esta gran traductora y escritora es *Ensayos en homenaje...* editado por Gallego Andrada. También consúltese: http://www.montsewatkins.net/

22 Para consultar las traducciones del japonés al español dentro de un contexto más amplio y, sobre todo, el lugar que ocuparon las traducciones de Montse, véase el cabal estudio de V. David Almazán, "El punto de inflexión...".

Shigeko Suzuki, una traductora profesional se encargó de terminar la traducción. No cabe duda de que uno de los escritores favoritos de Montse fue Kenji, autor al que volveré más adelante.

Pero Montse no se dedicó solamente a la traducción. Su propia obra literaria también se divulgó con la publicación de *El portal rojo, Las gafas rotas. Pequeña sátira de la vida en el Japón moderno* y *Leyendas de Kamakura*.[23] Como editora, compiló la antología *Encuentro: colectánea de autores latinos en Japón* donde colaboraron escritores latinoamericanos asentados en ese país: Osny Arashiro, Arturo Escandón, Tony Freitas, Gustavo Gregorio, Yoichi Hashimoto, Marly Higashi, Pablo Lores Kanto, Jaime Morales, Gonzalo Robledo, Mario Tokairin y Karen Tei Yamashita. Sin embargo, sus ensayos periodísticos sobre la inmigración latinoamericana a Japón en la década de los 90 supusieron una de las aportaciones más oportunas que hizo porque se trataba de un tema de actualidad que era muy relevante para su público lector. *Pasajeros de un sueño: emigrantes latinoamericanos en Japón* y *¿El fin del sueño?: Latinoamericanos en Japón*, se publicaron en 1997 y 2000 respectivamente.

En los dos últimos libros mencionados en el párrafo anterior Montse se enfoca en los aspectos económicos, laborales y sociales de los latinoamericanos que llegaron a Japón a principios de los 90s. A través de entrevistas y testimonios los inmigrantes hablan de sus experiencias y de sus logros, pero, sobre todo, de los retos que encontraron al llegar a Japón. En una de las entrevistas, Montse le pregunta a un peruano si es necesario hablar japonés para trabajar y él responde:

> No tengo ningún estímulo para estudiar. Ya sé que es peligroso no hablar japonés en estos tiempos de desempleo y que, para encontrar trabajo, el idioma cada vez es más importante. Si hablase mejor sería más cómodo para la empresa, pero donde estoy ahora el trabajo es muy rutinario y no se necesita saber mucho. Si hace falta, algún compañero traduce. Aunque, por lo general, la empresa no se ocupa de si entendemos o no. Eso es problema nuestro. Nosotros

---

23   Algunos de los libros de este apartado serán comentados en la sección de literatura.

> debemos preocuparnos de enterarnos. Hubo un tiempo en que treinta y dos de los cuarenta y cinco empleados eran peruanos, y los japoneses eran viejos. Entonces la empresa tenía otra actitud. Los jóvenes japoneses no querían hacer este trabajo y los peruanos se quedaban porque la empresa pagaba el seguro de enfermedad. [24]

Como se puede ver, el entrevistado admite que no hay estímulo para aprender la lengua ya que sus condiciones de trabajo no son óptimas, mientras que para Montse la mejor inversión que podía hacer un inmigrante era precisamente aprender el idioma japonés. Para ella, uno de los problemas que encaraba la inmigración latinoamericana desde su llegada era la falta de planes a largo plazo (por eso el título *Pasajeros de un sueño*), ya que muchos de ellos llegaron pensando que se quedarían por corto plazo, pero después las cosas cambiaron. Montse denunciaba el atraso de aquellos que se quedaban a vivir en Japón por mucho tiempo y no se integraban a la sociedad japonesa ni mucho menos aprendían la lengua. Decía que, al principio las condiciones de trabajo y los engaños no los alentaban a integrarse y después era "su relación con los hijos y la educación de éstos".[25] La traductora ya presagiaba uno de los problemas más fuertes que incluso hoy en día sufren los padres e hijos de los inmigrantes que quedaron rezagados por no aprender el idioma: "ya no forman parte de la sociedad latina y tampoco están plenamente integrados en la japonesa. Tienen problemas de discriminación y de retraso escolar. Sufren incomunicación en su casa. La posición de sus padres es débil y los hijos se avergüenzan de ellos" (Ibíd.). En resumidas cuentas, para Montse el aprendizaje de la lengua y la inmersión en la sociedad japonesa era una de las mejores formas de protegerse de la discriminación.

Antes de morir, Montse lamentaba "no haber sido capaz de aprender un japonés perfecto" a pesar de que siempre se esforzó

24　Watkins, *¿El fin de un sueño?...* pp. 99-100

25　"Luna Books, cinco años" *IP*, s/f. http://www.montsewatkins.net/lunabooks.html. Consultado 10 ago. 2017.

en ello.²⁶ Sin embargo, su legado es nada menos que ejemplar. Aprendió el japonés de una manera que solo se puede comparar con un puñado de hispanohablantes que ha vivido en ese país. Para ella aprender una nueva lengua (sabía cuatro idiomas) no era un ejercicio fácil, sobre todo porque pensaba que era imperativo aprender la cultura al mismo tiempo. Ella vivió Japón con gusto y adoptó diversas prácticas culturales comunes en ese país ya que nunca,

> percibió Japón como algo ajeno sino que fue el deseo de enriquecerse con su cultura y su perfecta integración viviendo en una casa tradicional japonesa de madera con *tatamis, tokonoma, fusuma*, paredes de adobe…, de las que ya casi no quedan, su manera de vestir al estilo tradicional de los artesanos japoneses, lo que hacía de ella una perfecta, y a la vez, peculiar hispanojaponesa, alguien capaz de liberarse de su mismidad, ver su cultura desde fuera, integrar y admirar en igualdad de condiciones otras culturas, con sus cualidades deseables e indeseables.²⁷

Pero más allá de vivir, sentir y comprender los espacios físicos del entorno japonés, Montse comprendió muy a fondo su espíritu y sobre todo algunos conceptos del budismo.

El poema "Sin dejarse vencer por la lluvia" refleja la existencia y el pensamiento budista de Kenji Miyazawa, el escritor favorito de Montse:

> Sin dejarse vencer por la lluvia,
> sin dejarse vencer por el viento,
> ni por la nieve
> ni por el calor veraniego.
> El cuerpo fuerte, sin ambición,
> ni asomo de ira,
> siempre tranquila la sonrisa.
> Cuatro cuencos de arroz integral al día,

---

26 *International Press*, 9 de diciembre de 2000, p. 6.
27 Gallego, "Lengua y cultura…" 123.

solo con miso y alguna verdura,
ésta es su comida.
[...]
Si al este hubiera un niño enfermo,
irá a cuidarlo.
Si al oeste una madre se fatigara,
cargará su gavilla de paja.
Si al sur alguien estuviera muriendo,
irá a consolarle.
Si al norte pelearan o discutieran,
pondrá paz.
Cuando haya sequía, llorará con pesar.
En el verano frío, saldrá a deambular.
Todos le tratan de inútil.
Nadie le elogia, a nadie causa dolor.
Alguien así quiero ser yo.[28]

El escritor nació en Hanamaki, en la prefectura de Iwate y se especializó en química agrícola.[29] Aunque creció en el seno de una familia acomodada, a principios del siglo XX Japón se vio afectado por la guerra ruso-japonesa (1904-05) y por las condiciones climáticas que afectaban la producción de las tierras y causaban hambre en la sociedad. "Durante esos años terribles, los niños iban a la escuela sin haber comido y muchas jóvenes eran vendidas como prostitutas por sus familias. Estas circunstancias, además de haber sido educado en un budismo ferviente, que le inculcó la idea del auto sacrificio por el bienestar de los menos favorecidos, le impulsaron a ayudar a los campesinos locales a través de su profesión de ingeniero agrónomo".[30] Pero Kenji no solo socorrió a los necesitados, sino que también alentaba a los jóvenes de su comunidad a escuchar música de Beethoven. También era compositor, pintor, estudiaba inglés, la doctrina cristina y era amante de la literatura universal.

---

28 "Kenji Miyazawa" pp. 6-7 http://www.montsewatkins.net/vida_de_kenji.html. Consultado 15 ago. 2017.
29 Ibíd. p. 2.
30 Ibíd. p. 1.

En cierto sentido, la vida de Montse fue muy paralela a la de Kenji porque ella estudió agronomía, escuchaba la música del mismo clásico alemán, era artista y también veneraba a los clásicos universales. Además, no sería osado decir que sobre todo se parecían en la forma en que se relacionaban con los demás; es decir, ambos sentían una profunda empatía y compasión por los seres humanos, por la flora y la fauna y por todo lo que les rodeaba. Además, la frugalidad con que ambos vivieron su breve vida y el autosacrificio que llevaban a cabo hace que sus vidas hayan sido aún más paralelas.

Poco antes de morir de un cáncer que padeció por años, Montse sufrió una gran pérdida. Una madrugada de enero del 2000 encontró muerto a su adorado periquito Garras. Desolada y afligida, primero lo enterró en el jardín y le construyó una tumba y un altar; después, se dio a la tarea de escribirle cartas. En esas cartas, de hecho, muy formales, pero escritas con aparente sencillez, dejó plasmado su pensamiento en torno a la vida y a la muerte. Le dice: "han pasado tres días desde que nos dejaste, y techo [sic] mucho de menos. Me pregunto cómo estará tu pequeño espíritu y si estarás contento con la tumba que te hice. Aunque está un poco rota, es muy valiosa porque es de la era Edo [1603-1868] y, desde luego, la más bonita del jardín".[31] Y más adelante confiesa que cuando lo encontró muerto, "no sabía ni lo que hacía y lloraba sin parar, pidiendo sin cesa [sic] a la Providencia que me llevara contigo al Paraíso". Si bien se refiere al más allá en términos cristianos por la alusión a la Providencia y al Paraíso, más adelante aclara, "pero sé que no debo dejarme llevar por la tremenda tristeza, porque sino [sic] no podrás cruzar el río Sanzu y llegar al Paraíso, y no puedo entorpecer tu felicidad. Quiero que sepas que cada día ofrezco incienso mañana y tarde al Yakushi Nyorai y le pido que proteja tu espíritu y lo guíe al Paraíso".[32]

En la última entrevista concedida por Montse la traductora explicó que para ella los funerales eran un fraude ya que se hacían solamente porque la gente pensaba que los ayudaría a llegar al

---

[31] *Wakaranai*, nov. 2004, 8. http://www.montsewatkins.net/wakaranai/garras010200.html. Consultado 15 ago. 2017.

[32] Ibíd.

paraíso. Basándose en lo que ella había leído (no identificó sus fuentes) para los budistas el funeral lleva a los creyentes solamente a las orillas del Río Sanzu. Los espíritus tienen que cruzar el río solos porque no pueden ver. Es por eso que en el funeral se ponen luces, el aroma del incienso y las campanillas, para guiarlos en ese viaje. Del otro lado del río hay un caminito blanco que únicamente lo pueden transitar los espíritus que tienen los suficientes méritos. Son muy pocas las almas que cruzan ese camino y que llegan al cielo porque casi todos son devueltos a la tierra reencarnados en otros seres según su comportamiento previo y su destino.[33] En esa entrevista Montse explicó que creía en el budismo pero que ella no pensaba que lograría llegar a hacer *jubutsu* (irse al cielo tal y como se acaba de explicar) porque no era lo suficientemente austera, una característica propia de los budistas devotos tal y como lo describe el poema de Kenji. Como se verá más adelante, en las cartas a Garras se hace patente su preocupación por el más allá.

En una carta fechada el 6 de febrero del 2000, Montse dice:

> El haber soñado en ti me hubiese hecho creer que habías llegado al Paraíso, excepto porque ayer, en la clase de I Ching, hice esta pregunta y salió el hexagrama *takusuikon*, moviéndose el trazo segundo, lo que me desanimó muchísimo porque supe que estabas sufriendo, perdido por Dios sabe dónde. Según la interpretación del maestro, tengo que mantener el duelo hasta mayo. Me pareció una eternidad: tres meses de tristeza sin tu compañía ni tomar *sake* regularmente…. Pero estoy dispuesta a hacer lo que sea por ti, y esperaré con paciencia y sacrificándome hasta que estés bien instalado en el paraíso. Aunque lo estoy pasando fatal y, a este paso, vamos a tener que cruzar juntos el río Sanzu.[34]

Como se puede observar, Montse vivió un intenso duelo por la pérdida del ave al mismo tiempo que seguramente padecía del

---

33   *IP*, 9 de diciembre del 2000, p. 6.
34   *Wakaranai*, enero, 2005, p. 4.. http://www.montsewatkins.net/wakaranai/garras010200.html. Consultado 15 ago. 2017.

dolor físico de su propia enfermedad. Como se acercaba su propia muerte su obsesión con el más allá se hacía patente repetidamente. En una carta posterior dice: "Supe que habías hecho jubutsu en la clase de I Ching del viernes y en la noche Tomi y yo celebramos con unas buenas copitas de sake. Por supuesto, te hice la ofrenda de dos varillas de incienso ante tu tumba y también sake que derramé sobre la losa. Ahora eres un hotokesama, ya ha quedado obsoleto aquello de 'agua que pajarito no bebe', ¿verdad?".[35] Las cartas son una suerte de diario donde Montse revela su profunda sensibilidad por los demás. Además, esas epístolas son una suerte de autobiografía.[36]

En la última carta que Montse le escribió a Garras le confiesa: "en cuanto mí, ya sabes, continúo trabajando duro escribiendo para diversas publicaciones e intentando que Luna Books sea cada día una editorial más fuerte y reconocida. No tengo respiro, pero creo que es un verdadero honor para un ser humano hacer un trabajo que quede, que sirva para muchas personas".[37] Y, en la última entrevista le preguntaron que cuál creía que era su mayor contribución a este mundo, a lo que ella contestó "pienso que hacer la Editorial Luna Books. Porque quizás sin ella, muchos latinos no hubiesen tenido acceso a toda esta literatura japonesa, que es difícil, pero interesante".[38] Gracias a su excepcional labor como periodista, editora y sobre todo como traductora, los hispanohablantes en Japón se beneficiaron (y se benefician) al leer en su propia lengua verdaderas joyas de la literatura japonesa. No cabe duda que el poema "Sin dejarse vencer por la lluvia" no solo refleja el ideal budista tal y como lo concibió Kenji, su autor, sino también la forma en que actuó y vivió Montse, su traductora.

---

35   La carta está fechada 1o. de marzo de 2000 y fue publicada por la revista *Wakaranai*. En una nota los editores dicen: "Bien estimados lectores, con esta entrega concluimos la serie de cartas póstumas que Montse le escribió a su mascota, el pajarillo Garras". http://www.montsewatkins.net/wakaranai/garras010300.html. Consultado 15 ago. 2017.

36   De acuerdo al estudioso Fabio Caffarena, la carta es una "autobiografía en miniatura" del remitente porque en esta quedan reflejados su personalidad y su carácter. Véase Sierra Blas, 114.

37   La carta está fechada 1o. de marzo de 2000, *Wakaranai*, s/f. http://www.montsewatkins.net/wakaranai/garras010300.html. Consultado 15 ago. 2017.

38   *IP*, 9 de diciembre de 2000, p. 6

Otra de las más importantes traductoras en Japón es Elena Gallego Andrada quien nació en Burgos, España, en 1967 y radica en Japón desde 1993.[39] Al principio, Elena estudió japonés de manera autodidacta y aprobó el tercer curso por libre en la Escuela Oficial de Idiomas de Madrid antes de ir a Japón; mientras era profesora de español desde 1994 en la Universidad Ritsumeikan y la Universidad de Estudios Extranjeros estudiaba cursos de Literatura japonesa en la Universidad de Kioto entre 1999 y 2001. El siguiente año recibió su título de Doctora en Literaturas Comparadas y Teoría de la Traducción por la Universidad de Sevilla, bajo la tutela del gran traductor, el Dr. Fernando Rodríguez-Izquierdo. El título de su tesis, que obtuvo la calificación de Sobresaliente *Cum laude*, no pudo haber sido más apropiado: "Lengua, literatura y cultura comparadas: Estudio y análisis de las dificultades que plantea la traducción de obras literarias de japonés a español." Desde 2004 es profesora titular del Departamento de Estudios Hispánicos de la Universidad Sofía de Tokio donde ejerce su especialidad: Teoría de la traducción entre japonés y español basada en la comprensión de culturas diferentes. Gallego es pionera en la traducción directa de literatura japonesa al español. De hecho, colaboró con Montse Watkins en la editorial Luna Books. Su primera traducción fue la novela *Amistad*, la más conocida del escritor Saneatsu Mushanokoji (1885-1976), uno de los autores más importantes de la segunda generación de escritores modernos de Japón y perteneciente al grupo literario Shirakaba (Abedul blanco). La traducción se publicó en 1998 por Luna Books - Gendaikikakushitsu y trata sobre la intensa amistad entre dos hombres jóvenes en el Japón de aquella época que estaba cambiando sus valores éticos y tradicionales.

En el año 2000 Gallego publicó dos libros más con Luna Books. El primero fue una antología de novelas cortas de Mori Ogai (1862-1922) titulada *El barco del río Takase y otros relatos*. En el volumen se incluyen "El barco Takase", "El capataz Sansho", "Sakazuki", "La historia de Iori y Run", "La señora Yasui" y "Las últimas palabras". Ogai es uno de los prosistas más importantes de Japón. Como muchos de los científicos (aparte de ser literato

---

39   A menos que lo especifique, las fuentes de este apartado provienen de www.elena-gallego.com

era médico militar) e intelectuales de su época, viajó a Alemania donde aprendió de diversos movimientos culturales europeos. Los relatos incluidos en esta antología están enmarcados en la época feudal y se consideran clásicos porque retratan a personajes complejos pero íntimos al mismo tiempo. Con la traducción de esta antología Gallego muestra su alta capacidad como traductora. El segundo libro publicado ese mismo año, *El mesón con muchos pedidos y otros cuentos* de Kenji Miyazawa fue traducido por ambas, Elena Gallego y Montse Watkins. "El mesón" es una obra satírica popular donde se invierten los papeles de poder ya que se trata de unos cazadores que pasan a ser el platillo de cacería de un mesón en las montañas. Los relatos de este autor, protagonizados por la naturaleza misma o por campesinos conmueven a los lectores cuando descubren las diversas bondades del corazón humano y sus complejidades al mismo tiempo.

Gallego retoma la literatura de Mori Ogai en 2011; año en que publica *El intendente Sansho* en la Editorial Contraseña en España. Se trata de un volumen de seis relatos donde se vuelven a incluir "El barco del río Takase", "Las últimas palabras", "La señora Yasui" y "La historia de Iori y Run". También se incluye "El intendente Sansho"; de hecho, es el primer relato del volumen y cuenta la historia de dos niños que son separados de su madre y vendidos como esclavos a un terrateniente tiránico. Esta triste historia, con el mismo título en japonés, *Sansho Dayu* fue llevada al cine en 1954 por el director Kenji Mizoguchi (1898-1956). Por último, "Sakazuki" es un breve relato que se centra en un angustioso encuentro entre la gregaria sociedad japonesa y la incómoda presencia de alguien extranjero.

En 2012 Gallego colabora con la traducción de textos y asesoramiento de *Japón - España Los mundos de Marina,* libro editado con la colaboración de Caja de Burgos; ilustrado por Laura Esteban y escrito por Angélica Lafuente. En este libro infantil la protagonista es Marina, una niña española de ocho años. Su vida se desarrolla entre dos mundos: el Oriental y el Occidental. Por medio de diversos ejemplos basados en sus experiencias de la vida diaria, como el colegio, la casa tradicional, la comida, las fiestas populares y los sentimientos, la niña nos explica los contrastes y diferencias entre España y Japón. Es un libro bellamente ilustrado y claramente escrito.

Kigo. La palabra de estación en el haiku japonés es el título de la recopilación y traducción hecha por la estudiosa Seiko Ota y Gallego publicada por la Editorial Hiperión en España en el 2013. El volumen, de 256 páginas, incluye haikus de autores tanto clásicos como contemporáneos y representa una verdadera joya para el mundo hispanohablante. Es decir, todo haiku, aparte de tener un determinado número de sílabas 5-7-5 debe incluir el *kigo*, una palabra íntimamente relacionada a una estación del año. En Japón existen guías de *kigo* llamadas *Saijiki*. Éstas incluyen las estaciones del año, las cuales son cinco y no cuatro como en el mundo Occidental: primavera, verano, otoño, invierno y año nuevo. Este libro es novedoso porque no se había compilado uno como tal en español. Ahora los lectores del mundo hispanohablante pueden comprender más a fondo la importancia de la naturaleza en la cultura japonesa.

La actitud ante la muerte es el tema central en *Haikus en el corredor de la muerte* traducido por Gallego y Ota. La antología es de 141 páginas y fue publicada por la Editorial Hiperión en 2014. Como el título indica, se trata de haikus producidos por aquellos que están a punto de morir. Sin embargo, no se trata de cualquier persona moribunda sino de quienes, encarcelados, están condenados a morir en la horca porque en Japón existe la pena capital. El libro muestra de una forma magistral cómo en la economía de palabras de un haiku se puede plasmar un último deseo, una suerte de testamento en los últimos minutos de vida de una persona. Esta antología, de temática tan inesperada y tradicionalmente ajena al haiku, causó un gran impacto en España y obtuvo el reconocimiento de la Casa Real española.

Haikus de amor también recopilado y traducido por Gallego y Ota fue publicado en España por la Editorial Hiperión en el 2015. Si bien el haiku es la poesía de la naturaleza por antonomasia, este volumen se centra en aquellos haikus que están íntimamente relacionados con el amor, el cariño, el afecto y la ternura. Como las traductoras explican, "la prueba es que los *saijiki* —libros originarios de China, a modo de guía o calendario anual de las estaciones se usan como referencia para el elegir el kigo o 'palabra de la estación' para escribir haikus— incluyen un apartado llamado 'asuntos humanos', *gyooji o joocho* donde se canta a las fiestas, costumbres, acciones de la vida cotidiana, como la siembra y la recogida de la cosecha, etc., y el concepto de 'asuntos humanos' incluye haikus de temática amorosa como algo innato a la naturaleza humana". Un ejemplo es estos tipos de haiku es aquel de Yosa Buson: "Profunda melancolía. / El peine de mi esposa difunta / en la alcoba he pisado".[40] Este libro, como el que mencioné en el párrafo anterior, es sin duda una gran aportación a la literatura japonesa traducida al español. En ese mismo año Gallego publicó en Buenos Aires, en la Editorial Kaicron, *Corre Melos y otros relatos* de Osamu Dazai (1909-1948), en el que incluye relatos traducidos por sus estudiantes en su seminario de Teoría de la Traducción, en la Universidad Sofía. Aunque el escritor falleció hace más de setenta años, continúa siendo uno de los favoritos de los lectores japoneses debido a la desgarradora sinceridad con que se expresan sus personajes, la forma en que estos manifiestan sus pugnas internas y su desobediencia ante el orden social en el Japón antes de la Segunda Guerra Mundial.

Pero la traducción de textos al español no es el único quehacer de Gallego; ella es también autora o coautora de libros para el aprendizaje del idioma español en Japón. El primero, *Español para comunicarse* se publicó en Tokio por Daisan Shobo en el 1999. Este ameno y breve libro (solo tiene 77 páginas), que hasta la actualidad ha alcanzado 17 ediciones, es una herramienta indispensable para el aprendizaje del español por estudiantes japoneses. El texto fue escrito por Gallego y otros tres profesores, Shoji Bando, Seiko Ota y Kuniyoshi Nakai. Además, *Español con paso firme,* es otro libro de texto para el aprendizaje del español y fue publicado por Asahi Suppansha en Tokio en el 2009. Fue escrito por Gallego y Kobayashi Kazuhiro, profesor emérito de la Universidad de Sofía. Desde abril a septiembre de 2015, junto con el profesor Noritaka Fukushima, de la Universidad de Estudios Extranjeros de Kobe, coprotagonizó un programa en la Radio

---

40 *Haikus de amor*, 50.
En el Canal profesional de YouTube de Gallego, se puede ver la recitación de estos y otros haikus: https://www.youtube.com/watch?v=K3HN9T9wvbQ así como numerosas conferencias, presentaciones de libros, conciertos de poesía japonesa y otros eventos culturales relacionados con la cultura japonesa: https://www.youtube.com/channel/UCoUlZNplPUWCJvCrGFPoEuw/videos?disable_polymer=1

Nacional Japonesa (NHK) en Tokio titulado "Disfrutemos de la literatura japonesa en español", que volvió a ser emitido en el año 2016. La revista mensual *Mainichi Supeingo* (NHK, *Rajio Tekisuto*) correspondiente a esos meses publicó los textos y las explicaciones que sirven como guía del programa.

Como docente en la Universidad Sofía de Tokio, Gallego no solo enseña lengua española, Comprensión de Culturas Diferentes o Teoría de la traducción sino que con sus estudiantes del Departamento de Estudios Hispánicos y la profesora Emiko Yoshikawa ha subtitulado al español un documental sobre el terremoto y el tsunami que destruyó parte del noroeste de Japón el 11 de marzo del 2011. El documental fue dirigido por Kyoko Gasha y se titula "3.11: Vivir el momento". En éste la periodista y directora tokiota muestra la desgarradora experiencia de la pérdida a través de la voz de mujeres víctimas y sobrevivientes del sismo, el tsunami y la crisis nuclear. El documental no solo se exhibió en Japón sino en España también.

En una entrevista que le hice a la traductora le pregunté sobre cuál era el criterio que utilizaba al elegir el texto que iba a traducir y a lo cual me contestó:[41] *Yo creo que el motor de todas las cosas; lo que nos estimula, lo que nos hace arrancar y tomar decisiones es el amor. Entonces, un libro que te gusta, que te estimula, que piensas que es interesante porque puede aportar cosas buenas, eso es fundamentalmente. Yo por ejemplo, nunca he traducido nada por encargo; sino que yo elijo los libros porque me conmueven y pienso que pueden aportar algo. De no ser así, el trabajo de traducción se hace muy, muy cuesta arriba porque claro, la traducción es un sinvivir, un tanoshimi, un kurushimi ... (una alegría, un sufrimiento... en el sentido de que hay que pensar mucho). Por ejemplo, cómo traducir estas palabras para que se entiendan bien. No se trata de un mero intercambio de palabras sino de traducir la cultura. Por eso la asignatura que enseño en mi seminario es Teoría de la traducción, pero basada en la comprensión de la literatura y la cultura mutuas de español y japonés. Si no comprendemos bien ambas culturas y ambas lenguas, es muy,*

---

41 Entrevista personal. En este apartado, la mayoría de las respuestas de las entrevistas aparecenen letras cursivas para facilitar la lectura.

muy difícil traducir y cabe la posibilidad de cometer errores. Cuando un libro te motiva, ahí sacas la energía para dedicarle todo el tiempo; toda la atención. Cuando tienes dudas, preguntas a especialistas; le das muchas vueltas a la traducción. Hay muchas cosas que simplemente no se pueden traducir porque no hay modo de decirlas; "no existen" en la otra cultura. Pero hay que traducirlas sin que causen extrañeza ni se malinterpreten. Es decir, hay que traducir el kimochi, *la esencia y eso se consigue conociendo bien la cultura y la literatura; las lenguas.*

Mi siguiente pregunta fue: Para muchas personas la traducción es un acto de traición, ¿qué te parece esa afirmación?: *Yo creo que la traición es inevitable; es un mal necesario, un "daño" colateral necesario para compartir cultura, porque ya de entrada, los sistemas de escritura son diferentes. ¿Cómo traducir a un sistema de letras romanas, al alfabeto, algo que se escribe en un sistema ideográfico? El cerebro nuestro está configurado de distinta manera según la cultura en la que te hayas educado. Una persona que se ha educado en una cultura ideográfica tiene diferencias culturales muy marcadas en el sentido de que las culturas occidentales somos primas-hermanas; básicamente decimos los mismo, pero con distintas palabras. Sin embargo, en el caso del japonés se dice algo distinto y además, con palabras distintas. Por ejemplo, cuando decimos "buenos días", es lo mismo que good morning, buena mañana, bonjour, bon giorno. Pero en japonés no se dice así, ¿cómo traducir ohayo gozaimasu (es venerablemente temprano o qué honorable la mañana) al español? O pones "buenos días" o los hispanohablantes no comprenden. Tenemos ideas distintas. Por eso es muy difícil la comprensión. Se requiere mucho más estudio y profundización que al estudiar alguna otra cultura occidental. En ese sentido la traición es inevitable porque el japonés no tiene ni singular, ni plural, ni masculino ni femenino, ni tiene artículos. Pero al traducir al español no puedes traducir sin artículos. No puedes traducir de forma neutra: o dices amigo o amiga; o, amigos o amigas. ... Por muy buena voluntad que se tenga no podemos quitarnos nuestra cultura natal de encima, su visión particular. Así que cuando traducimos estamos aportando algo nuestro. En ese sentido los traductores somos autores también, pero en otra lengua. O sea, creamos una obra literaria nueva en otro soporte. Si diez personas hacen una misma traducción encontraras diez traducciones diferentes. Cada uno tenemos nuestra impronta personal de la cual no nos podemos deshacer y en la traducción eso se ve reflejado.*

AT: ¿Cuál ha sido la recepción de tus libros en España? ¿Estás de acuerdo con la crítica?

EG: *La verdad es que estoy muy contenta con las editoriales que he trabajado en España. Por ejemplo, para novela he publicado en Contraseña; para poesía publico en Hiperión. Me ha gustado mucho el profundo respeto de los editores. La inquietud intelectual que tienen de publicar sobre Japón, de dar a conocer obras desconocidas. Luego me ha sorprendido también la gran acogida y la buena crítica que han tenido mis libros. En los principales periódicos, han escrito reseñas periodistas y escritores famosos, como Antonio Colinas, Fermín Herrero, Luis García Montero, etc. y me ha gustado mucho la profundidad y la seriedad con que han tratado los temas. Y me han aportado mucho porque tú como traductora hay muchas cosas que no ves. Y esas reseñas te orientan sobre qué es lo que esperan los lectores, qué les ha gustado, que les gustaría, qué expectativas tienen y, eso es muy bonito. Ver que alguien ha leído tu libro y le ha impactado hasta el punto de escribir una reseña. Y, en general, ha sido una acogida muy positiva. La serie de antologías de haiku, hasta ahora hemos publicado cinco volúmenes, está causando un gran impacto y ha aparecido en la lista de los más vendidos de poesía porque hasta ahora no se conocían ese tipo de haikus: haikus de guerra, haikus escritos en el corredor de la muerte, haikus de amor, haikus contracorriente... Hasta ahora solo se habían traducido los haikus clásicos sobre la naturaleza, y en muchas ocasiones son traducciones "acumuladas", es decir, partiendo de una traducción al inglés o francés, lo cual puede dañar gravemente el patrimonio literario de una cultura, sobre todo cuando, además, se silencia el origen de la traducción y se hace pasar por traducción directa del original.*

AT: ¿Qué te hizo acercarte a la lengua japonesa en lugar de acercarte al idioma ruso u otro idioma?

EG: *A mí siempre me han interesado mucho las culturas diferentes, cuanto más mejor. Yo recuerdo que de pequeña miraba el mapa del mundo y veía que España era un país más, como muchos otros. Y casi todo lo que veíamos en TV eran series de Hollywood, de EEUU. Y yo me preguntaba, ¿por qué no vemos programas de China, Japón, Malasia, Vietnam, de otros países? Y eso me hacía sentir mucha curiosidad. Había un mundo distinto que desconocía. Si la literatura occidental, ya fuera hispanoamericana o de otros países europeos, era tan interesante suponía que la literatura de otros países también lo era.*

Cuando estudiaba Filología Hispánica en Madrid yo leía literatura escrita en nuestra lengua y me parecía interesantísima y ahí me di cuenta que también tenía que leer de otras culturas. Empecé a leer literatura universal traducida al español y me pareció fascinante. Sobre todo, recuerdo que las obras japonesas me causaron mucha impresión porque vislumbré un mundo totalmente diferente al occidental. O sea, en el mundo occidental estamos regidos por unas raíces comunes como la cultura greco-latina, el derecho romano, la cultura cristiana, la lógica aristotélica, etc.; somos parecidos. Pero Japón o Asia es otro mundo totalmente diferente y por eso yo quería entenderlo. Entonces empecé a estudiar japonés por el gran impacto que me causaron las obras literarias japonesas, de autores como Yasunari Kawabata, Junichiro Tanizaki, Soseki Natsume, Yukio Mishima, Ryunosuke Akutagawa, etc. y ahí es cuando decidí ser traductora y finalmente hice realidad mi sueño.

AT: ¿Cómo vive una intelectual española como tú en Japón?

EG: *Yo me veo como un puente cultural entre España y Japón contribuyendo un poco al entendimiento mutuo; llevo casi tres décadas viviendo en Japón y para mí este país es algo muy cotidiano. Disfruto mucho enseñando, quizás porque cuando enseñamos es cuando más aprendemos; es cuando nos escuchamos a nosotros mismos y nos vamos planteando dudas y cosas que no entendemos y eso nos estimula a seguir investigando. Yo me veo acercando ambas culturas: la cultura hispana en Japón y la cultura japonesa en el mundo hispanohablante. Ese papel lo hago a través de la traducción y de la investigación de la literatura y la cultura. Y, yo veo que hay mucho interés en Japón, donde estamos publicando ediciones bilingües japonés-español en la editorial japonesa Taiseido Shobo, y también en el mundo hispano. Cuando estuve en varios países de Hispanoamérica dando conferencias sobre lengua, literatura y cultura japonesa había muchos estudiantes con grandes inquietudes intelectuales y muchas preguntas interesantes. Y luego en España, también; ahí presento mis libros, organizo recitales, conferencias y también estoy contenta porque despierta mucho interés y curiosidad.*

AT: ¿Por qué decidiste quedarte a vivir en Japón?

EG: *Yo siempre me he sentido muy bien en Japón; aquí enseñando español y Teoría de la traducción veo que mi trabajo produce unos frutos que me satisfacen. En Japón estoy constantemente expuesta a una cultura diferente. Y entender una cultura distinta es una labor que lleva toda la vida, o varias vidas, y por más años que vivas en Japón siempre va a haber cosas que no lograrás entender, pero lo mismo sucede en el caso de la cultura natal. Vuelvo a España a menudo. Allá tengo actividades culturales, hablo sobre Japón, doy conferencias. En realidad, yo me siento perteneciente a dos mundos: España y Japón. Pero al mismo tiempo me siento ciudadana del mundo ya que he experimentado también otras culturas. La vida en Japón me aporta mucho porque siempre estás en contacto con otras formas y perspectivas de ver la vida; otra forma de tratar de solucionar los problemas y uno sale de su estrechez y su mismidad; sale de su país y aprende a ver su país desde fuera, a entender personas que tienen una cosmovisión totalmente diferente y a ubicarse en la inmensidad del mundo.*

Sin duda alguna, el quehacer de Elena Gallego Andrada es tan importante en Japón como en España y el resto del mundo hispanohablante. Cuando la entrevisté me obsequió un ejemplar de *Cien poetas, un poema cada uno / Ogura hyakunin isshu*, publicado en la Editorial Taiseido-Shobo, de Kobe, un libro bellamente traducido directamente del japonés al español por Masateru Ito y revisado por Gallego. Su labor es incansable, junto con Seiko Ota lanzó *Haikus de guerra* en 2016 y en 2017 publicaron *Haikus contracorriente*, quinto volumen de la serie HAIKU, que publican en la Editorial Hiperión desde 2013.

Junto con el exembajador y traductor Masateru Ito, ha seguido publicando diversas traducciones de obras clásicas en edición bilingüe japonés-español en la editorial Taiseido Shobo: en 2017 publicaron *Un puñado de arena*, antología de tanka de Ishikawa Takuboku (1886-1912), de quien también han publicado el *Diario en Roomaji*, en 2018 y otra antología de tanka titulada *Tristes juguetes*, en 2019, ambas en la Editorial Hiperión, de España. A finales de 2018 publicaron *Sendas de Oku*, diario de viaje literario del monje zen Matsuo Basho (1644-1694), creador del haiku, por el norte de Japón. En 2019 han publicado una selección de poemas de *Man'yoshu (Colección de las mil hojas)*, de los S. VIII-IX, una de las antologías más antiguas de la literatura japonesa.

En 2017, Gallego publicó en la misma editorial otra antología de relatos de Dazai Osamu, *La esposa de Villon, ¡Corre Melos! y otros cinco relatos*. Y en 2019 ha publicado una antología de relatos y poemas de Kenji Miyazawa (1896-1933) en Homenaje a

Montse Watkins, primera traductora y editora a la vez de literatura japonesa y pionera en la traducción de literatura directamente del japonés al español, con quien Gallego colaboró a finales de los años 90 en Japón. Las traducciones publicadas en Taiseido Shobo además de ser bilingües se caracterizan por ir acompañadas de un CD con la recitación en español del contenido completo o parte de él con la voz de Gallego. Estas traducciones bilingües están destinadas a los japoneses estudiantes de español y a los hispanohablantes interesados en conocer la lengua y cultura japonesa.

Gregory Zambrano nació en Mérida, Venezuela. Es poeta, ensayista, crítico literario y editor. Tras obtener su Magister en Literatura Iberoamericana se mudó a México y estudió su doctorado en El Colegio de México. Volvió a Venezuela donde ejerció diversos cargos a nivel de posgrado en su alma mater, la Universidad de Los Andes. Vivió en Tokio entre 2007 y 2009 donde desarrolló una investigación sobre el escritor Kobo Abe. Se jubiló como profesor titular de la ULA en el 2011, año en que se mudó a Tokio donde en la actualidad se desempeña como profesor-investigador en la prestigiosa División de Estudios Latinoamericanos de la Universidad de Tokio.

Zambrano es uno de los intelectuales que ha podido difundir la labor de los traductores japoneses en el mundo hispano. Durante su estadía en Tokio entre 2007 y 2009 realizó una serie de entrevistas a investigadores y traductores especialistas en la literatura hispanoamericana. Éstas se publicaron en el 2009 en Tokio por el Instituto Cervantes bajo el título *El horizonte de las palabras: la literatura hispanoamericana en perspectiva japonesa (conversaciones con académicos y traductores)*. El libro tiene varias bondades porque le permiten al lector comprender cómo los entrevistados tuvieron contacto con el idioma español por primera vez, qué les motivó a estudiar la lengua, su contacto con los primeros textos literarios hispánicos, su preferencia por ciertos autores, sus primeras traducciones, los retos de la traducción del español al japonés, puntos de comparación entre estilos de escritores latinoamericanos y vanguardias japonesas y en fin, una serie de afirmaciones y confesiones hechas a través de las propias palabras de los entrevistados. El libro está ordenado en forma cronológica basada en la fecha de nacimiento de cada traductor y abarca desde 1930 hasta 1971. Tadashi Tsuzumi, el traductor de Carpentier, Borges, Puig y Onetti así como de varias obras de García Márquez incluyendo *Cien años de soledad* señaló que la gran novela del escritor colombiano al principio se vendió muy poco. Debido a eso decidieron crear antologías para dar a conocer otros escritores y gracias a eso los lectores japoneses llegaron a saber de Vargas Llosa, Cortázar y Arenas. Asimismo, señala que en los años 70 las universidades privadas querían ampliar sus horizontes e integraron las lenguas extranjeras en sus programas de estudio (8). Para Tsuzumi, la traducción de la literatura es "el descubrimiento de un nuevo mundo desconocido" porque abre "un horizonte intelectual, y más que literario sentimental" (10). En este tono están transcritas las entrevistas de este importante libro.

Son diez entrevistas en total. La segunda se centra en Fumiaki Noya quien tradujo *Águila o sol* de Paz, *Alturas de Machu Picchu* de Neruda, *El jardín de al lado* de Donoso y *La tía Julia y el escribidor* de Vargas Llosa entre otras. La tercera entrevistada es Yoko Imai quien es autora de una serie de artículos sobre Cortázar, Donoso, Allende y Rulfo. Según la estudiosa, es muy triste que en la actualidad no haya mucho interés ni en Latinoamérica ni en autores clásicos como Natsume Soseki. "Traducir es captar el espíritu literario que hay en la página" afirmó Akira Sugiyama, el cuarto entrevistado quien nació en Lima, Perú pero se mudó a Tokio desde muy joven (25). Sugiyama es ensayista y traductor de Vargas Llosa, Arguedas, Rey Rosa pero sobre todo de Rulfo. De hecho, gracias a sus cuidadosas traducciones de *Pedro Páramo* y *El llano en Llamas* el público japonés llegó a conocer al escritor mexicano. Noriaki Takabayashi Iwasaki es el quinto entrevistado. Él es un estudioso con una amplia cultura y ha publicado libros sobre Asturias; sobre la familia, la sociedad y figuras femeninas destacadas en América Latina. Ayako Saitou es la sexta entrevistada. Ella ha hecho importantes estudios sobre Cervantes y Paz y ha traducido una antología de novelas de Luisa Valenzuela y varios poemas de Luis Cernuda. Para Saitou, "en el lenguaje hay una frontera invisible que define la sutileza de la expresión" y aunque admira a los clásicos está satisfecha de que a sus estudiantes de hoy en día les interesa la literatura de Roberto Bolaño y Jorge Volpi (38-41). Takatsu Yanagihara es el séptimo entrevistado. Estudioso de Vallejo, Carpentier, Martí y Reyes, ha traducido obras de los últimos tres autores. De hecho, es uno de los primeros intelectuales japoneses interesados en la obra de Reyes; por eso tradujo "Visión de Anáhuac". Al estudioso le sorprende que a sus alumnos les interese la obra de García Márquez y la de Arenas pero no la de Carpentier. También afirma que tiene estudiantes interesados en literatura española, sobre todo en la obra de Carmen Martín Gaite y Pérez Galdós. El octavo entrevistado es Kanji Matsumoto quien sobre todo se ha dedicado al estudio y fomento de la poesía peruana. Por su parte, a Makoto Onishi, el penúltimo entrevistado, le interesa la gran tradición de la literatura fantástica del Río de la Plata y la obra de Ricardo Piglia. Por último, para Ryukichi Terao, traductor bilateral, del español al japonés y del japonés al español, "América Latina es una mina inagotable" (62). Por lo tanto, para el público hispanohablante ha traducido la obra de Junichiro Tanizaki, Kobo Abe y Yasunari Kawabata, por mencionar algunos. Por otra parte, "lamentablemente hay pocos libros publicados en Japón sobre la cultura latinoamericana; no se han hecho investigaciones a fondo y falta mucho camino por recorrer" señala (67).

Como se ha podido observar, las entrevistas hechas por Zambrano nos adentran a un mundo que expande los horizontes culturales de los lectores hispanohablantes; nos informa de los escritores que han sido traducidos al japonés y de ese modo abre nuevas brechas de investigación. Además también nos da noticia de los escritores que han visitado Japón. Sin embargo, lo más importante del libro es que rescata la voz de los críticos y traductores japoneses en español. Por su parte, el crítico Kazunori Hamada afirmó que los jóvenes investigadores de Japón son los que se favorecerán de este libro porque ha aumentado proporcionalmente la cifra de estudiantes deseosos de estudiar la literatura hispanoamericana. Y amplía señalando que la virtud de este libro es que explica de una forma informativa y amena las particularidades del campo literario japonés. Por lo tanto, "los involucrados en las empresas culturales del mundo de habla hispana que consideren difundir las obras literarias de sus países en Japón" se beneficiarán enormemente de este bien logrado libro (139).

De regreso en Japón en el 2011, Zambrano coordinó a un grupo de traductores profesionales, Kazunori Hamada, Mutsuko Komai, Akiko Misumi, Ayako Saitou y Ryukichi Terao para que tradujeran al español una compilación de poesía preparada por Tetsuo Nakagami y Yutaka Hosono. El fruto de ese esfuerzo fue la fina edición revisada por Zambrano y publicada bajo el título *Poesía contemporánea del Japón* (2011). El libro incluye poemas selectos de los poetas Kazuko Shiraishi, Ruriko Mizuno, Toriko Takarabe, Yutaka Hosono, Tetsuo Nakagami, Chuei Yagi, Shoichiro Aizawa, Masaki Ikei, Toshiko Hirata y Masayo Koike.

La importancia de *Poesía contemporánea del Japón* es el hecho de que existen muy pocos volúmenes como este en español. Además, por primera vez los lectores hispanohablantes tienen acceso a poetas que no habían sido traducidos a nuestra lengua. Se incluyen poemas como, "Llegaron el recibo de agua, un catálogo..." de Shoichiro Aizawa; traducido por Akiko Mizumi:

> Llegaron el recibo de agua, un catálogo de utensilios domésticos, un aviso del cambio de domicilio, y una carta con noticia de muerte. La leí. Comí arroz con algas marinas y bonito seco. Comí la carne de anoche cocida en jengibre y unas chalotas que me regaló mi tía. La llamé por teléfono para darle gracias por las chalotas. Embalé diarios viejos. En esa noche, de más allá de la ventana brotó un río. Yo escuché el chorro de agua desde la cama. A la mañana siguiente el río ya se había retirado y en el campo libre brillaban las escamas de los peces desbordados. Y me di cuenta, entre otras cosas, de que las escamas se habían convertido en pedazos de botella. (106)

El poema de Aizawa nos adentra en la cotidianidad de la vida japonesa. El papel no solo articula la vida, lo cotidiano, el agua, los utensilios y la morada, sino que también la fragilidad de la vida con la noticia de la muerte. La frugalidad de la dieta habitual japonesa se representa a través de cinco ingredientes que a pesar de ser básicos (arroz, algas, bonito seco, carne y chalotas) son saludables y en conjunto evocan una suerte de jardín por la alusión al blanco, verde, rosado y marrón. Diversos elementos de la estética y ética japonesa están presentes en este aparentemente sencillo poema. La llamada a la tía por el gesto de las chalotas demuestra el amable carácter japonés. Por último, la alusión a la naturaleza enfatiza que su fuerza es dueña de sus caprichos. La imagen de las "escamas de los peces desbordados" nos recuerdan una vez más de la debilidad de la vida. Como sugirió Tetsuo Nakagami en la introducción, la poesía japonesa, o "cualquier región no sólo lleva particularidades locales sino también la universalidad que están en todas las artes literarias" (13). Sin duda alguna, *Poesía contemporánea del Japón* es una gran aportación al campo de la traducción y las literaturas comparadas.

Como experto en la obra del escritor Kobo Abe (1924-1993), Zambrano ha publicado densos estudios en España, Estados Unidos, Latinoamérica y Japón. Para el estudioso, la literatura de Abe tuvo una buena acogida en el mundo hispánico en los 70s y 80s debido a la traducción de *La mujer de la arena* y *El rostro ajeno*, ambas llevadas al cine. Sin embargo, después de un gran silencio, el escritor japonés vuelve a tener éxito debido a la ayuda de los soportes digitales (revistas, blogs, portales, twitter, facebook) que ofrecen nuevas experiencias de lectura y comunicación novedosas y han posicionado nuevamente al escritor como un autor contemporáneo por la audacia de sus narraciones ("Traducción..." 112). Pero aquí lo más importante es que entre 2010 y 2014 se publicaron en español cinco obras de Abe: *Idéntico al ser humano* (2010), *Los cuentos siniestros* (2011), *El hombre caja* (2012) *La historia de las pulgas que viajaron a la luna (y otros cuentos de ficción científica)* (2013) y *Encuentros secretos* (2014); todas fueron traducidas por Terao con la colaboración de Zambrano. Sin la profunda colaboración de ambos Abe no estaría gozando de la atención que se merece.

De acuerdo a Zambrano, la obra de Abe se distinguió de sus contemporáneos por su incesante búsqueda de un nuevo lenguaje que captara la sensibilidad del sujeto de posguerra "definiendo un nuevo estilo y asumiendo temas audaces: el absurdo, la identidad, la incomunicación, la soledad, la alienación, todos ellos comprendidos como formas de desarraigo que sufren los individuos en la vorágine de una sociedad fracasada y caótica" (*Historia*..., 12). Para ese fin, por ejemplo, en *Historia de las pulgas que viajaron a la luna*, el escritor adoptó las investigaciones temáticas de la ficción científica y los recursos expresivos de la narrativa policial para crear atmosferas incoherentes y misteriosas al mismo tiempo. En el libro, como nos recuerda Zambrano:

> Coexiste el mundo de los empleados, oficinistas, maleantes, marcianos, lunáticos y desocupados, que a la larga funcionan como pícaros o vividores. También se deja al descubierto un espectro de tensiones familiares, sumado a los problemas propios de la cotidianidad en ciudades altamente pobladas: congestionamientos, ruidos, máquinas, contaminación. Siempre bajo el sentido paradójico de la búsqueda del confort o de la mejoría de las condiciones de vida. Las salidas posibles que tienen los personajes se tornan a la vez trampas que los conducen por laberintos y túneles marcados por el caos y el absurdo. (*Historia*, 20)

Gracias a la ardua labor del estudioso venezolano y de los traductores japoneses, los hispanohablantes tienen acceso a libros tan interesantes como el que acabamos de citar.

En una entrevista, le pregunté a Zambrano sobre cuáles eran los temas que más le apasionaban en la obra de Abe y a lo cual respondió lo siguiente:[42] *De la obra de Kobo Abe me interesa principalmente su propuesta estética provocadora. Una visión diferente, disonante, lejos del estatus quo de muchos escritores que entonces se mantenían fieles a los preceptos de la cultura tradicional japonesa. Abe trató de romper con cierta monotonía reinante al abrirse otros temas y a otros referentes culturales, incorporando elementos de la modernidad occidental que no eran políticamente correctos para la época. Los temas de su propuesta narrativa, fundamentalmente vinculados al problema de la identidad, del extrañamiento, de la pérdida de valores sociales, introducen hábilmente variantes sobre la maldad, lo siniestro o la alteridad de una manera irónica y humorística. A mí me interesa la aproximación desde*

---

42 Entrevista por correo electrónico. Aquí también, las respuestas aparecen en letras cursivas. Todas las respuestas de Zambrano, a menos que lo indique de otra forma, son de la misma entrevista.

la perspectiva de las distopías. Abe fue un gran constructor de distopías y, en la medida en que cuestiona a su sociedad, derrotada en la guerra, refundándose con nuevos valores, cuestiona su presente desde una perspectiva novedosa. Me gusta mucho por el modo como maneja el humor, la ironía, las paradojas, las hipótesis científicas, y sobre todo porque logra construir unos diálogos complejos, a veces paradójicos, a veces hilarantes, que reflejan de una manera u otra las contradicciones del ser humano. Es un escritor para lectores del futuro.

AT: En los últimos años varios escritores latinoamericanos han visitado Japón. De todos ellos, ¿quién te ha sorprendido más por la forma en que se aproxima a la literatura o a la cultura japonesa?

GZ: *En Japón he conocido a varios autores a quienes sólo había leído, pero también me he reencontrado con escritores que había conocido en Venezuela o en México. Casi todos vienen a hablar de su trabajo o a acompañar el lanzamiento de la traducción de alguna de sus obras; otros han asistido como parte de las giras que promueve la organización del Premio Cervantes. Por ejemplo, Sergio Pitol, a quien le correspondió inaugurar el Instituto Cervantes de Tokio. De igual manera lo hicieron Juan Gelman o Mario Vargas Llosa. Otros autores han permanecido largas temporadas como becarios de la Fundación Japón, como Horacio Castellanos Moya, o visitantes de estadías breves, como Rodrigo Rey Rosa, Santiago Roncagliolo, Fernando Iwasaki, Rodrigo Fresán, Alejandro Zambra, Juan Gabriel Vásquez, Luisa Valenzuela o Juan Villoro, Héctor Abad Faciolince, entre otros. De alguna manera, todos tienen información sobre la cultura y la literatura japonesa, y han querido visitar ciudades específicas para conocer a determinado escritor o recorrer el espacio que ha sido referido por obras literarias. Muchos de ellos han escrito crónicas de sus viajes. Esta visión me ha interesado mucho y he ido recopilando esas crónicas.*

AT: Sin duda alguna, las traducciones (aparte de la cultura popular japonesa que es tan famosa en todo el mundo) han abierto los horizontes de un intercambio cultural más fructífero entre los latinoamericanos y Japón.... En tu opinión ¿qué más está por hacer? En el futuro ¿qué proyectos te gustaría ver que se desarrollaran?

GZ: *Aparte del interés manifiesto que hay sobre los temas de la cultura popular japonesa, como el manga, el anime, la música pop, entre otros, también hay un acercamiento de generaciones de jóvenes latinoamericanos interesados en Japón por razones literarias. Recientemente tuve una experiencia extraordinaria en México, donde puede compartir con jóvenes que están estudiando traducción literaria y han tomado como referencia las traducciones de la obra de Kobo Abe. En varios casos el trabajo del taller ha consistido en ver cómo se resuelven los elementos puntuales de traducción de ciertos conceptos o expresiones, o la reelaboración de categorías que emplea el autor, a veces en serio, a veces en broma. Impartí un par de conferencias auspiciadas por la Universidad Nacional Autónoma de México, la Fundación Japón y la Biblioteca José Vasconcelos, y me impresionó muy positivamente que exista ese interés. Hay mucho más por hacer. Así como hay iniciativas eficaces para que se divulguen más autores japoneses en español, también hay muchos autores latinoamericanos que merecerían ser traducidos al japonés. Allí es bastante más lenta la labor, y depende en buena parte de la buena voluntad de los traductores, pero a veces no hay un apoyo tan dinámico de parte de las editoriales. Publicar un libro en Japón puede ser sumamente costoso y luego garantizar los canales de divulgación y promociones no siempre están dados. En ese sentido hay mucho por hacer.*

AT: ¿Cómo es la vida de un intelectual en Japón? Por supuesto que puedes comparar tu vida en Japón con aquella de Venezuela o México.

GZ: *La vida de un intelectual en Japón depende fundamentalmente de su campo laboral. En la mayor parte de los casos, vinculada a las universidades u otros centros de enseñanza, en menor medida a las editoriales. En mi caso voy a la universidad todos los días, y transcurre mi vida cotidiana, entre libros, bibliotecas, clases, intercambio con colegas profesores y estudiantes. Regularmente, todo está bastante bien programado y los planes se cumplen dentro de un patrón establecido. A diferencia de otras experiencias académicas y vitales, que he tenido, por ejemplo, en Venezuela o en México, donde la dinámica es mucho más espontánea, a veces se improvisa, a veces es menos formal, pero son estilos diferentes y ambos tienen sus elementos positivos y, como corresponde, otros que no lo son. En general, en Japón no se pierde tiempo y a veces en los países de América Latina por coyunturas sobrevenidas se pueden cambiar o suspender actividades. Y tal vez en muchos países se pierde tiempo en reuniones burocráticas interminables, que a veces no resuelven nada. Aunque no se debe generalizar, en mi entorno laboral, por lo general, las reuniones suelen ser puntuales y concretas, y así se aprovecha el tiempo de una manera más eficaz.*

La presencia de Zambrano en Tokio ha generado un dialogo más abierto entre el mundo hispanohablante y el Japón. Además de su colaboración con las traducciones previamente mencionadas, en el 2015 se publicó una *Antología poética* del finado poeta chileno Gonzalo Rojas traducida al japonés por Terao. Una vez más, como colaborador, Zambrano seleccionó los poemas y se encargó del prólogo de la edición. Los lanzamientos de libros con frecuencia se llevan a cabo en las embajadas de los respectivos escritores, en las universidades o en el Instituto Cervantes de Tokio. El Cervantes es una excepcional plataforma donde los escritores que visitan Japón ofrecen charlas mediadas por intérpretes profesionales para que el público japonés monolingüe pueda comprender. En el mismo instituto Zambrano no solo ha presentado y entrevistado a escritores hispanohablantes, sino que también ha dirigido talleres y cursos en torno a "El humor y la literatura hispanoamericana" (2015), "Rubén Darío, el modernismo y el mundo hispanoamericano" (2016), "Claves para leer a Gabriel García Márquez" (2017), y "Los mundos literarios de Juan Rulfo" (2018). En torno a esos talleres, Zambrano dijo:

> A diferencia de las clases formales del idioma, donde a veces se hace un entrenamiento más formal para lograr los objetivos en la enseñanza de la lengua, aquí los estudiantes se matriculan porque desean leer y comentar la obra de algún autor en particular, o porque quieren escuchar hablar en español. Las sesiones son reuniones de amigos, porque muchos de los estudiantes que comenzaron en los cursos desde el principio, permanecen de manera consecuente, así que estos cursos se han convertido en un espacio de intercambio, de diálogo, de compañía, sumamente rico, en el que la literatura es un pretexto para acercarnos también a comprender, a través de la lectura, sensibilidades, visiones del mundo, propuestas humanas intensas y enriquecedoras.[43]

---

43 Ibíd. Es parte de la entrevista por correo electrónico.

Además, aparte de los talleres y para poner al público al tanto de las tendencias principales de la narrativa y la poesía venezolana contemporáneas ya desde el 2009, Zambrano y Terao coordinaron el coloquio "Diálogo en torno a la literatura venezolana". Y, con motivo del centenario del nacimiento de Cortázar, se llevó a cabo la conferencia "100 años del nacimiento de Julio Cortázar" donde aunados a Zambrano y Terao estuvieron Rodrigo Fresán, Natsuki Ikezawa y Juan Jesús Armas Marcelo (2014). Y, en 2017, se publicó la traducción al japonés de *Doña Bárbara*, la célebre novela de Rómulo Gallegos, traducida por Terao, con prólogo y cronología de Zambrano. Como se ha podido observar, la labor de Zambrano como agente cultural ha promovido el intercambio cultural entre el mundo hispanohablante y Japón. Por último, le pregunté a Zambrano sobre cuál era la actitud de los japoneses ante un intelectual latinoamericano a lo cual contestó que "en su mayoría están dispuestos a aprender de los demás…. Y por supuesto hay un interés que se evidencia en los viajes que muchos japoneses hacen hacia España o hacia los países de América Latina para conocer su cultura en todas sus formas de expresión. Creo que hay una expectativa positiva, interesante, intelectualmente muy rica".[44]

En definitiva, Zambrano es un 'embajador' cultural cuya presencia en Tokio estimula el dialogo entre japoneses e hispanohablantes. Gracias a su generosa hospitalidad, varios escritores hispanohablantes se han sentido *casi* en casa en Japón. Por otra parte, gracias a su colaboración con traductores de la talla de Ryukichi Terao, los escritores japoneses cada vez son más leídos en el mundo hispanoparlante.

Otra profesional es Silvia Lidia González quien nació en Monterrey, México. Es doctora en Estudios de Asia y África, con especialidad en el área de Japón por El Colegio de México además de haber obtenido un Magíster en Periodismo Especializado por el Tecnológico de Monterrey.[45] Sus estímulos académicos y de

---

44   Ibíd. Es parte de la entrevista por correo electrónico.
45   En 1984 González inició su ejercicio periodístico en el norte de México (*El Diario de Monterrey*, Multimedios Estrellas de Oro, Multivisión) como reportera, editora, productora, corresponsal internacional, conductora de noticias y subdirectora editorial. Posteriormente colaboró con medios como *El Financiero, Reforma, Hora Cero, Proceso* y *La Jornada*. Ha participado en

investigación llevaron a González a la Universidad de Navarra, la Soborna de París, la Universidad de Ottawa, la Universidad de Estudios Extranjeros de Osaka, y la Universidad Sofía de Tokio. Con el apoyo del Ministerio de Cultura y Educación (entonces Monbusho), la Fundación Japón y la Asociación Internacional de Educación de Japón, González pudo llevar a cabo trabajo de investigación en ese país. La comunicación, la paz y los derechos humanos han sido los temas centrales de la investigación de la estudiosa quien es autora de varios artículos en publicaciones especializadas de México, Japón y Francia. Asimismo, ha publicado los libros *El ejercicio del periodismo* (1997), *Hiroshima: la censura del siglo XX* (2000), y *Hiroshima: la noticia que nunca fue ¿cómo se censura la información en tiempos de conflicto?* (2004). En la actualidad, González es profesora en la Universidad de Estudios Internacionales de Kanda en Chiba, Japón.

Los libros de González que se centran en la Segunda Guerra Mundial, específicamente, en la bomba atómica que estalló en Hiroshima el 6 de agosto de 1945, son una de las grandes aportaciones que se han hecho sobre el tema en el mundo hispanohablante. La académica llevó a cabo una amplia investigación hemerográfica trasnacional para indagar la forma en que se narró la noticia de aquel terrible hecho histórico. Para ese fin, la estudiosa acudió principalmente a medios reconocidos en idioma inglés (*The New York Times*, *The Washington Post*, *Los Angeles Times*) y japonés (*Yomiuri*, *Asahi*, *Mainichi*), así como en español. Sus investigaciones revelan que hubo una marcada manipulación informativa tanto por la censura como por la propaganda. Es decir, si bien el lanzamiento de la bomba atómica era una noticia digna de profunda cobertura, el dominio del poder y la manipulación informativa la convirtieron en "complicidad bélica".

En su artículo titulado "Hiroshima: una noticia que murió en la guerra", González señala que la noticia del lanzamiento de la bomba no tuvo la amplia cobertura y análisis que ameritaba debido a que la información fue manipulada. Las consecuencias de esa "complicidad bélica" por parte del periodismo todavía hacen

---

programas profesionales del Canal 7 de Washington y el *USA Today*, además de haber sido docente en Instituto Tecnológico y en la Universidad de Monterrey.

eco en el siglo XXI porque "nos mantienen al margen de informes, de cifras, de verdades que servirían para el debate abierto sobre el significado de las guerras, las armas de destrucción masiva y sus consecuencias en el ámbito social" (89). Lo que más sorprende es la forma en que la prensa japonesa censuró la noticia de tal desgracia. De acuerdo con la estudiosa, el periódico *Asahi*, uno de los más grandes de Japón, fue el único medio nacional que divulgó la noticia, aunque la minimizó anunciando apenas que unos aviones B-29 habían arrojado bombas incendiarias sobre Hiroshima. Y añade que:

> El lanzamiento de la bomba atómica tenía todo para ser una gran noticia (entendiendo que el superlativo aquí no se asocia con algo bueno, sino con su valor periodístico y su dimensión histórica). Sin embargo, la censura de militares japoneses, y posteriormente norteamericanos, impuso un silencio imperdonable a partir de Hiroshima. ... La noticia fue disimulada y se arrastró por días, meses y años, hasta que quedó silenciada. Hubo muchas historias que no se contaron, crónicas que no se escribieron y hasta la fecha laten bajo la tierra, donde quedaron sepultadas las víctimas de la bomba, convertidas en cenizas. (Ibíd.)

Si bien la prensa japonesa al principio apenas mencionaba la noticia de la bomba, de pronto hubo una suerte de despertar y ésta comenzó a reportar los daños del ataque. Sin embargo, esa etapa fue muy corta porque las fuerzas norteamericanas que llegaron a ocupar Japón al final de la guerra (1945-1952), e iniciaron una campaña de censura: simplemente no se podía hablar de energía atómica, bombardeo atómico o sus consecuencias ni en correspondencia, conversaciones telefónicas, reproducciones de cine, radio, prensa, manifestaciones, carteles, etcétera, (91).

González afirma que los periodistas fueron cómplices y víctimas de la manipulación informativa. Aquellos que estaban en el poder no les permitieron a los periodistas que tuvieran acceso a la información sobre la bomba. A su vez, los periodistas, maniatados, no pudieron ejercer su derecho básico el cual era (y es) transmitirles a los lectores la verdad de los hechos. Por otra parte, mientras los periodistas eran censurados, el arte, a través de la literatura y el cine, surgía también como medio de expresión de las víctimas.

En otro artículo, "Hiroshima y Nagasaki: Conciencia histórica a través del arte y la cultura popular de Iberoamérica", González señala que, a pesar de la censura oficial a los medios informativos, los sobrevivientes de Hiroshima intentaron dar testimonio de su sufrimiento por medio de caricaturas, pinturas, dibujos, poemas y crónicas. Sin embargo, esas manifestaciones artísticas también estuvieron vigiladas y a veces hasta censuradas hasta 1952, cuando terminó el periodo de ocupación americana. Desde entonces la expresión artística en torno a las bombas ha gozado de más libertad (68). Los escritores y artistas del mundo hispano estaban alejados de las imposiciones informativas de Estados Unidos y Japón. Además, geográficamente hablando también existía una gran distancia. Pero, de todas formas y a pesar de la poca información que les llegaba lograron plasmar su profundo sentimiento y solidaridad con las víctimas de la guerra. González ofrece una lista de autores (con ejemplos de sus textos) que escribieron sobre Hiroshima comenzando con los ganadores del Nobel: Gabriel García Márquez quien escribió la crónica "En Hiroshima, a un millón de grados centígrados" y Pablo Neruda quien le dedicó una "Oda al átomo".[46] Otros poetas también escribieron sobre el mismo tema: Mario Benedetti ("Despabílate amor"); Oscar Hahn ("Visión de Hiroshima"); Ernesto Cardenal ("Apocalipsis") y Andrés Eloy Blanco ("Los hijos infinitos"). Varios novelistas también se inspiraron en los acontecimientos de los ataques nucleares para escribir. Entre sus obras destacan *Los sauces de Hiroshima* de Emilio Calderón; *El haiku de las palabras perdidas* de Andrés Pascual y *Correo de Hiroshima* de Víctor Manuel Camposeco. En el terreno del arte pictórico, Salvador Dalí en su idea de lo que llamó "misticismo nuclear" pintó tres oleos: *Melancolía atómica e idilio de uranio*, *Las tres esfinges de Bikini* y *Leda Atómica*. En Venezuela, el artista Salvador Valero pintó *La inmolación de Hiroshima* y Alirio Rodríguez efectuó una serie de

---

46 Los títulos que aparecen en este párrafo son un resumen de las páginas 69-77 de "Hiroshima y Nagasaki: Conciencia histórica a través del arte y la cultura popular de Iberoamérica".

láminas que vieron la luz en *Cuadernos de Hiroshima*. En Colombia, Augusto Rendón pintó *Caos* y en Nicaragua Orlando Fonseca matizó *Hiroshima*. Aparte de la literatura y el arte, González menciona a compositores que se dieron a la tarea de denunciar a través de la música las injusticias sociales de las que hemos venido hablando.

Como hemos visto, la investigación de Silvia Lidia González nos permite comprender más a fondo los hechos, negociaciones y prohibiciones en torno a un hecho histórico sin precedente. Gracias a sus investigaciones, los lectores del mundo hispánico han podido descifrar cómo se manipuló la información en Japón y en el mundo entero. La estudiosa subraya que casi todos los informes que circularon por el mundo provenían de las agencias de noticias de Estados Unidos que a su vez ofrecían solamente las versiones oficiales de su propio gobierno. Pero, a pesar de que los escritores y artistas ni vieron ni tuvieron conocimiento directo ni mucho menos "tuvieron información completa por los medios periodísticos, ni hablaban japonés ... en todo esto operó una toma de conciencia que partió más de la naturaleza humana, de algo más profundo, y que se expresó a través de lo que pudiéramos llamar 'el lenguaje de la sensibilidad'" (Ibid. 83-84). En la siguiente entrevista la estudiosa amplía sobre el tema que la ha ocupado por varios años.

AT: ¿Qué te motivó a escribir sobre la bomba atómica?[47]

SLG: *En principio, creo que fueron la casualidad y la curiosidad. En 1992 estaba estudiando en Japón, con una beca del Ministerio de Educación (entonces Monbusho). Por iniciativa de unas queridas compañeras y amigas, paseábamos por Japón en aquel verano y, casualmente, llegamos a Hiroshima un 6 de agosto, justo durante la conmemoración del bombardeo atómico en la ciudad. Al final de la jornada envié un reporte a la estación de radio con la que colaboraba en México. Por primera vez en mi carrera periodística, sentía que mis palabras eran insuficientes para expresar lo que había significado estar ahí y estrechar la mano a una de las víctimas de aquel suceso, que guardaba como la referencia a una vieja y simple lección de Historia en la escuela*

---

47 Entrevista por correo electrónico. Sus respuestas están en letras cursivas para facilitar la lectura.

primaria. Poco tiempo después, indagando con curiosidad histórica y periodística en las hemerotecas, me encontré apenas breves menciones de lo sucedido en Hiroshima el 6 de agosto de 1945. La censura y el control de los medios en tiempos de guerra habían silenciado un acontecimiento que ameritaba mayor divulgación, discusión, análisis y comprensión. Decidí entonces volver por las palabras que le habían faltado a mi propia crónica y por las que también se han guardado durante tantas décadas, dejando un vacío en la narración de la historia de la humanidad.

AT: ¿En las últimas dos décadas, ha cambiado la actitud de los japoneses ante la bomba atómica o ante la guerra?

SLG: *Es difícil dar una respuesta contundente sobre la actitud de los japoneses ante la bomba o la guerra. Podríamos decir, de manera general, que la población aceptó la derrota, bajo un conocido patrón de obediencia a la autoridad; aceptó la ocupación; adoptó el principio de la no beligerancia (hasta ahora vigente en el artículo 9º. de la Constitución) y asumió la evidente victimización de Hiroshima y Nagasaki, no sin alusiones a las propias culpas bélicas. Inspirados por las víctimas de las bombas y por las lecciones post bélicas, los japoneses se han consolidado como una sociedad pacifista. Sin embargo, no podemos soslayar la popularidad que han llegado a tener medios de la cultura popular pro bélicos, como llegó a ser el manga "Senso ron" (Sobre la guerra). Igualmente, los reiterados intentos por varios políticos conservadores de renunciar al artículo 9º. y promover un rol más activo en los conflictos. Justo en ese espíritu, el actual primer ministro Shinzo Abe promovió y logró la aprobación de la llamada Ley de Seguridad Nacional, que abre la posibilidad de que Japón participe en conflictos armados junto con sus aliados, como Estados Unidos. Aunque el líder ha insistido en que se trata de un instrumento para preservar la paz, las multitudinarias marchas en rechazo a esta medida, pusieron de manifiesto la preocupación de gran parte de la población por mantener el principio de la anti beligerancia en el país.*

AT: ¿Has discutido (o enseñado) sobre la censura de la información respecto a la bomba atómica en Hiroshima?

SLG: *Sí. Justamente ese fue el tema de mi tesis doctoral. Y ha sido también el eje de conferencias, seminarios y clases especiales. Para explicar sobre el tema me he atrevido a crear lo que he llamado un "modelo atómico de comunicación" que describe cómo en tiempos de conflicto los polos en los modelos comunicativos clásicos, es decir en un extremo las fuentes informativas y en el otro los receptores de los mensajes, ejercen cierto tipo de presiones sobre los comunicadores para divulgar o recibir determinada información. De esas presiones hacia el centro se produce una explosión de numerosos mensajes (algunos falsos, versiones no confirmadas, parciales, etc.) que pueden impactar a las sociedades, a las grandes masas expuestas a ese torrente de mensajes. Éstos son una especie de lluvia negra de partículas radiactivas, es decir, miles de mensajes apresurados para informar sobre la guerra que pueden llegar a ser inofensivos o inadvertidos, pero que también pudieran tener efectos nocivos aún a largo plazo.*

En resumen, es el simbolismo de lo grave que puede ser para la humanidad seguir repitiendo verdades incompletas o sólo versiones oficiales sobre los asuntos atómicos.

AT: Varios de tus lúcidos trabajos aluden al arte y la era nuclear, ¿has tenido la oportunidad de discutir esto con estudiantes en Japón? ¿Cuáles han sido sus reacciones?

SLG: *Sí, he tenido oportunidad de hablar sobre el arte y la era nuclear con estudiantes, colegas y artistas. Especialmente sobre las muestras en el arte y la cultura popular en España y América Latina.*

A los estudiantes y, en general, a muchos japoneses les sorprende que un tema que ha estado censurado formalmente y luego silenciado bajo cierto pudor de la derrota o visión oscura, haya inspirado a artistas tan lejanos en el plano geográfico e histórico.

Un día un periodista japonés me dijo que lo comprendía porque nuestros países producen cierta lírica a partir de la historia, y los problemas sociales se denuncian también en el arte. A él le llamaba la atención el género de la "canción de protesta" y me decía que no hay tal en Japón. Por lo tanto, no hay una canción representativa para denunciar lo sucedido en Hiroshima y Nagasaki. También tuve la oportunidad de asistir con mis estudiantes a la conferencia del fotógrafo, artista y académico Masaru Tanaka. Él es hijo de una víctima de la bomba, y ha emprendido un proyecto pacifista, uniendo sus obras a las de la artista norteamericana Betsie Miller-Kusz, hija de uno de los científicos que participó en el Proyecto Manhattan elaborando el explosivo. A través de su experiencia hemos aprendido juntos una gran lección sobre las posibilidades de la reconciliación, a través del arte.

AT: En el 2015, con motivo del setenta aniversario del lanzamiento de la bomba atómica publicaste el interesante artículo "Hiroshima y Nagasaki: sombras de guerra en las ciudades de la paz". ¿Podrías decirme si hay (o tienes) algunos proyectos artísticos o literarios que vayan en camino y qué aspecto desconocido sobre la tragedia se espera (o esperan) mostrar?

SLG: *Desde ese año, justo el 2015, a 70 años de los bombardeos atómicos, decidimos realizar un documental sobre el tema, titulado "Las voces de los pájaros de papel", con apoyo de la Universidad de Estudios Internacionales de Kanda (KUIS), donde trabajo como profesora.*

Este documental rescata algunos materiales que conservo desde que hacía mi tesis doctoral, principalmente documentos de archivos históricos, periódicos, cartas de la época, así como el valioso testimonio de algunas víctimas de la bomba, que ya no están para contarnos sus experiencias. Entre ellos, gente como el señor Yoshito Matsushige, quien tomó las únicas cinco fotografías de las calles de Hiroshima, mostrando el rostro real, adolorido y aterrador de las víctimas bajo la inmensa nube que se ha impuesto como el ícono abstracto de la energía nuclear.

El documental lleva un poco de esos testimonios, comentarios de académicos de varios países especialmente sobre el tema de la censura atómica. Y, finalmente, vuelve al tema del impacto de estos acontecimientos en el arte y la cultura popular de Iberoamérica. En eso hemos estado trabajando y nuestra idea es compartir este documental subtitulado en varios idiomas.

El destino hizo que González ya estuviera viviendo y enseñando en Japón cuando ocurrió el Gran Terremoto del Este de ese país en el 2011. Si bien las experiencias de esa catástrofe natural fueron documentadas por varios extranjeros viviendo en Japón, en su artículo "Fukushima en tres tiempos: silencio, mutaciones y sueños", González relata su relación con esa tierra: "Conocí Fukushima en el año 2007 y encontré, con mis estudiantes, el brillo intenso de una tierra bendecida. Al pie de las montañas que se reparten entre Niigata y Fukushima, en Tohoku, el pasado encerraba un paraíso dentro de la geografía japonesa. Ahora, el mundo no quiere explorar tierra adentro. En las costas carcomidas por la furia del mar, por la fuerza del tsunami del 11 de marzo de 2011, se encuentra la imagen del temido infierno nuclear" ("Fukushima…" 153). Las explosiones de la planta nuclear de Fukushima se originaron debido al sismo y al tsunami. González anota que la imagen mundial convirtió a esta zona en una suerte de Hiroshima y Nagasaki, una suerte de purgatorio y un "castigo por la insensibilidad, la estupidez, la ambición, los intereses económicos..." (Ibíd. 154). Así como sucedió con la noticia de Hiroshima, la información sobre los daños humanos y materiales en Fukushima fueron tergiversados por aquellos en el poder tanto en el sector gubernamental como en el privado. Para la autora la desinformación sobre asuntos nucleares en Japón vuelve a abrir una herida que todavía no se ha sanado desde la Segunda Guerra Mundial.

Con su magistral lucidez la estudiosa señala: "agradezco siempre que existan oportunidades para reflexionar sobre lo que significa trabajar en nuestra lengua, dentro de un entorno cultural que parece tan lejano, pero al que nos unen muchas preocupaciones sociales y muchos rasgos que tienen que ver con la consideración humana".[48] Y a pesar de que sus investigaciones se enfoquen en un tema tan delicado no solo en Japón sino en el mundo entero, González dice que, después de todo, "vivir en el mudo de la academia y la investigación en Japón es una gran oportunidad, por la generosidad y consideración de los colegas, y también un reto constante a la posibilidad de producir desde miradas cruzadas, de romper, como en muchos entornos, barreras que tienen que ver con prejuicios y censura, y poder compartir el producto de este trabajo de manera global"[49].

Lamentablemente, de acuerdo con los estudios de la intelectual, la historia se repite. Es decir, pocas fueron las víctimas de Hiroshima y Nagasaki que denunciaron su experiencia atómica ya que la mayoría guardó "un silencio impuesto por la propia oscuridad de la memoria, por el dolor, por el luto" ("Fukushima..." 158). Pero las voces de aquellos que decidieron contar la historia de su sufrimiento físico y psicológico resurgieron durante la tragedia de Fukushima para recordar al mundo que la energía nuclear puede ser un progreso, pero su manejo encierra también un gran peligro para la humanidad, y es justo que la sociedad esté informada al respecto.

El problema de la radioactividad es casi inescapable

---

48 Entrevista por correo electrónico.

49 Ibíd.

en la producción de los hispanohablantes en Japón. De hecho, después del accidente en la Planta Nuclear Daiichi de Fukushima la lingüista segoviana Montserrat Sanz Yagüe lanzó su libro *Frente al Pacífico* (2011) el cual vendió para recaudar fondos para las víctimas. En éste dice la estudiosa:

> Aunque nos encontrábamos saturados de información, yo no sé si ésta fue parcial. En cualquier caso, no sería de extrañar que un gobierno no confesase toda la verdad de lo que sabe sobre un asunto, si esa confesión pudiera causar reacciones de pánico. ... Los extranjeros que vivimos en Japón, presionados desde fuera para abandonar el país, encontramos difícil transmitir la realidad de la situación y hacer entender las verdaderas dimensiones del problema a los que no eran conscientes de ellas. Incluso se puede decir que los que decidimos quedarnos detectamos un sentimiento de condescendencia en los que desde fuera asumían que no podíamos tomar una decisión informada porque estábamos siendo manipulados.... Más bien al contrario, los extranjeros que vivimos en Japón y accedimos a la información en varios idiomas, incluido el japonés, estábamos en posición de contrastar los datos de varias fuentes. (70-71)

Publicaciones como las de Sanz Yagüe o los densos estudios de Silvia Lidia González a los cuales aludí en las previas páginas nos ayudan a comprender mejor el mundo japonés desde adentro. En el siguiente capítulo veremos cómo algunos medios de comunicación en español en Japón lidiaron con el problema de la radioactividad provocado por el accidente en la Planta Nuclear Daiichi de Fukushima.

Uno de los profesionales más versátiles de Japón es Juan Alberto Matsumoto quien es Licenciado en Relaciones Internacionales por la Universidad del Salvador, Buenos Aires y tiene una Maestría en Derecho Laboral y Económico por la Universidad Nacional de Yokohama. Aunque no se dedica a la literatura, Matsumoto es docente; imparte español para el mundo de los negocios y da clases de economía, así como de derecho latinoamericano en las universidades Shizuoka Kenritsu y Dokkyo. Además, es traductor, autor de libros, ensayista (publica para todos los medios en español en Japón), intérprete judicial de la Corte de Yokohama y Tokio y dirige la consultora Idea Network. Conocí a Matsumoto en la estación de Ebisu en Tokio a las 10 de la mañana el 27 de octubre de 2016. Acababa de terminar su jornada de trabajo en los estudios de Televisión NHK. Fue entonces cuando me concedió la siguiente breve entrevista.

AT: ¿Me podría hablar de dónde nació, creció y cómo llegó a Japón?[50]

AM: *Yo crecí en las afueras de Buenos Aires en una ciudad que se llama Belén de Escobar. El nombre es muy bonito; está a cincuenta kilómetros de la Ciudad de Buenos Aires. Ahora es una ciudad muy grande, pero en mi época era un pequeño pueblo de 15,000 habitantes con 120 familias japonesas viviendo en dos colonias. Mi padre emigró después de la Guerra, en el 57 y mi madre en el 61. Llegaron a Belén y ahí se quedaron. Es un lugar muy agradable porque tiene buena tierra y la gente es muy hospitalaria. Ya desde la pre-guerra vivían japoneses que se dedicaban a la agricultura y el cultivo de flores. Mis padres se dedicaron al cultivo de flores y algunas verduras. Era un cultivo intenso en invernaderos. Mis padres volvieron a Japón solamente para saludar a su familia, pero nunca volvieron para quedarse. Mi madre falleció hace 3 años y mi padre vino para hacerse un chequeo médico. Para él su casa es Buenos Aires. Tiene más de medio siglo allá. Acá no tiene nada. Los japoneses cuando quieren pueden regresar a Japón ya que tienen la nacionalidad, pero en Japón no tienen pensión.*

Yo hablaba japonés con mis padres y además fui a una escuela japonesa porque teníamos una comunidad muy organizada. Durante toda la primaria aprendí japonés. Por eso de niño aprendí bien japonés. Ya después en la secundaria todo fue en castellano argentino. Cuando estaba terminando la universidad retomé el japonés y en Japón todo lo estudié en japonés. Y todavía sigo estudiando porque es un idioma complejo. Llegué a Japón en un momento clave, en abril del noventa para hacer un posgrado; llegué becado para hacer una maestría en la Universidad de Tsukuba. Allí, aledañas a la universidad estaban las fabricas Sony y Panasonic y de pronto nos llamaron de las oficinas de

---

50   Una vez más, las respuestas aparecen en letras cursivas.

la universidad y nos dijeron que necesitaban traductores o intérpretes porque había muchos peruanos y brasileños en las fábricas y tenían muchos problemas.

Antes de venir a Japón sabía que la situación económica era muy buena. Incluso algunos amigos míos de Buenos Aires que estaban estudiando en la universidad dejaron sus estudios para venirse a Japón. Y como eran descendientes de japoneses ellos eran privilegiados. ¡Llegaba tanta y tanta gente! Entonces se les pagaba muy bien y se les trataba bien también; se les daba dormitorio, se les daban bolsas de arroz o fideos. Además, residían familias enteras. Eran tiempos increíbles. Entonces yo pensaba "yo estoy estudiando la maestría y quizás nunca me van a pagar tanto como a ellos". En aquella época se les pagaba por horas extras y comisión por trabajar horas nocturnas. Por lo tanto, al mes ya estaban ganando de 400,000 a 500,000 yenes. Para esa época el equivalente ya era de $4,000 a $5,000 dólares mensuales. Ese era el salario de un obrero industrial que no hablaba japonés. Ningún país industrial en el mundo pagaba tanto hace 26 años.

AT: ¿Cuáles eran los retos más grandes para esos obreros?

AM: *El reto principal es que eran descendientes de japoneses, pero nunca habían estado en Japón. O sea, eran totalmente peruanos o brasileños. Tenían una cara oriental pero no conocían bien el Japón. Bueno, yo tampoco, pero por lo menos yo podía leer un poco y podía mantener una conversación con los japoneses. Para ellos el único sustento moral era ir a comprar tarjetas de teléfono para hacer llamadas internacionales. Hoy en día uno puede hablar por Skype pero en aquel entonces, por una tarjeta de 3,000 yenes, o sea $30 dólares, hablaban 20 minutos aproximadamente.*

Para el año 1991 comenzaron a aparecer las primeras revistas y semanarios en español y portugués y en esos comencé a colaborar. En ese entonces no había ni tantas tiendas ni mucho menos restaurantes hispanos. Fue un esfuerzo muy fuerte para todos. En Japón el internet surgió muy lentamente y era muy costoso. Incluso el teléfono celular también siempre fue caro. Era como una cosa exquisita, algo que era para el mundo empresarial.

AT: ¿Se han asimilado los emigrantes que llegaron a principios de los noventa?

AM: *En la primera corriente migratoria, no todos los hijos de los inmigrantes realizan una educación relativamente buena. No hay una estadística precisa pero algunos datos de las provincias dan cuenta que el 50% de los hijos de familias latinas ni siquiera terminan la secundaria cuando en Japón el 96% termina la secundaria completa. Imagínese, en un país tan sofisticado y sistematizado no tener la secundaria completa significa tener muy pocas alternativas laborales. Por lo tanto, los hijos de la primera generación terminan trabajando igual o peor que sus padres cuando en realidad el esfuerzo de esos padres fue para que los hijos mejoraran la calidad de vida. Esos chicos se quedan resentidos porque no conocen la realidad de sus padres y el trasfondo político, económico y social que había en los 80 y principios de los 90 en Latinoamérica. Esos chicos todavía no habían nacido. Hablan mal de sus padres. No les interesa el Perú o Brasil; a veces lo detestan y la poca información que llega a Japón de esos países no es buena. A menos de que los chicos se esfuercen por ir al país de sus padres, no comprenden. Se la pasan quejándose y preguntando ¿por qué me trajiste para acá? Acá me discriminan; yo no puedo ni siquiera terminar la secundaria.... Ellos no hablan español bien tampoco.*

AT: ¿Cómo ha interactuado con esa comunidad?

AM: *Mi especialización es en derecho laboral y seguridad japonesa. A finales del 92, a pesar de que estaba estudiando, trabajaba en un despacho de atención a los extranjeros del Ministerio de Trabajo japonés. Ahí trabajé durante 10 años; fui interprete y consejero de extranjeros. Ahí hice mucha carrera; aprendí muchísimo porque era una oficina con funcionarios expertos en temas laborales. Los inmigrantes tenían problemas de contratación, de impuestos, de salario, etcétera. Cuando escuchaba los problemas me daba cuenta que todo era mucho más complejo. Por ejemplo, no les descontaban los impuestos como se debe; es decir, la deducción del aporte jubilatorio no era adecuada porque se la robaban.... Había varias irregularidades.*

AT: Usted siempre está al tanto de las estadísticas de los *nikkei...*

AM: *Los argentinos, paraguayos y bolivianos son pocos. Los chilenos muy pocos. No hay colonias de japoneses en ese país. En el pasado hubo peruanos falsos (o de otros países); es decir, aquellos que no eran realmente de ascendencia japonesa podían entrar fácilmente al país porque no había registro de huellas digitales. Entraban por el aeropuerto de Narita y sacaban el visado como si nada y mientras se portasen bien hasta obtenían la residencia permanente. Pero cuando empezaron a digitalizar todo, los mismos consulados empiezan a conectarse con los del Ministerio del Interior y con los datos del país se empezaron a dar cuenta que había mucho fraude. O sea, había registro de ingreso, pero la identidad, la partida de nacimiento, el pasaporte, todo era falso. Todo. En Japón en algún momento comienzan a darse cuenta de esos fraudes. Y, silenciosamente fueron a investigar a Perú qué era lo que estaba pasando. Y, comenzaron a pedirles que se fueran en una semana o serían arrestados con un prontuario, o sea con antecedentes. De ese modo, se quedaron solamente los verdaderos descendientes, aunque en ese proceso de limpieza hubo gente que era descendiente pero que lamentablemente fue arrestada por errores o porque faltaba algo.*

Ahora ya no hay peruanos truchos o peruanos chichas [peruanos falsos]. Incluso, como Japón tampoco podía darse el lujo de gastar tanto dinero público para eso, en lugar de dar una amnistía en el sentido estricto, lo que hizo fue hacer algo completamente práctico. Les preguntaban ¿tiene antecedentes penales? ¿cuál es su verdadero nombre? ¿quién es usted? Y entonces pedían las partidas de nacimiento reales. Les decían: vaya a su consulado, traiga su pasaporte con el nombre verdadero; entonces nosotros vamos a evaluar si usted realmente puede quedarse a vivir en Japón. Y, si completan ciertos requisitos, les vamos a dar un permiso especial de residencia para que puedan trabajar sin ningún problema. Al principio fue un visado de seis meses o un año, pero eventualmente podían tener la visa permanente; una suerte de "green card". Y muchos peruanos que ni siquiera son descendientes y que entraron de esa manera ilícita hoy están viviendo en Japón sin ningún problema porque regularizaron la situación a través de un sistema administrativo que es prácticamente una amnistía. En cambio, muchos países se la viven criticando a Japón porque no da amnistía a los extranjeros. Bueno, es cierto que no da una amnistía a nivel político; por ejemplo, el primer ministro no dice "a partir de este momento voy a regularizar por decreto a cien mil extranjeros" eso acá no existe, pero caso por caso van evaluando y esto lo hacen con los latinos, con los chinos, con los filipinos. Son muy prácticos. Lo único que no se perdonaba era que tuvieran antecedentes penales. Sin embargo, si tenían hijos acá y si éstos estaban estudiando en la escuela japonesa e iban bien no había problema. Incluso uno de los requisitos era una carta de recomendación de la maestra o maestro de los hijos que sustentara que el niño inmigrante iba bien en la escuela; una carta del empleador que sostuviera que el trabajador era una persona responsable, estable y que había trabajado en la empresa por varios años también ayudaba mucho. Esas dos cartas de recomendación ayudan como sustento para que el oficial de inmigración autorice ese permiso especial. Y, claro, eso no se conoce porque hay abogados que hablan de "los derechos humanos" y "los derechos de los trabajadores" .... Si usted es delincuente usted no puede estar acá. En Japón todo se hace muy callado.

Yo siempre les decía a esos inmigrantes "no hagan tanto barullo; vayan y preséntense ante inmigración voluntariamente antes de que los arresten. Segundo, vayan con una persona japonesa que garantice que no se van a escapar ni a hacer daño; y, hagan los trámites de regularización" eso les decía porque si no lo hacen no pueden darle un sustento, una seguridad a sus hijos. Si no los van a deportar". Algunos me hicieron caso, otros no. Bueno, yo no los podía obligar.

AT: ¿Y usted, se siente extranjero en Japón?

AM: *Somos nikkei pero ante todo somos extranjeros. Yo siempre he dicho que nacimos en otro país; nos educamos en nuestro país, en nuestra sociedad y queremos a nuestro país aun con todos sus defectos. Aquí en Japón somos extranjeros. O sea, queremos a Japón, pero no somos japoneses. Pero los japoneses dicen "ustedes son nikkei, son nuestros hermanos". ¡Qué hermanos si hay un montón de nikkei que no tiene ni la más mínima idea de Japón! Sobre todo, si son de tercera o cuarta generación. O sea, a los nikkei hay que orientarlos desde cero. Es como traer a Japón a un mexicano o a un polaco, chino o filipino; da lo mismo. El ser nikkei es una ventaja en temas legales, jurídicos, de visado, pero por todo lo demás somos, gaijin, o sea, somos extranjeros. Ahora los japoneses están diciendo que nosotros por ser de ascendencia japonesa podemos ayudarlos, incluso dicen que podemos ser un puente de comunicación con América Latina. Pero para eso tenemos que estar preparados. Eso por fin lo están entendiendo en Japón. Por eso ahora hacen convenciones con los nikkei. Ayer mismo estuve con el Ministerio de Relaciones Exteriores en donde el gobierno invita a los líderes jóvenes nikkeis. Esos jóvenes ahora sí son profesionales y de muy buen nivel. Yo siempre soy 'chairman' de esas reuniones y trato que los japoneses entiendan que, si bien nosotros somos nikkei, somos de diferentes países. Somos brasileños, somos peruanos, somos argentinos, porque llevamos eso en el alma. Así nos educan en nuestros países. En Argentina nos educaron a ser buenos argentinos. Los brasileños también. Son países con mucho orgullo, con mucha historia.*

AT: ¿Me podría hablar de sus libros?

AM: *Tengo un libro sobre Argentina en japonés (Argentina wo shirutameno). Escribir en japonés no es fácil porque tenemos que tener un buen vocabulario. Para el libro me dieron ciertas pautas, pero yo escribí lo que quise. No había ni un solo libro en Japón que estuviera compaginado todo desde la geografía y la historia hasta hoy en día, hasta el 2005 que fue publicado por primera vez. Además, queríamos que fuera un libro entendible para la gente porque cuando los académicos escriben, lo hacen bajo su especialidad y terminan siendo libros aburridos. La gente común no los puede leer; es pesadísimo. Por eso yo empecé como si le tuviera que enseñar sobre la Argentina a chicos japoneses de la primaria. Por ejemplo, en un par de capítulos hago un repaso de la historia de doscientos años. A ellos no les importa saber todos nuestros detalles, pero lo que sí es importante es que en cierta época hubo cierta afinidad con Japón y empezaron a tener ciertas relaciones. La Argentina comienza a tener cierta relación con Japón a finales del siglo XIX, y, en fin, escribo sobre temas puntuales de la Argentina como son los temas económicos, sociales, el sistema educativo, cómo son nuestros jóvenes. Son 54 capítulos.*

AT: ¿Cuál es el capítulo que más gozó escribiendo?

AM: *Los capítulos de los años 60 para acá: la inflación, la depresión, los problemas de la deuda externa... Todos esos temas los escribí para que los japoneses vieran que cuando Japón empezó a levantarse en los ochentas nuestros países iban para abajo.*

AT: También escribió Kurashi no nihongo, yubisashi kaiwacho...

AM: *Sí, ese lo leen los latinos y los japoneses que van a América Latina. Si bien lo escribí para los latinos que viven en Japón, los japoneses lo usan al revés. ... En Japón pagan muy bien por los derechos; son muy honestos en eso.*

También publiqué un libro para que los japoneses puedan aprender el español en 30 días (San-ju nichi de hanaseru supeingo kaiwa). Algo de conversación. La verdad es que es algo muy sencillo. Es algo muy básico que enseña: "Hola. Buenos días. Me llamo...". Realmente yo no sé por qué se vende ese libro. Ya voy por 25,000 ejemplares vendidos. Ese libro tiene pequeñas cosas que ni yo ni la editorial comprendemos por qué se vende.

AT: ¿Cuándo y cómo comenzó a trabajar para la televisión?

AM: *En el año 92, con las Olimpiadas en España, Japón comenzó a adquirir imágenes de España. Yo no tenía un trabajo fijo y tenía una situación complicada porque me había salido de la Universidad de Tsukuba. Me había peleado con el profesor porque no me dejó pasar al posgrado y no me dio razones. Me salió muy caro, pero tuve que buscar trabajo porque perdí la beca del gobierno japonés. Al mes siguiente ya no tenía la beca de los fondos públicos y comencé a buscar trabajo de traductor, pero no me conocía nadie y justo se estaba produciendo lo de la Expo Sevilla y llamé a la NHK y me presenté. Me atendieron y me dijeron "venga mañana y entrégueme su curriculum". [Al día siguiente] empezamos a hablar y me hicieron escribir en japonés. Entonces me dijeron, "usted puede leer y escribir en japonés; por lo tanto, va a tener un entrenamiento de dos semanas de audio". Dentro de un mes recibiremos imágenes todos los días de España y usted va a trabajar desde las 5 hasta las 9 de la mañana. Y es así como nos mandan las imágenes por vía satélite; las recibimos en el canal y las vemos. Después, le decimos a la mesa de redacción cuales son las noticias del día (más o menos 30 ó 45 minutos). La mesa de redacción decide cuál es la noticia que le puede importar al público japonés e inmediatamente la tenemos que traducir y hacer el texto para luego hacer el doblaje. O sea, entramos a una cabina, y, mirando la imagen de Ana Blanco diciendo la noticia, nosotros en japonés estamos diciendo lo mismo. De modo que el televidente japonés lo escucha en japonés; realmente está escuchando mi voz. Y es todo doblado. Nunca pensé que íbamos a estar haciendo eso tantos años porque, además, era el único canal en español. Y, claro, como se trata de España también llegan las noticias de Latinoamérica.*

Como dije al principio, Matsumoto escribe para todos los medios en español en Japón: *International Press, Latin-a, Mercado Latino* (de los cuales me ocuparé en el siguiente capítulo) y también para "DiscoverNikkei" un sitio web donde todos los *nikkeis* del mundo colaboran, así como para "Centro Nikkei Argentino". Gracias a su ardua labor, los hispanohablantes se benefician de sus importantes artículos sobre la legislación laboral, el desempleo, la protección contra accidentes de trabajo, seguros de salud y jubilación, seguros contra accidentes, seguros de vida, impuestos a la renta, ahorros e inversiones, deudas, cómo comprar una casa, cómo emprender negocios, las leyes de tránsito, la compra de un vehículo, la legislación penal, la maternidad (trámites cuando nace un niño, subsidios), el matrimonio y el divorcio, el sistema escolar japonés, la educación superior en Japón, la ayuda mutua en la prevención de desastres, etcétera, etcétera. Su labor como 'interprete' de las leyes laborales y de inmigración es invaluable. Además, sus artículos publicados en "DiscoverNikkei" le dan noticia al mundo sobre sobre la comunidad hispanohablante en Japón.

    Es precisamente en los medios de comunicación donde los profesionales hispanohablantes coinciden. Varios de ellos llegaron a Japón sin haber estudiado periodismo; otros habían estudiado comunicación, pero no habían trabajado en los medios. Sin embargo, una vez allá ansiosos de comunicar su entorno, sus tendencias y sus preocupaciones, se lanzaron a escribir para los medios que fueron surgiendo. Un ejemplo es el del colombiano Gonzalo Robledo quien nació en la Ciudad de Pereira y llegó a Japón en los 80s y desde entonces se ha ocupado de enviar noticias de Japón a España y América Latina por medio de sus colaboraciones en *El País* y *El Espectador* de Colombia. Por otra parte, en Japón escribió regularmente para el periódico *International Press* cuando se publicaba en su edición impresa. Es fundador de PACE, una compañía de producción y ha hecho documentales para la RTVE, Univisión y para la televisión japonesa (la prestigiosa NHK). La presencia de Robledo en Japón y su colaboración para los medios del mundo hispánico subraya cuán importante ha sido su asentamiento en ese país. Cronológicamente hablando, en 1991 fundó la productora Intermedia Japan Inc., la primera empresa de habla hispana en el sector en Japón. En 1992 fue coordinador de planificación de espectáculos en vivo para Parque España, un parque temático de la empresa japonesa Kintetsu dedicado a la cultura española en la prefectura de Mie y el cual se inauguró en 1994. En 1992 produjo "La Reina Virgen" un documental sobre el trabajo de la directora española Nuria Espert y el actor japonés de kabuki Tamasaburo Bando para la obra de teatro *Elizabeth* (una contradanza) escrita por Francisco Ors. El documental fue dirigido por Luis Sánchez

Enciso y emitido en TVE. Con motivo de ese documental fue galardonado con el Premio de Plata en la 39 Edición del Concurso Anual Programas sobre Japón del diario *Asahi Shimbun*. En 1995 fue productor y director de una serie de eventos para el Ministerio de Asuntos Exteriores de España en la Universidad de Naciones Unidas de Tokio (UNU), con temas bilaterales de España y Japón, como las peregrinaciones, el flamenco, los hidalgos y los samuráis.

En 1996 Robledo fue productor ejecutivo con Excellent Films de la película "Andalucia" (1996) basada en la obra *Platero y yo*, dirigida por Takeshi Watanabe y protagonizada por la actriz japonesa Yuko Natori y el actor Jinpachi Nezu. Ese mismo año también fue director asociado del capítulo final de la serie televisiva "Hadaka no Taisho" la cual fue rodada en España para el canal 8 de Osaka (Kansai TV). El siguiente año fue comentarista invitado por seis meses al programa diario "What's News" del canal 12 de la TV Tokio. En 1998 volvió a su país natal como jurado para la convocatoria de cine nacional.

De 2000 a 2006 escribió y dirigió importantísimos documentales para la Televisión Española: "Del cante jondo al karaoke (El flamenco en Japón)", "Esperando a Fujimori" (el cual se centró en el exilio en Japón del expresidente peruano), ¿"De dónde son los cantantes? Música cubana hecha en Japón", "Don Quijote en Japón", "Aichi, la Expo del siglo XXI" y "Japón en español". Con motivo del V centenario del nacimiento de Francisco Javier celebrado en 2006, escribió y dirigió con Ramón Vilaró, "Javier. El legado de Francisco Javier en Japón. Un navarro en tierra de los daimios". Asimismo, para el canal 4 de Sogecable creó la serie "Otaku" de la que escribió y produjo 33 mini programas sobre el mundo del anime y el manga japoneses.

"Del naufragio a la amistad" fue el título de un documental que produjo en el 2009 y el cual fue inspirado no en el Galeón de Manila sino en el San Francisco, un galeón español que naufragó en las costas japonesas en el siglo XVII. En el 2011 produjo varios reportajes sobre el Gran Terremoto del Este en Japón, el trágico tsunami y la explosión en Fukushima. Le pregunté a Gonzalo Robledo cuáles de sus documentales se habían visto en Japón y me dijo que:

'Del naufragio a la amistad' inspiró a un empresario japonés a convertirse en busca tesoros y contrató a un experto norteamericano para buscarlo, pero según dijeron que no encontraron nada; el documental 'Un mangaka japonés y Gaudí' gustó mucho y tuvo mucha prensa por el protagonista que es un famoso dibujante de manga (ese lo dirigí para el History Channel Japan) y fue titulado 'Inoe Meets Gaudi'. Aparte de documentales, destacó mucho el papel de mi crónica sobre un mural perdido en México que terminó en su recuperación: 'La historia del mural perdido que Taro Okamoto pintó en México'.[51]

El mural al que alude Robledo fue pintado en 1967 por ese artista japonés para el Hotel de México. Dicho mural se perdió y fue encontrado fortuitamente por un fotógrafo japonés en un almacén de materiales. "El mito del mañana" (el título del mural) se centra en "el instante de la explosión de una bomba atómica, enfocado en un esqueleto deformado por la radiación, es clara alusión a Hiroshima y Nagasaki" dijo Robledo en su crónica[52] y en la actualidad está permanentemente expuesto en la estación Shibuya en Tokio por donde pasan miles de personas todos los días.

La presencia de Robledo en Japón y su colaboración para los medios en Japón y para aquellos del mundo hispánico subraya cuán importante ha sido su asentamiento en ese país. Aparte del periodismo, se ocupó de la traducción al japonés de la biografía de James Rodríguez, el famoso futbolista colombiano. Ahora que se aproximan los Olimpiadas de Tokio 2020, su función en los medios será importantísima para los que viven en Japón, así como para el mundo hispanohablante.

Por su parte, el español Francisco Javier de Esteban Baquedano cuando llegó a Japón ya había estudiado Ciencias de la Información en la Universidad de Navarra. Desde que llegó a Japón en 1992 ha ejercido el periodismo (por años escribió

---

51   Entrevista por correo electrónico.
52   *IP*, 1o. de marzo, 2014. https://internationalpress.jp/2014/01/03/la-historia-del-mural-perdido-que-taro-okamoto-pinto-en-mexico/. Consultado 28 feb. 2019.

interesantes artículos culturales para el *International Press*) y también es profesor de español. Cuando se conmemoraron los 450 años de la muerte del jesuita Francisco Javier, él fue el encargado de reconstruir el itinerario del misionero en Japón para un proyecto de la diputación de Navarra que salió a la luz en *Itinerario universal de Francisco de Javier*. También se ha dedicado a la traducción. En 2016 se publicó su traducción de *El elogio de la sombra*, una de las obras más importantes del escritor japonés Junichiro Tanizaki. Cuando le preguntaron sobre los retos a los que se enfrentó a la hora de traducir el libro contestó: "El principal problema son las limitaciones propias, eso hay que reconocerlo. Pero también es cierto que la labor de traductor se parece a la de la enfermera tradicional, importante pero oscura, mal fiscalizada, ocasionalmente objeto de loas, pero en general infravalorada, y creo que con eso se dice todo. Se me ocurre que *El elogio de la sombra* podría ser el título de una novela que versase sobre un traductor concienzudo y enamorado de su oficio que muere en el anonimato".[53] Como se puede observar, varios profesionales en Japón no se dedican solamente a una cosa; siempre están en un vaivén entre el periodismo, la docencia y la traducción. Para Baquedano, al ejercer la traducción se aprovecha de todas las vivencias que ha "tenido en Japón para acercar un poco más al lector las realidades" de ese país. (Ibíd.)

Otro profesional que al llegar a Japón se dedicó a los medios de comunicación es el chileno Arturo Escandón. En una entrevista que le hice me dijo "visité Japón en el 91. En 1993 llegué para quedarme. Las razones fueron una extraña mezcla de desilusión por la sociedad chilena, que venía saliendo muy lentamente de la crisis política de 1989, el hecho de que me había casado con japonesa y había encontrado-por la coyuntura político-social chilena-mejores condiciones laborales en Japón".[54] Escandón fue uno de los fundadores de Radio Cocolo en Japón y por años escribió para *International Press*. Además, fue colaborador para el

---

53 http://caocultura.com/javier-de-esteban-el-elogio-de-lasombre-es-un-tunel-muy-bien-trazado-hacia-lo-japones/. Entrevista hecha por María Ángeles Robles, publicada en *CaoCultura* el 12 de mayo del 2016, consultada 22 ene. 2019

54 Entrevista por correo electrónico.

periódico español *El Mundo* por más de diez años donde escribía sobre política, sociedad, economía y cultura. A la par también colaboraba con el radio *Cooperativa*, de Chile, y con *Onda Cero* en España.

Con el paso del tiempo, Escandón se hizo profesor universitario y en la actualidad es docente en la Universidad Nanzan en Nagoya. Cuando lo entrevisté era entonces el presidente de la Confederación Académica Nipona, Española y Latinoamericana (CANELA). Le pregunté cómo surgió y cómo llegó a ella:

> Cuando llegué a Japón ya existía. Creo que me hice miembro entre 1995 y 1998. Me sorprendió que hubiera una asociación de este tipo. Durante los dos días de congreso la gente se volvía loca. Todos podían hablar español sin necesidad de moderar el discurso para hacerlo más fácil, que es lo que ocurre normalmente cuando uno ejerce de profesor de lenguas en un contexto extranjero. Me eligieron presidente en 2013 y en 2015 se renovó mi mandato. Este es el último. Antes de 2013 había sido jefe de sección y secretario general bajo la presidencia del profesor Hilario Kopp, de quien aprendí muchísimo, y del profesor Noboru Kinoshita, quien me ayudó a comprender mejor el mundo japonés de las universidades. (Ibíd)

Otra pregunta que le postulé fue, comparada con otras asociaciones de hispanistas en Japón, ¿qué hace CANELA diferente a las demás? A lo cual me contestó: "el hecho de que la lengua vinculante sea el español. La directiva trabaja en español. No es que el español sea solo la lengua oficial del congreso. El español es la lengua en que administramos CANELA. Es la lengua de *Cuadernos CANELA*. Esto implica un aprendizaje para nuestros colegas japoneses. Lo interesante es que el ethos de trabajo cambia dependiendo de si el presidente es japonés o hispanohablante" (Ibíd). Como se ha observado, Escandón ha sido cofundador de un programa radial, periodista y sobre todo académico. Como se verá más adelante, los siguientes dos profesionales son emprendedores que han fundado sus propios institutos de idiomas y uno de ellos también se ha desempañado en el periodismo.

Conocí a Marcela Lamadrid, una mexicana asentada en Japón, el 18 de abril del 2014. Fui a una de las clases de español que imparte en la Universidad Waseda en Tokio. Me impresionó el dinamismo con que les enseñó a aquellos jóvenes de la Facultad de Derecho. Sobre todo, me dejó sorprendida que se trataba de un enorme grupo de 50 estudiantes. Después de su clase tomamos el metro y fuimos a Marce Internacional, su instituto de lenguas donde impartió clases de inglés y español de 4:00 a 8:00 pm. En ese periodo tuvo diversos grupos de diferentes edades, entre 3 y 10 años aproximadamente. Aprendí muchísimo de la forma en que se desenvolvía entre grupo y grupo. No cabe duda que para ella la enseñanza de las lenguas es un don que demuestra ante cualquier estudiante de cualquier edad. Lamadrid también imparte clases de inglés para hispanohablantes y en los últimos años ha dado seminarios sobre la enseñanza del español para esta misma comunidad.

Lamadrid llegó a Japón en 1991. Antes de su llegada estudió la licenciatura en educación preescolar. También señaló que "a través de los años me he formado como profesora de español e inglés a través de cursos, seminarios y talleres en Escocia, España y Japón. Tengo una maestría en la enseñanza del español como segunda lengua".[55] En Japón ha escrito para las revistas *Kyodai, Mercado Latino* y *Latin-a* así como para *International Press* y otros medios que tuvieron corta vida. La siguiente es una breve entrevista que le hice.

AT: ¿Me podría hablar sobre su experiencia en CANAL-LATINO TV? ¿Me podría proveer una lista de los programas que produjo?

ML: *Trabajé con el señor Marcos García de CANAL-LATINO TV haciendo programas sobre temas relacionados a la educación bilingüe en su mayoría. Entre los temas producidos se encuentran: "El sistema educativo japonés", "Cómo enseñar a los niños a ser bilingües y biculturales", "Cómo enseñar español en casa", "Los jóvenes que ya son bilingües y cómo aprendieron las dos lenguas a la vez", "Estimulación temprana", "La educación musical en edades tempranas", "Adaptación*

---

55 Entrevista por correo electrónico. Las respuestas aparecen en letras cursivas.

a Japón", "La enseñanza del inglés" y "El trilingüismo es posible" entre otros. También con el Sr. García hice un programa especial para la Embajada de Colombia en 2010 para la enseñanza del español a niños, el cual él se encargó de la parte técnica y yo de la programación de los temas y contenidos educativos.

AT: De los temas que ha descrito en la respuesta anterior, ¿cuál le apasiona más y por qué?

ML: *Creo que todo lo relacionado a formar niños y niñas bilingües y biculturales. El porqué de esto es que pienso que son temas que se entrelazan con otros de gran relevancia como las familias binacionales, la mentalidad intercultural, los sistemas educativos, la salud metal, etc. Es decir, intervienen muchos factores que considero requieren nuestra atención, dedicación y esmero para facilitar el camino a padres de familia que en estos precisos momentos necesitan apoyo en la toma de decisiones educativas y formativas para sus hijos. Decidirse a criar y educar hijos bilingües es una tarea ardua que exige el darse tiempo y espacio para formar hábitos en los padres e hijos que ayuden a la continuidad y el sostenimiento del proceso de aprendizaje. Es vital encontrar apoyo y poner en práctica valores de constancia y perseverancia por un mejor porvenir.*

Son muchos factores los que intervienen, y pienso que éstos están también relacionados a la capacidad de los padres de ver la riqueza de la formación lingüística dual desde tempranas edades. Otro factor importante también es el apoyo específico que se recibe de la pareja que no es nativa del español y cómo ésta clasifica la lengua; facilitará el logro si esta persona considera al español como una valiosa herramienta para su presente familiar y para el futuro laboral de los hijos. El sentido que la familia otorgue a la educación bilingüe es la base para adentrarse en el camino de buscar y asistir a un centro educativo que ofrezca educación adecuada para estos niños.

AT: ¿Cómo nace Marce Internacional y cuáles son sus mayores retos?

ML: *Nace primeramente de un sueño de proveer en un centro educativo apoyo para cubrir necesidades educativas y lingüísticas actuales de la sociedad japonesa e hispanohablante radicada en Japón. También nace del hecho de que considero que lo que he estudiado es un servicio que debe ofrecerse a la sociedad para su bienestar y evolución. La educación es una carrera humanista que debe favorecer el desarrollo humano.*

AT: Aparte de la educación y, por consiguiente, de la dificultad del idioma japonés, ¿cuáles son los mayores retos de la población hispanohablante en Japón?

ML: *Creo que unos de los mayores retos es la necesidad de capacitación de la gente en cuanto a formación en su área de trabajo, que resulta muchas veces necesario que se haga en su idioma si no sabe la lengua de este país todavía. Por otra parte, está también la necesidad de aprender de la cultura, costumbres y mentalidad de Japón porque esto le da al extranjero la posibilidad de acercarse a servicios que les permiten tener una vida más satisfactoria y a participar en actividades de la comunidad local donde se reside.*

Otro reto es entender mejor nuestro proceso como migrantes, el aislamiento que esto trae consigo, y la distancia física y psicológica del foráneo, y de quien recibe a foráneos, en nuestro caso: Japón.

Solo la atención a estos aspectos, las actividades y medio que se implementen para facilitar la vida de ambos (extranjeros y japoneses), nos harán superar los retos que tenemos. Creo que nos hace mucha falta formar grupos interdisciplinarios con gente (extranjeros y japoneses) competente y comprometida que pueda reflexionar y llevar a cabo acciones para fortalecer el desarrollo y la innovación en diferentes campos.

Llevará mucho tiempo pasar este proceso, pero los adelantos tecnológicos en pro de la globalización y el entusiasmo humano por vivir mejor beneficiarán el camino que habrá que recorrerse en años venideros. Un camino que no solo concierne a los hispanohablantes viviendo en Japón sino a otras razas también.

AT: ¿Qué le hace falta a la población hispanohablante para tener obtener un mayor éxito? ¿Cuáles son las carencias?

ML: *Primeramente, todos darnos cuenta que somos migrantes y como tales llevamos el duelo migratorio dentro. También la pareja o la familia japonesa con la que más convivimos debe estar consciente de esto. Nosotros debemos saber voltear a nuestros orígenes y llenar las maletas invisibles de lo mejor que tenemos.*

El hecho de que hayamos venido de países con una extraordinaria riqueza cultural e histórica nos hace poseedores de un tesoro inigualable, pero ni la pareja japonesa, ni la sociedad japonesa nos van a enseñar esto, lo tenemos que cultivar, pensar en ello y saberlo compartir nosotros mismos, sabiendo que nos toca aprender la lengua japonesa y entender sus costumbres, su mentalidad y su cultura para poder sentir a Japón como nuestra otra casa.

También nos hacen falta centros educativos donde se pueda aprender en español sobre diferentes temas y es eso lo que tratamos de hacer en Marce International.

AT: ¿Cuáles son los mejores éxitos que ha logrado la población hispanohablante—los que llegaron a principios de los 90 y la población más joven; es decir los hijos de esa primera generación?

ML: *Creo que el más importante es la adaptación de los hijos, la capacidad que han tenido los que llegaron a principio de los noventas de integrar a sus hijos al sistema educativo japonés, de facilitarles el camino para desenvolverse laboralmente en estas tierras. Otro logro ha sido el encontrar trabajos estables que les permitan tener una vida permanente en Japón.*

Lamadrid es una de las pocas emprendedoras que se ha lanzado a fundar su propio instituto. Por lo que vi, sus jornadas de trabajo son extensas y trabaja con un profesionalismo envidiable. Su japonés es impecable también ya que les reporta a las madres de sus pequeños estudiantes su progreso después de cada clase. A continuación, veremos un ejemplo de otro emprendedor no menos profesional que Lamadrid.

Conocí a Alberto Emilio Bainotti en Hiroshima hace 20 años.[56] Desde entonces he seguido su trayectoria. En el 2015 viajé a Osaka para visitar su instituto y comprender más de cerca el entorno en que se desenvuelve. Él es uno de los profesionales que igual que Marcela Lamadrid ha creado un instituto. Alberto nació en el norte de Italia, pero desde pequeño estuvo viviendo entre ese país y Argentina donde hizo sus estudios en Ingeniería Química Industrial. La siguiente es una entrevista que le hice.

AT: ¿Cuándo llegaste a Japón y por qué decidiste quedarte a vivir en ese país?

AEB: *Llegué a Japón en abril de 1992 y en 1995 terminé la maestría. Con apoyo de mi profesor, decidí continuar mis estudios para el doctorado (PhD), lo que supuso 3 años más de investigación, publicaciones en revistas de reconocido prestigio internacional y*

---

56 Le agradezco a la Dra. María Natividad López Tinajero, hermana y amiga, que me haya presentado al Dr. Alberto Emilio Bainotti cuando ambos eran doctorandos de la Universidad de Hiroshima.

participación en congresos y reuniones nacionales e internacionales. Fue una época muy intensa y difícil de mi vida, dedicado por completo a la investigación y estudio, pero a la vez muy positiva, ya que me permitió conocer el país y a su gente e integrarme a su sociedad.

Luego del doctorado continué 2 años más de estudios postdoctorales. Ese momento fue un punto de inflexión en mi vida. Tenía que tomar la difícil decisión de volver a mi trabajo en la Universidad en Argentina o continuar en Japón. Por otro lado, aquí ya estaba acostumbrado a un país que me gustaba por su estabilidad, seguridad y estándar de vida, pero que no me permitía extender más mi vida científica en la Universidad. La decisión fue clara y contundente, sólo faltaba darle forma a la continuidad en Japón y eso lo hice a través de otras dos de mis habilidades: la enseñanza (algo que ya hacía en Argentina) y las lenguas (una pasión cultivada desde mi infancia). Japón fue el crisol de todo eso.

AT: ¿Qué es lo que más te sorprende (o qué es lo que más has aprendido) de la educación universitaria (MA o PhD) en Japón? ¿Tiene el Occidente (o Latinoamérica) que aprender algo de la educación de Japón?

AEB: *Ciertamente hay muchas diferencias entre la educación en Japón y en Occidente y eso sería motivo de un libro entero, pero seré breve. En Japón la relación entre profesor (sensei, que en japonés significa "el que ha nacido antes") y estudiante es mucho más seria, formal y de claro respeto (la palabra de un "sensei" es indiscutible). Un profesor universitario tiene un alto nivel jerárquico y es digno del mayor respeto por parte de la sociedad y de los estudiantes, no es un simple empleado público como en Latinoamérica, donde tiene que estar en continua lucha para asegurarse un salario digno y fondos para una modesta investigación.*

No creo que en Latinoamérica el nivel de los profesionales sea peor que el de los japoneses, pero los recursos y condiciones con los que se trabaja aquí hacen que en Japón los frutos sean notables. El hecho es claro si se piensa en la "fuga de cerebros" que ha habido en Sudamérica desde hace tiempo.

En Japón los alumnos comienzan a prepararse desde la escuela elemental para ingresar a una buena universidad ya que los exámenes de ingreso son muy difíciles. Normalmente estudian de 8 a 17 hr en la escuela pública (¡almuerzan en la misma escuela!). A la salida de esta escuela, van a una segunda escuela privada (juku) para prepararse para los exámenes. Son frecuentes las actividades extra curriculares los sábados y los domingos, a veces con eventos deportivos o culturales, aulas públicas, etc. a los que asiste la familia.

AT: ¿Qué cosas todavía no has podido asimilar en Japón? O, ¿Qué cosa (o cosas) crees que los japoneses no logran comprender de un extranjero como tú?

AEB: *Habiendo vivido tantos años en este país me he "japonizado" un poco aunque aún me siga identificando como muy occidental. Esto constituye una extraña mezcla de dos culturas, a tal punto que en Occidente me siento un poco fuera de mi hábitat y en Japón siento que tampoco pertenezco totalmente a esta cultura. Lo cierto es que soy un "animalito de corral bien domesticado" a este medio ambiente oriental.*

No me gusta cuando los japoneses se comportan tan metódicamente lo que no da lugar a la espontaneidad que se ve en Occidente (el típico comportamiento de masa de los orientales a diferencia del comportamiento individualista de los occidentales, pero que paradójicamente me irrita cuando estoy fuera de Japón). Por esto, a veces son demasiado formales y ceremoniosos, lo cual hace difícil que podamos entrar en su mundo. Lleva mucho tiempo conocerlos y poder discernir entre lo que están mostrando externamente (en japonés: tatemae, comportamiento en público) y lo que sienten internamente (honne, el verdadero "sonido") que su cultura no les permite mostrar abiertamente.

A los japoneses, por el contrario, les cuesta creer cómo países con tantos recursos naturales y humanos como Latinoamérica no puedan llegar a pertenecer al primer mundo. El secreto tal vez esté en los reiterados errores políticos, la corrupción y falta de valores morales, la falta de respeto por los otros, la falta de trabajo mancomunado por un mismo ideal como país íntegro en vez del propio individualismo. Evidentemente en esto Occidente tiene mucho que aprender.

AT: Tu instituto de idiomas ya cumplió 11 años, ¿qué te inspiró a fundarlo y qué tipo de estudiantes tienes?

AEB: *En efecto, el año pasado celebramos el décimo aniversario de la escuela EuroLingual con una gran fiesta, pero en realidad yo comencé a enseñar lenguas en Japón prácticamente desde mi llegada, como profesor sustituto de español. Así comenzó todo, luego he enseñado italiano, inglés y francés en escuelas, institutos de cultura, compañías y universidades.*

He trabajado en varias escuelas, algunas de reconocimiento internacional, pero también he tenido mis alumnos privados. He hecho todo tipo de lecciones y he aprendido a adaptarme a las diferentes exigencias de los estudiantes. Además, he hecho seminarios de cocina o de difusión de la cultura occidental.

Entonces, un día decidí hacer realidad mi sueño: una escuela de lenguas europeas, de ahí el nombre EuroLingual. Comencé con español, italiano, inglés y francés y más tarde agregué alemán, portugués y ruso. Tenemos una gran variedad de estudiantes y de lecciones: según la edad (lecciones para niños, para adultos, y hasta para la tercera edad para quienes no quieren envejecer prematuramente), según la necesidad (para quienes estudian una lengua porque la necesitan para su trabajo, como pasatiempo, para los negocios, cursos de preparación de exámenes internacionales, cursos de viaje, lecciones virtuales para quienes viven lejos, incluso en otro país, cursos en otras compañías o universidades, etc). Ofrecemos lecciones privadas, semiprivadas o en grupos pequeños en todos los niveles, desde nivel Principiante (A1) hasta Avanzado (C2) según el Marco Común Europeo de Referencia (MCER). Finalmente, también relacionado a las lenguas hacemos traducciones, interpretaciones y correcciones de estilo.

AT: Tu instituto está decorado como si fuera una casa y organizas una serie de actividades que no son típicas en una escuela de lengua. ¿Me podrías hablar un poco de las actividades y de tu pedagogía?

AEB: *Nuestro lema es "enseñar una lengua ligada a su cultura" y en un ambiente familiar porque los momentos felices se graban mejor en nuestra memoria. La escuela está totalmente amueblada con elegantes muebles europeos, situada en un reconocido barrio en el corazón de Umeda, que es el verdadero centro comercial y administrativo de Osaka. Muchos estudiantes vienen a EuroLingual luego de una jornada agobiante de trabajo y queremos que se sientan como si estuvieran aprendiendo una lengua en "una casa occidental" con un amigo (un sensei, ¡pero occidental!), donde puedan relajarse, olvidarse de los problemas del día y estar en contacto con una lengua y su cultura en un ambiente acogedor, divirtiéndose, ¡pero a la vez aprendiendo!*

Para completar nuestra filosofía periódicamente organizamos cursos sobre temas diversos (turismo, negocios, arte, diferencias entre culturas, etc.) a veces con invitados extranjeros, seminarios para promocionar escuelas asociadas a EuroLingual para estudiantes que quieren estudiar un tiempo en el exterior, cursos de cocina tradicional de diversos países organizados por nuestros mismos profesores o por profesionales en el arte culinario, clases de canto, etc.

Usamos un método dinámico y comunicativo, que en inglés se llama 3W: Precalentamiento (Warm Up), Desarrollo del tema del día (Work Up) y Resumen de la lección (Wrap Up). Garantizamos una total inmersión en la lengua objeto de estudio, comunicándonos sólo en una lengua auténtica sin contaminación por el uso de otros idiomas. Por lo tanto, somos diferentes de otras escuelas multilingües que utilizan el programa convencional de costumbre.

AT: ¿Cuáles son los retos más difíciles para el instituto?

AEB: *Los cursos de idiomas y eventos están en manos de profesores nativos, todos con grado universitario y experimentados que utilizan nuestro método comunicativo con un fuerte enfoque hacia la conversación. Es necesario por ello, estar a la búsqueda continua de mano de obra altamente calificada y luego entrenarla con nuestro método de enseñanza para poder mantener los estándares de enseñanza de la escuela. Estos profesores tienen que tener un carácter muy especial, que se adapte a la sensibilidad de los clientes japoneses (desde niños de 5 años hasta mayores de 80 años). No es fácil dar con el profesor justo, a quien hay que remunerar convenientemente y muchas veces residen en Japón por un corto tiempo.*

Por otra parte, el mercado japonés es muy exigente: lecciones de alto nivel, tratamiento personal impecable, solución inmediata a las demandas de los estudiantes (lecciones personalizadas, cambios de horarios de lecciones, respuesta rápida de e-mails, etc.), puntualidad, pulcritud al máximo nivel tanto en las aulas como en la vestimenta de los profesores y personal administrativo, decoración de la escuela y preparación perfecta de los eventos hasta el mínimo detalle, etc. Un pequeño error, imperceptible para la mayoría de los occidentales, puede significar la pérdida de un buen cliente. Esto también es algo que hay que enseñarle a un futuro profesor de EuroLingual porque sus errores son débitos para la escuela. Finalmente, los costos fijos (i.e. arrendamiento) y variables (salarios, etc.) de una escuela pequeña en Japón son muy altos comparándolos con otros países.

AT: ¿Cuál es el futuro del instituto? ¿Cuál es el futuro de institutos como esos en Japón?

AEB: *En estos últimos años la situación de las pequeñas escuelas de lenguas en Japón se tornó compleja por la globalización y la situación económica en Japón. Aparecieron escuelas grandes ofreciendo servicios medianamente buenos, aunque no de carácter personalizado como EuroLingual, pero a un precio algo inferior para el cliente (con profesores menos remunerados). También aumentó el número de escuelas pequeñas monolingües en las que el propietario es el único profesor, asegurando así un menor costo de mano de obra. Finalmente habría que agregar las ofertas de lecciones virtuales a precios increíblemente bajos con enseñantes (en la mayoría de los casos sin grado universitario) residentes en países con salarios mucho más bajos que en Japón. Si a esto agregamos que el mercado japonés está queriendo pagar cada vez menos por una lección, aunque sigue manteniendo sus exigencias de calidad, es de esperar que la situación se vuelva más complicada.*

Como contrapartida en los últimos años se vio un aumento en el número de japoneses interesados en aprender una lengua extranjera, algunos para viajar y otros por trabajo. Por otra parte, el gobierno japonés está promocionando el turismo en el país con vistas a los Juegos Olímpicos de Tokio de 2020. En 2015 consiguió llegar a la mitad de las expectativas de turistas que tenía para el año 2020. Es de esperar que esto haga crecer el número de estudiantes de lenguas. Sin embargo, esto aún no se refleja positivamente en el flujo de estudiantes hacia las escuelas de lenguas pequeñas.

Como se ha visto a lo largo de este capítulo, los intelectuales en Japón se han hecho camino y han desempeñado una labor importantísima tanto para los japoneses, así como para los hispanohablantes radicados en ese país. Además, han entablado un puente más estrecho entre Japón y el mundo hispánico a través de casas editoriales, publicaciones, ediciones, traducciones, seminarios y conferencias. Como se verá en el siguiente capítulo, es precisamente en los medios de comunicación donde algunos de los intelectuales a los que aludí en este apartado, independientemente de su especialización, coinciden. Y, como se verá, es justamente en los medios de comunicación donde se crea consciencia de una o varias comunidades de hispanohablantes.

Portada de *Cuadernos CANELA*.

Elena Gallego Andrada, Tokio, 2016.

Historia cultural de los hispanohablantes en Japón

Portada de *Doña Bárbara* en japonés.

Libro *Kurashi no nihongo* de Alberto Matsumoto.

Marce Internacional, Tokio, 2014.

Salón de clases de Eurolingual, Osaka, 2015.

Historia cultural de los hispanohablantes en Japón

Poster de un menú – Eurolingual, Osaka, 2015.

CAPÍTULO 2

LOS MEDIOS DE COMUNICACIÓN [57]

---

[57] En este capítulo no estudio la televisión en español aunque sí existió la IPC TV NETWORK que se lanzó en septiembre de 1996 pero tuvo poca vida.

PRIMERA PARTE: EL PERIÓDICO

EL PERIÓDICO *INTERNATIONAL PRESS*

El 10 de abril de 1994 el editorial del periódico *International Press* decía:

> Robo en supermercados, prostitución callejera, estafa, asesinatos, vagancia, trifulcas y escándalos en la vía pública, son por lo general las noticias cotidianas que publican los diarios japoneses en torno a esa gran masa de emigrantes, para muchos, de 'gaijines' [extranjeros] indeseables que de un tiempo a esta parte están rompiendo con la milenaria y pacífica armonía de la sociedad japonesa. Lamentablemente, un gran volumen de esta información la vienen protagonizando ciudadanos latinoamericanos con y sin visa, hecho que de alguna manera justifica y acrecienta el rechazo visceral y el temor del pueblo japonés hacia esas diversas comunidades venidas de ultramar.

El editorial fue escrito por el gran periodista Pablo Lores Kanto quien por más de una década escribió para el *International Press*, el primer diario en español en Japón el cual salió a la luz justamente el 10 de abril de 1994. La nota editorial podría leerse como una suerte de manifiesto que, como se puede ver, se trata de un texto contestatario a lo que la prensa japonesa publicaba en torno a la comunidad hispanohablante.

Más adelante, un tono casi paternalista decía Lores Kanto:

> Con esa serie de conductas antisociales, lejos de estrechar

los lazos de amistad y cordialidad con un pueblo que bien o mal nos ha dado cobijo, están abriendo una brecha, un abismo que a la larga puede desembocar en la intolerancia y la xenofobia, como viene ocurriendo en Europa, concretamente en Alemania, donde grupos extremistas actúan con violencia contra los emigrantes. ... Al respecto, no se puede desconocer ni mucho menos ignorar que residen en este país más de un millón y medio de extranjeros. Lo que representa el uno por ciento de la población. Esta tarea, ardua, por cierto, la comunidad hispanohablante tiene deberes y responsabilidades que cumplir que solo una toma de conciencia del rol y del espacio que se ocupa, contribuirán a llevarlos a cabo, allanando el camino hacia el respeto de los valores, la simpatía, la tolerancia y la fraternidad que demanda cualquier sencilla convivencia. (ibíd.)

Y, la nota terminaba con el siguiente consejo:

Cuando nos referimos al papel que nos toca desempeñar hablamos en concreto de nuestra conducta cotidiana; desde nuestro deseo de aprender el idioma [japonés] para facilitar el conocimiento de esta cultura, hasta el respeto a la más simple ley de tránsito. Conducta honesta que debemos cumplir y reflejar en cada uno de nuestros actos. Ni el desempleo de la ilegalidad son argumentos para el delito. ... Venimos del llamado Tercer Mundo o de los llamados países en vías de desarrollo. Debemos demostrar que ser 'pobres' no significa ser deshonestos. Y a su vez entender, comprender que Japón es una gran escuela de la cual tenemos mucho que aprender. Entender que entre otras cosas que no hay pueblos ni razas superiores, sino sociedades mejor organizadas. Creemos que el conocimiento que absorbamos aquí y que posteriormente volquemos en nuestros países, tiene un valor más imperecedero que el dinero que nos impulsó a emigrar en pos de mejores horizontes. (ibíd.)

El periódico *International Press* (de aquí en adelante *IP*) se publicó para abastecer la creciente comunidad de hispanohablantes en

Japón a principios de los noventa del siglo XX. Si bien como se ha visto arriba, Lores Kanto se dirige a los latinoamericanos y sobre todo a los peruanos *nikkei* que conformaban la gran parte de los sudamericanos en Japón, como veremos más adelante, el periódico era leído por varias comunidades de hispanohablantes incluyendo japoneses que querían aprender español.

IP fue fundado por Yoshio Muranaga.[58] El periódico semanal, el cual salía los domingos, primero fue gratuito, pero a partir del 17 abril de 1994 se vendió a 300 yenes, precio que se mantuvo hasta la última edición impresa. Aquellos que deseaban suscribirse podían hacerlo por 3 meses: 13 ejemplares a 3,900 yenes; 6 meses: 26 ejemplares a 7,600; y, un año 52 ejemplares por 15,000. Las dimensiones eran parecidas a las de los grandes periódicos japoneses (formato sábana de aproximadamente 53 por 38 centímetros) y era de 24 páginas con la portada y la contraportada a color al igual que los futuros suplementos. La edición del 10 de abril de 1994 tenía un mapa de América Latina rodeado de diferentes banderas y solamente decía "¡Hablamos el mismo idioma! ¡Somos la voz en español!". Alberto Matsumoto recuerda que "al principio el periódico se vendía en las tiendas 7-Eleven que estuvieran cerca a vecindarios con grandes comunidades de latinos. También se empezó a distribuir en las tiendas y en los restaurantes. En ese entonces no había ni tantas tiendas ni mucho menos restaurantes hispanos. Fue un esfuerzo muy fuerte para todos."[59] Asimismo, como señaló un lector el 17 de abril de 1994, "en el día de hoy recibí de vuestra casa unos 50 ejemplares e inmediatamente procedí a re-enviarlos a mis amistades y personas conocidas que están en este mundo de la cultura hispánica. 15 ejemplares fueron remitidos a una planta-fábrica de Ibaraki en donde trabajan unos 50 peruanos nikkeis. Seguramente se alegrarán mucho al recibirlos". Desde el principio, el equipo de redacción integrado por Lores Kanto, Julio Lucho Tsuha, Mario Castro Ganoza y Luis Álvarez Silva

---

58   Muranaga es un japonés que emigró a Brasil muy joven y fue el fundador de IPC World Inc., una empresa de capitales nipo-brasileños. *International Press* primero apareció en portugués y "hasta antes del año 2000 hasta cinco publicaciones aparecieron en el mercado en portugués" (Robles Díaz, 29).

59   Entrevista personal.

alentaba al público lector para que les enviaran cartas. Éstos decían:

> Nos escriben de Gifu, Hamamatsu, Shizuoka, Nagoya, Osaka y de lugares tan apartados como Okinawa, hemos recibido un gran número de cartas de saludos y felicitaciones por la aparición de International Press edición en español. Son cartas amables, generosas que nos alientan a esforzarnos aún más en nuestro quehacer periodístico. Gracias, muchas gracias por la preferencia. De otro lado, a partir de la fecha la página Editorial está abierta para todos los profesionales iberoamericanos que residen y trabajan en Japón y que deseen expresar sus puntos de vista. Las colaboraciones, serán publicadas de acuerdo con su calidad, síntesis y profundidad analítica. Los artículos deberán ser escritos preferiblemente a máquina sin que excedan las mil palabras. De igual modo, convocamos la colaboración de caricaturistas y dibujantes de historietas breves para nuestra página de entretenimiento. (*IP* 17 de abril, 1994)

Como se puede observar, invitan a la comunidad profesional "iberoamericana" a contribuir para que el periódico tuviera expresiones más plurales y para que llegara a públicos más amplios al mismo tiempo. Solamente un año más tarde, en 1995, se integraron al equipo de redacción Elsa Inamine Gushiken, N. Ignacio López Sako y Javier de Esteban Baquedano.[60] Las fuentes de información del periódico eran la Agencia EFE de España, el *Mainichi Shimbun* [Periódico *Mainichi*] de Japón, la Agencia Estado y las Noticias Japón, de Brasil.

Las secciones del periódico eran la Editorial/Opinión,

---

[60] Con el paso del tiempo varios individuos se integraron al equipo de redacción o llegaron a contribuir esporádicamente para el semanario. Entre ellos están Fernando Sea Zabaleta, Eric Horiguchi, Hiromi Hishikawa, Saeko Okada, Angélica Camacho, David Taranco, Antonio Cardenas, Miguel Fujita, Alberto Olmos, Jorge Barraza, Gonzalo Robledo, Dr. Raúl Ortega, Nélida Tanaka, Irma Miwa, Maggy León, Doris Moromisato, Eduardo Azato, Emilio Gallego, Luis Abelardo Takahashi Núñez, Etsuko Takahashi, Ernesto Shimamoto, Jun Takano, Augusto Alvarez Ródrich, Pavel Robles, Rosa Cárdenas, Héctor Sierra y muchos más así como las personas que menciono en las siguientes páginas. Esta lista es imparcial.

Local (noticias no sólo de Tokio sino de las diferentes ciudades donde se concentraban las comunidades hispanohablantes), Latinoamérica, España, Perú, Cultura, Espectáculos y Deportes. Los anuncios clasificados al principio aparecían a través de todas las secciones del periódico. En 1995 se invirtió el orden: Latinoamérica, Perú y España, lo cual indica que respondía al número de lectores de cada entidad.

Las cartas de los lectores se publicaban en la Sección Opinión. Ahí es donde los lectores daban gracias, se quejaban o daban noticia de algún evento importante. Gracias a esas cartas se lograba una suerte de comunidad. Sin embargo, sería osado pensar que una sección era más importante que la otra. Por ejemplo, en la sección Local del 25 de septiembre de 1994 se anunciaba que el Centro Internacional de Información Médica (AMDA), fundada en Tokio y con sede en Tokio, daba orientación sobre los hospitales o médicos particulares que podían atender a extranjeros, proveía información sobre el sistema de salud en Japón y por último, ofrecía un sistema de traducciones de emergencia. En esa misma sección se publicaban breves crónicas de los lectores durante momentos especiales como la Navidad. Por ejemplo, decía el lector Fredy Gálvez Delgado en la edición del 25 de diciembre de 1994:

> La mayoría de los inmigrantes latinos que trabajan en Japón, llegamos con la exclusiva finalidad de obtener algún dinero que nos permita asegurar nuestro futuro. ... Si bien es cierto que Japón nos brinda los medios económicos para asegurar nuestro porvenir, al mismo tiempo, nos muestra gentes y costumbres muy diferentes. Por ejemplo, la Navidad, una de las tradiciones más sublimes y fervientes de América, no tiene el mismo sentido aquí en Japón. Todas las tiendas y establecimientos comerciales lucen el árbol de Navidad, Papá Noel dando la bienvenida a los clientes y los cánticos infantiles, que anuncian el nacimiento del Mesías, se escucha por doquier. Pero por ningún lado aparece el Niño Jesús, la razón de ser de esta ancestral celebración cristiana. El sentido de imitación, tan generalizado en Japón, incluye el envío de tarjetas alusivas o regalos a parientes y amistades. Pero ahí

queda todo. No hay más. Esta actitud, aunada a la lejanía de nuestro país y su gente, no deja de producirnos profunda melancolía. El *saudade*, como le llaman los brasileños, o pena por el terruño, nos embarga por entero cada Navidad que pasamos en Japón. ... En el colmo de la casualidad, a veces, el 25 de diciembre nos sorprende trabajando en la fábrica o en el taller, porque aquí no es feriado, lo que nos obliga a perder la noción del tiempo y de la fecha. ... Esperamos que, al regresar a la tierra natal, nos identifiquemos nuevamente con lo nuestro y recobremos la alegría, el sentimiento y el calor que, sin percibirlo tal vez, perdimos al alejarnos.

Pero no solo los adultos podían escribir sobre la Navidad y la nostalgia como acabamos de ver. También se publicaban dibujos navideños de niños que habían nacido en Japón, hijos de hispanohablantes o que habían llegado a Japón recientemente. Por lo tanto, la inclusión en el semanario de esa tradición católica tan importante reforzaba la continuidad de esa práctica cultural.

La Sección "Local-Comunidad" era de suma importancia porque proveía información básica. Por ejemplo, a partir de 1996 se traducen resúmenes en la columna "Prensa semanal japonesa". De ese modo, los lectores que no entendían japonés podían tener una idea de otras versiones de los acontecimientos locales y mundiales. Asimismo, se publicaba la columna "Moshi-Moshi" [como cuando se contesta el teléfono: hola, bueno, diga] que proveía una Guía de Teléfonos Útiles con números de centros de asesoría para extranjeros en diferentes partes de Japón, la Asociación de Abogados Asesores de Extranjeros en Derecho Laboral, los centros de información, así como teléfonos de la policía, hospitales, escuelas y en fin, una serie de recursos básicos para los extranjeros. Montse Watkins escribía la columna "8º. Día" mientras que Arturo Escandón se ocupaba de "Chotto Matte" [Espera/Esperen/Un momento]. Ambos intelectuales escribían sobre temas candentes dentro de la sociedad japonesa y eran bastante críticos. Como recuerda Escandón:

Escribí para *International Press*, invitado por uno de sus

grandes editores, el periodista peruano Pablo Lores. Escribía sobre temas concernientes a la vida de los extranjeros en Japón. Solía tener una mirada muy crítica del país, lo cual se contraponía con la mirada más complaciente de los peruanos de origen japonés, que tenían a Japón por paraíso. Lo mío era bastante sociológico y crítico. El tiempo me ha dado la razón. Los extranjeros seguimos contando bastante poco en Japón. Prácticamente no tenemos derechos.[61]

Aparte del obvio criticismo de los intelectuales, la columna "Japón de cada día" se ocupaba de cuestiones prácticas como la forma de deshacerse de un carro usado (en Japón hay reglas muy estrictas para cuestiones tan básicas como ésta); orientación y clases de idioma japonés para los trabajadores *nikkeis* gratuitas en las provincias de Gifu, Gunma, Shizuoka, Saitama y Tochigi. Esas clases eran organizadas por el Centro de Estabilidad Laboral de la Industria y el Ministerio de Trabajo y con la colaboración de las embajadas de Argentina, Bolivia, Brasil, Paraguay y Perú, pero patrocinadas por la KDD, la compañía de teléfonos que estaba en su pleno apogeo porque antes del internet la forma de comunicarse con los familiares en el extranjero era por teléfono. Como recuerda Alberto Matsumoto, "para los trabajadores de las fábricas, el único sustento moral era ir a comprar tarjetas de teléfono para hacer llamadas internacionales. Hoy en día uno puede hablar por Skype pero en aquel entonces, por una tarjeta de 3,000 yenes, o sea $30 dólares, hablaban 20 minutos aproximadamente. Afuera de las cabinas de teléfono había unas colas larguísimas de gente extranjera que se quería comunicar con sus familiares".[62]

La Sección de "Cultura" desde el principio fue multifacética. Los primeros meses había una columna con "Clases de Idioma" español basado en la revista *Supeingo Kaiwa* [conversación en español] del NHK [Nipon Hōsō Kyōkai o Corporación Radiodifusora de Japón]. Pero muy pronto se percataron de que los lectores lo que realmente necesitaban eran clases del idioma japonés. Para ese fin, el 9 de octubre de 1994

---

61 Entrevista por correo electrónico.

62 Entrevista personal.

se lanza el espacio "Hablemos en japonés". Esa también fue una iniciativa de la NHK. La nota decía, "International Press, edición en español, ofrece a sus lectores el curso completo 'Hablemos en japonés' elaborado por Radio Japón NHK. Son palabras, expresiones y conversaciones básicas que le permitirán conocer, desenvolverse e interrelacionarse con esta cultura y, sobre todo, penetrar en un bello idioma que, para muchos hispanohablantes, sigue siendo una barrera. Para que deje de serlo, le invitamos a estas clases de Radio Japón NHK sintonizado en las siguientes frecuencias". Sin embargo, un año más tarde, la escuela "Shinjuku Language Institute" reemplazó la columna de la NHK y comenzó a ofrecer clases de japonés práctico en todas las siguientes ediciones del periódico. El Instituto tenía dos objetivos: enseñar japonés "gratuito" y al mismo tiempo auto promover las clases que se impartían en su sede que a propósito, convenientemente se ofrecían los domingos de 10 a 12:40 y de 14:00 a 16:40. Más adelante se integró una sección específica dedicada a la educación donde se anunciaban diferentes institutos de lenguas así como el reto de la educación para los niños hispanohablantes.

En la misma sección de cultura se daban noticias de la apertura de centros culturales que se habían creado gracias a la iniciativa de los hispanohablantes. El siguiente es solamente un ejemplo. El 23 de abril de 1995 el periódico anunciaba la inauguración del Centro Cultural Hispano. El director general, el boliviano Jaime Morales Peñaloza decía "El centro Cultural Hispano aspira a convertirse, como su propio nombre lo indica, en el centro, en el corazón de la colonia hispana en Okinawa. Deseamos conservar el idioma, transmitir la cultura y la idiosincrasia de nuestros pueblos al pueblo okinawense y japonés. En otras palabras, intercambiar. Aprender de ellos y que ellos también aprendan de nosotros". El periodista Lores Kanto resumía que "los principales objetivos del Centro eran incrementar el intercambio cultural entre los okinawenses y los países de habla hispana; difundir la cultura de América Latina y España; orientar e informar sobre las costumbres de los okinawenses a los residentes hispanohablantes y también cumplir con tareas pedagógicas" que permitieran la superación personal de los latinoamericanos (ibíd.). Como se puede ver, se trataba de integrar en la medida que se podía a toda la comunidad hispanohablante ya que el director de proyectos estaba a cargo del mexicano Juan Carlos Lugo Alba mientras que de la coordinación del mismo estaba en manos de la boliviana Rosa Megumi Shimoji y el argentino Víctor Elio Sakuda.

La poesía casi siempre logró un espacio dentro de la sección cultural. Los redactores invitaban al público lector a enviar sus poemas y en cada edición se publicaba un poema (de vez en cuando dos). Desde 1997 hasta el 2006 y después a partir del 2008 se publicaron poemas escritos por varios residentes en Japón.[63] Al final del poema aparecía el nombre del autor o autora, su nacionalidad y a veces el lugar donde residía en Japón. Muchas veces solamente aparecía el nombre del autor. El siguiente poema, "Agitación espiritual' es un ejemplo:

> Dekasegi ausente, que en la tierra ancestral
> forjas un destino e impones presencia;
> no te lleve el trago,
> no te robotices
> en un gesto mecánico.
> Eleva tu hombría en un buen talante
> o fuerza de entrega y honradez constante.
> Llena tu conciencia y acoge en tu mente
> todas las presencias de hermanos sufrientes.
> Toma la mano a quien porta antorcha
> de cultura antigua, esfuerza tu ánimo,
> defiende tu honra de gente de bien
> que tiene memoria, que lucha y no miente.
> La tierra nipona, que te pertenece
> te llama su hijo y espera clemente
> porque en sus entrañas, quieran o no quieras,
> habita tu gente, primera en la historia:
> gente buena, sabia, cortés, limpia y fuerte.
> Dekasegi ausente, que añora otra patria
> peruana, argentina, brasilera o venezolana,

---

63 En el capítulo 4 analizaré con más detalle algunos poemas que fueron publicados en el semanario.

toma de la mano a quienes te guían
en sabio camino de la cultura antigua,
de pueblo de origen ¡únete a tu hermano!
que a nadie maltraten u orillen en vano.
[...]

El poema fue escrito por Violeta Suárez González quien se identificaba como española, asturiana, y fue publicado el 27 de julio del 2002. Como se puede ver, la voz poética se solidariza con los trabajadores latinoamericanos que trabajaban muy fuerte en las fábricas y también está consciente de los diversos problemas de marginalidad y soledad.

La narrativa también logró un espacio en el semanario. A partir de mayo de 1994 se inició la columna "Botella al Mar" donde los lectores podían participar enviando crónicas o relatos ficticios. Uno de los primeros relatos apareció el 31 de julio de 1994 y fue escrito por Ignacio J. Bravo quien se identificaba como "escritor argentino, residente en Tokio". También había una sección de literatura que daba noticias de lo que acontecía en el mundo literario iberoamericano e integraba reseñas de novedades, así como las visitas a Japón de grandes escritores.

Desde ese primer año del semanario se anunciaban concursos como el Concurso de Poesía "Vicente Huidobro" organizado por la Asociación de Chilenos de Kansai (aquellos afincados en las ciudades de Kobe, Kyoto y Osaka). Los organizadores anunciaban: "todos los iberoamericanos que sientan deseos de expresar su sensibilidad en el idioma de Cervantes pueden participar" (4 de septiembre, 1994). También había concursos de ensayo como el que organizó la Sociedad Japonesa Boliviana en Kansai el 16 de octubre de ese mismo año y cuyo tema central era sobre los pensamientos y sentimientos en torno a la vida en Japón. Y, en febrero de 2006, se convocó al "Primer Concurso de Narración Montse Watkins", organizado por el International Press para celebrar el legado de la escritora catalana. Pero no todos los concursos eran para adultos. Ya desde mayo de 1997 se anunciaba el concurso de dibujo infantil "El Día de la Madre" también organizado por la *IP*. Los 33 dibujos elegidos se publicaron en en el periódico y se exhibieron en el restaurant Bembo's ubicado en Tokio (11 de mayo de 1997). De ese modo, tanto lectores como contribuidores se sentían que eran parte de una comunidad.

La sección cultural también presentaba las listas de novelas en lengua española más vendidas en Japón, así como también las más vendidas en España y Latinoamerica para que los lectores estuvieran al tanto de lo nuevo y lo que estaba a su alcance. A principios de 1995 se anunciaba que los libros más vendidos en Japón eran *Paula*, de Isabel Allende; *Cruzando el umbral de la esperanza*, del Papa Juan Pablo II; *El tren nocturno de la Vía Láctea* traducido por Montse Watkins; *El escándalo*, de Endo Shusaku; *Desafios a la libertad*, de Mario Vargas Llosa; y *Una cuestion personal*, de Kensaburo Oe.

El arte no podía faltar en la sección cultural. Por lo tanto, se anunciaban exhibiciones de pinturas u otras expresiones artísticas temporales llevadas a Japón por diversos artistas del mundo hispánico.[64] Por otra parte también se anunciaba a los artistas japoneses cuyas obras tenían algún punto de contacto con el exterior; por ejemplo, la obra de Kyoko Sano, una diseñadora japonesa que, inspirada en los paisajes latinoamericanos, creaba cuadros pegando retazos de telas de diferentes texturas y colores. O, la obra del japonés Eiju Okada, que inspirado en el Mediterráneo creaba lienzos de varios matices que se veían aparentemente azules pero que en realidad no lo eran (*IP* 28 de agosto, 1994). Las exposiciones de cerámica en diferentes talleres y museos de Japón también formaban parte de la agenda cultural del semanario. Desde el principio resaltaban las obras de extranjeros como fue el caso de la exposición "Katachi" [Forma] que se presentó en el verano del 94 en el taller escuela Hirosen en Kichijoji. Allí exhibieron sus artefactos el español Jesualdo Fernández-Bravo y la mexicana María Serrano; ambos, habían aprendido la cerámica en Japón por más de tres años (*IP* 31 de julio, 94).

Con el paso del tiempo se publicaron nuevas columnas, por ejemplo, "Mataburros" escrita por Javier de Esteban Baquedano donde se hacían aclaraciones léxicas en torno al español utilizado

---

64   Escribiré con más detalle sobre algunos de esos artistas en un futuro estudio.

por los hispanohablantes. Asimismo, se comenzó a integrar un glosario español-japonés basado en lo que se presentaba en las diversas columnas. Ese glosario era muy útil porque alentaba a los lectores a aprender nuevas y diversas frases y expresiones dentro de un contexto específico.

Las Sección de Espectáculos era tan importante como todas las demás. Se publicaban noticias de una gran cantidad de grupos o artistas individuales que llegaban a Japón a debutar, así como una "Agenda" de lo que se llevaba a cabo en los teatros, conciertos, cena-bailes y festivales. Una columna se titulaba "El disco Iberoamericano" y daba noticias de los cuatro discos más vendidos en diversos países de América Latina como Argentina, Chile, Colombia, Costa Rica, Cuba, Ecuador, Panamá, Perú y Venezuela. Asimismo, se anunciaban los conciertos de tango, música folclórica peruana, flamenco, ritmos tropicales, melódicos, clásico e instrumental, rock, pop, jazz y reggae que se llevaban a cabo en diferentes espacios a través de todo Japón. Y, por supuesto, no podían faltar los anuncios y notas sobre los bailes folklóricos y presentaciones relacionadas a las fiestas patrias de diversos países, así como también festivales internacionales organizados por diversas asociaciones de hispanohablantes asentados en Japón. A todo eso, ya desde el 10 de julio de 1994, se había incorporado la sección "Bares y Restaurantes" donde se anunciaban establecimientos de comida brasileña, mexicana, española y "cocina latinoamericana". Como es de esperar, con el tiempo surgieron más y más restaurantes y es así cómo sin pausa y sin prisa iba creciendo una comunidad hispanohablante.

La música era tan importante que con el tiempo (más precisamente, en el 2001) el semanario comenzó a publicar el "Ranking J-Pop"; o sea, lo más popular de la música japonesa lo cual indica que los lectores del periódico estaban muy al tanto de las modas musicales en ese país. De hecho, como el karaoke fue uno de los vehículos más importantes para convivir tanto en los núcleos familiares, como en las viviendas donde vivían solamente trabajadores, así como en las fiestas, el aprendizaje de las canciones japonesas se convirtió no sólo en una moda sino casi en una necesidad. Prueba de eso es que los libros que contenían las letras de las canciones japonesas (transcritas al alfabeto romano) eran los que más se vendían. Incluso, había una serie publicada nada menos que por la IPC International, o sea, el mismo periódico. A finales de 1995 se anunciaba que los primeros 10 volúmenes del *Karaoke Jouzu* [Perfeccionando el Karaoke] eran los que más se vendían. Y no solo eso, sino que el *Karaoke Jouzu Especial* contenía 300 canciones romanizadas. Aparte del ranking del J-Pop, en el 2002 comenzó a publicarse el "Ranking Latino en Japón", o sea lo que más se consumía dentro del archipiélago.

Las noticias de los festivales de cine también formaban parte de la sección cultural. En las grandes ciudades como Tokio y Osaka había festivales de cine cubano, de cine español y de funciones especiales que presentaban películas hispanas dobladas al japonés. Con el pasar de los años también se anunciaban las programaciones de la televisión japonesa, lo que muestra que los lectores poco a poco iban familiarizándose con el idioma japonés. Por ejemplo, se anunciaban las programaciones de la NHK Educación, NHK General, la Fuji TV, Asahi TV, Tokyo TV, TBS y la Nihon TV.

La cultura era tan importante que a partir de mayo de 1995 se lanzó *ZERO*, un suplemento cultural gratuito bellamente ilustrado. Allí se condensaron en parte la Sección de Cultura y de Espectáculos. Desde el principio se publicaron cuentos y crónicas (a los cuales aludiré en el cuarto capítulo) así como una variedad de aspectos culturales como a los que me he referido anteriormente. Además, se creó una suerte de guía turística para conocer la historia y la ruta de diversos rincones en Japón. Asimismo, varios aspectos de la cultura japonesa como la etiqueta, la comida, las religiones, el cine, el teatro, los festivales y un abanico de artefactos culturales recorrían las páginas de ese bien logrado suplemento. Pero no solo la cultura japonesa se exponía en esas páginas. También se integraban especiales en torno a diferentes aspectos geográficos y culturales de países hispanohablantes. Se mostraban mapas, playas, pirámides, obras en metal, la tradición del mate, de la coca, del tequila, las plantas medicinales, el flamenco y en fin una serie de aspectos que enriquecían los horizontes culturales de los lectores. La "Agenda" de *ZERO* se hizo más amplia y sofisticada ya que proveía un resumen de los eventos. Por ejemplo, se resumían sucintamente las exhibiciones de arte, los eventos, seminarios y conciertos de grupos tanto japoneses como norteamericanos y del mundo de habla hispana.

Algunas secciones no eran fijas. Por ejemplo, la Sección de Educación que se lanzó por primera vez el 2 de octubre de 1994, al principio se ocupó de las clases de japonés como señalé anteriormente. Sin embargo, las clases de lengua se alternaban en diversas secciones. Además, cabe recalcar que en 1995 se inició la columna "Cuerpo Sano" la cual se dedicaba a varios consejos sobre la nutrición y el cuerpo tomando en cuenta las condiciones climáticas en Japón. En el mismo año también se lanzó la columna "En Alas de la Ciencia" donde temas candentes en torno a las transformaciones científicas en el contexto japonés se daban a conocer. Y, la tecnología no podía faltar sobre todo en un país tan avanzado donde en realidad se pulsan las rápidas transformaciones tecnológicas. Por lo tanto, en 1998 apareció la columna "Diskette" la cual se dio a la tarea didáctica de enseñar paso a paso temas relacionados a la computación y a la emergente cibernética.

La Sección de Deportes siempre tuvo un lugar privilegiado dentro del semanario. Dado el hecho que una gran mayoría de los lectores hispanohablantes eran aficionados al fútbol y no al béisbol como era el caso de la mayoría de los aficionados japoneses, a principios de los noventa, el semanario se aseguró de cubrir los acontecimientos del fútbol mundial. A escasos meses de la primera publicación del semanario se llevó a cabo la Copa Mundial en Estados Unidos en el verano de 1994 y el periódico le dio extensa cobertura. Además, ese mismo año se convocó a la Primera Copa Internacional Press de Fútbol Amateur. Eso incentivó a que los jóvenes hispanohablantes (y brasileños también) que vivían en las diversas provincias y ciudades de Japón participaran.[65] Esa "fiebre" por el fútbol se intensificó cuando se acercaba la

---

65 Es obvio que para 1994 ya había varios equipos amateurs bien establecidos; muchos de ellos habían surgido en las diversas fábricas y entidades que empleaban a trabajadores incluyendo a los brasileños, por supuesto. De acuerdo al calendario publicado el 31 de julio de 1994 los juegos interregionales serían jugados por los siguientes equipos: Union Brasil de Kanagawa; Club Deportivo Marusen Bolivia de Osaka; FC de Gunma; Nissei Star de Brasil; Plasupa FC de Aichi; Pokoroko de Saitama; Benkan de Gunma; Deka Club FC de Fukui; Fukunaga Kyodai de Kanagawa; Toukai Kinzoku de Aichi; Kyoei FC de Gunma; Sanko Konpo de Shizuoka; Unidos FC de Saitama; Nissei de Brasil Sport Peru de Aichi y Yanai Toyotex de Gunma.

Copa Mundial en Francia en 1998. En la Sección Opinión decía el siguiente poema anónimo cuando se acercaba un partido entre rivales, "A propósito de Chile-Perú":

> Una manita, San Martincito
> mi Santo Moreno Martín,
> alivia nuestra aflicción,
> haz que nuestra selección
> a su angustia ponga fin
> Italia, Rusia y Pekín,
> en Holanda y Mozambique
> el buen equipo peruano
> y sin tu ayudita, hermano,
> nuestro barco se irá a pique.
> Este domingo que viene
> todos iremos a misa
> ilegales y con visa
> vamos, Perú, te conviene
> gran poder, tu mano tiene
> escríbele a Dios y dile
> que si vencemos a Chile
> pese a la gran distancia
> todos iremos a Francia
> y después, que nos condenen.
> Dale más luz a Oblitas
> dile que ponga punteros
> no importa, uno a cero.... (*IP*, 4 oct. 1997)

Pero si la Copa Mundial en Francia en 1998 hizo que los lectores aficionados al fútbol leyeran con pasión las páginas del semanario, la Copa Mundial Corea/Japón 2002 levantó los ánimos no sólo de los hispanohablantes sino de los japoneses también. La portada del 1o. de junio del 2002 decía "Comienza la fiesta":

> Todo Fukui se ha identificado con México. Niños, jóvenes y adultos por su cuenta o canalizados por Amigos Club, institución creada por el Comité Organizador del Campamento de la Selección Mexicana, formaron barras

de apoyo con camisetas con la bandera de ese país. Se aprendieron hasta los típicos estribillos mexicanos con acento japonés como 'a ra binbombao, a ra bio a ra bao a ra bin bom bao, Mekishiko, Mekishiko ra ra ra'.

Como era de esperarse, el semanario lanzó un "Suplemento Mudialista" durante el tiempo que duró la Copa.

Se podría decir que la Copa Mundial Corea/Japón 2002 por una parte "internacionalizó" aún más el semanario ya que los aficionados del mundo hispanopartante que visitaron Japón para presenciar la Copa compraron el semanario y así logró más lectores. Además, el hecho de que los equipos nacionales de Argentina, Ecuador, Paraguay, Costa Rica, México (y por supuesto, Brasil) jugaran por primera vez en suelo japonés (y coreano) un torneo de esa magnitud alentó a que los hispanohablantes afincados en el archipiélago tuvieran un sentido más profundo de pertenencia y de unidad. Perú no estuvo presente, pero sin duda los peruanos formaron parte de la gran fiesta. Luis Abelardo Takahashi Núñez, compositor peruano de música criolla, resumió la Copa de esta forma en la edición del 2 de julio del 2002:

> "La hamaca"
> A la fiesta del balón
> de esta Copa mundialista
> acudieron futbolistas
> hasta Corea y Japón
> todos viajan en avión
> críticos y periodistas
> hinchas y comentaristas
> dirigentes, entrenadores,
> árbitros y veedores,
> médicos y masajistas.
>
> "Mundial 2002"
> Tal vez usted no lo crea
> en la fiesta del balón
> debutó muy bien Japón
> y nos sorprendió Corea

Senegal que dio pelea
Turquía que se da maña
fracasa esta vez España
y Rusia la vio muy fea
Uruguay se muñequea
y México se desengaña.

"Tarjetas amarillas"
Mucho ruido, pocas nueces
se termina la arrogancia
Portugal, Italia y Francia
Costa Rica, a los ingleses
ay Fifa cómo los meces
si hasta solloza Argentina
Ecuador, Paraguay y China
y los equipos africanos
ilusión y sueños vanos
en la fiesta que termina.

"Mundial sin goles"
La Copa de oro puro
para Brasil, el campeón
Alemania no fue un león
eso se los aseguro
otros con menos apuro
tal como dice el califa
ganaron más con la rifa
meciendo a los jugadores
en la hamaca de la Fifa
que tiene lindos colores

Como se puede observar, el periódico le cedía la plataforma a diversas expresiones artísticas y culturales que si no se hubieran publicado quizás habrían quedado en el olvido.

El *IP* siguió lanzando otras secciones que reflejaban los variopintos intereses de sus lectores. En el 2002 se comenzó a publicar la Sección Japónica donde se analizaban diversos temas sobre Japón; por ejemplo, sobre el teatro Takarazuka, una compañía de teatro musical compuesta exclusivamente por mujeres que tiene su sede en la ciudad de Takarazuka; sobre el arte culinario, sobre la importancia de la naturaleza para la sociedad japonesa, sobre las religiones, etcétera. Por otra parte, ese mismo año se comenzó a publicar la columna "Español con IPC" la cual se produjo con la intención de llegar a un público lector japonés. Incluso, se publicaron textos bilingües en español y japonés. Este apartado tenía un carácter tanto informativo como didáctico. Por ejemplo, el 23 de marzo del 2002 Esteban de Baquedano publicó "Palabras y frases útiles en el fútbol" y "Cómo opinar sobre un partido". Por su parte, la sección "Hogar Salud" estaba a cargo del Dr. Raúl Ortega quien en la columna "Consultorio Médico" respondía a un sinnúmero de preguntas hechas por los lectores mismos y relacionadas a la prevención o cura de enfermedades. Asimismo, la sección Mujer-Salud estaba encabezada por la psicóloga Nélida Tanaka quien también respondía a diversas dudas de las lectoras.

Por último, cabe subrayar que había números especiales importantísimos como el "Especial de Carreras Técnicas" patrocinado por la Asociación de Escuelas de Cursos Profesionales lo cual muestra que eventualmente los jóvenes hispanohablantes tenían acceso a instituciones donde la educación era totalmente en japonés. El 4 de octubre del 2003 el periódico anunciaba que se aproximaba la feria de 79 institutos de cursos profesionales de diversas provincias donde los estudiantes podrían estudiar las siguientes carreras: ingeniería civil, arquitectura, agrimensura, jardinería, computación, reparación de automóviles, enfermería, fisioterapia, óptica, industria eléctrica, teatro, técnicas para trabajar en la televisión, cine o música, creación de dibujos animados, masajes, diseño gráfico, nutrición, cocina, repostería, peluquería, cuidado de ancianos, educación de los párvulos, hotelería, turismo, contabilidad, periodismo, fotografía, negocio, comercio exterior, asesoría fiscal, diseño de ropa, accesorios o zapatos, modelaje, idiomas y preparación para los exámenes de funcionario entre otras.

El primero de noviembre del 2008 el *International Press* lanzó un nuevo formato. El legendario formato sábana se redujo a 43 por 30 centímetros aproximadamente. Decía el editorial:

"Entre Halloween y el Día de Muertos y en plena crisis mundial, International Press en español se reinventa en un formato tabloide de diagramación y mejor contenido. Estrenamos también nuevo logotipo y reivindicamos la 'i' de IPC .... Es una 'i' muy viva y colorida, interesante, informativa, innovadora, y, definitivamente, imprescindible, muy cercana al público". Asimismo, en homenaje al periodista Pablo Lores Kanto quien acababa de sufrir un terrible percance de salud y ya no podía escribir para el diario, se volvió a publicar el suplemento cultural "Zero" el cual el mismo corresponsal había fundado en 1994.

El nuevo formato lanzado en el 2008 tuvo poca vigencia ya que, dos años más tarde, el 9 de octubre del 2010 el *IP* anunció su "ambicioso proyecto multimedia para llegar a más gente de Japón y del mundo". Después de dieciséis años de vigencia el periódico dejaba de imprimirse en papel para convertirse en un diario digital. Decía el editorial: "La manera de informar cambiará radicalmente, más rápido, instantáneo, participativo e integrador, y conservará los principios periodísticos que convirtieron a la edición impresa en uno de los vehículos informativos más importantes para inmigrantes y en el referente al idioma español y de la cultura sudamericana en Japón". Aunque, como he tratado de mostrar, el periódico no solo se centraba en la cultura de América del Sur sino en las culturas hispanohablantes. El nuevo proyecto comenzó el 12 de octubre de ese mismo año el cual reemplazaba totalmente https://internationalpress.jp/ al "IPC Digital".[66] Como era de esperarse, la plataforma ofrecía videos, una gama más amplia de fotografía, audio y las redes sociales. Decía el editor: "De cara al mundo, nuestra experiencia y capacidad de recolección de información y análisis sobre el acontecer diario, la tecnología, la cultura y los códigos sociales de Japón serán un arma que ayudara a mejorar el conocimiento del país. Y para ese trabajo felizmente contaremos con la fuerza de toda la comunidad y de los japoneses que hablan nuestro idioma" (9 de octubre de 2010).

Desde que se lanzó el *International Press* digital, https://

---

66 La "IPC Digital" era una plataforma informativa que estaba en la red desde 1999 pero que no reemplazaba para nada la versión impresa del semanario.

internationalpress.jp el periódico ha avanzado a la par de otros diarios digitales mundiales. Sus secciones son las siguientes: Último Minuto, Comunidad, Japón, Mundo, Deportes, Tecnología, Japónica, Gastronomía, Pareja & Sexualidad, Celebridades, Turismo, Horóscopo, Blogs de Japón, Radio, Podcast, Vídeos, Fotografía, Salud y Servicios.[67] En la portada aparece una lista de embajadas, una "Ventanilla Laboral" donde los usuarios pueden hacer consultas, una "frase del día" en japonés y explicada en español, una lista de las noticias más leídas, una sección donde el usuario puede dejar sus comentarios y varias imágenes con anuncios. Sin duda alguna, la plataforma es interactiva y la información sobre la comunidad de hispanohablantes está al alcance de miles de usuarios en todo el mundo además de que la edición digital también se puede consultar a través de Facebook, Instagram, Twitter, Pinterest, RSS, YouTube y Google+. Como se ha visto, el *IP* primero en versión impresa y luego en versión digital ha sido el periódico que aparte de informar creó una comunidad (o varias comunidades) de hispanohablantes que pudo comunicarse en su propia lengua en Japón.[68]

---

[67] Consultado 10 ago. 2018.

[68] En el 2017, una vez que había comenzado este proyecto encontré la tesis doctoral de Rafael Reyes-Ruiz, "The Creation of Latino Culture in Japan", quien llegó a colaborar en *IP*. Su tesis es muy útil porque ofrece una versión crítica de lo que fue el semanario antes del 2000. Consúltese sobre todo el capítulo VI sobre "The Latin American Media in Japan". Lo yo que me propuse aquí fue presentar un panorama de la versión impresa del diario. Otro trabajo que aporta una mirada desde adentro es la del periodista peruano Carlos Pavel Robles Díaz quien fue reportero del mismo. Véase la bibliografía.

SEGUNDA PARTE
LAS REVISTAS

La comunidad hispanohablante también comenzó a lanzar revistas en los años noventa. Si bien las revistas que se publicaban en el extranjero circulaban en Japón esporádicamente a precios altísimos, la falta de información que concernía directamente a la sociedad afincada en el archipiélago era un vacío que se hacía sobre todo palpable a principios de los noventa cuando la mayoría de los lectores no tenía acceso a internet. Por lo tanto, como se verá más adelante, surgieron varias revistas (algunas con propuestas interesantísimas) que no lograron mantenerse por los altos gastos de publicación más que por la falta de lectores. Como la mayoría de las revistas era y es gratuita y los autores y editores son voluntarios, en ocasiones ha sido muy difícil darle continuidad a proyectos que son importantes para la comunidad. Por otra parte, el internet ha ayudado a darle más visibilidad a algunas revistas que circulan de una forma impresa y digital. Asimismo, también están surgiendo poco a poco las revistas digitales.

Revista Mercado Latino

Roberto Alva llegó a Japón en 1991.[69] En su natal Perú había estudiado ingeniería mecánica, pero en Japón llegó a trabajar en una fábrica. Cuando llegó a Osaka no había realmente periódicos o revistas en español. Él leía la *Kansai Time-Out*, una revista mensual en inglés que estuvo vigente de 1977 a 2009 y que publicaba algunos anuncios clasificados y le daba cobertura a eventos sociales, políticos y culturales en Osaka y sus alrededores. Era

---

69 Entrevista personal. Todos los testimonios de Alva en esta sección pertenecen a la misma entrevista.

una revista gratuita. Por lo tanto, a Alva se le ocurrió hacer una revista semejante en español porque no había ninguna similar. Comenzó a editar la revista por entretenimiento ya que en el día trabajaba en la fábrica; y en casa, en la noche, se ocupaba de la edición de la misma. Al principio pensó publicarla semanalmente pero pronto se dio cuenta que no era tan sencillo. Creó la primera edición de 16 páginas tamaño carta. Desde entonces el formato no ha cambiado excepto que ahora es completamente a color. La revista se lanzó en 1994 con un tiraje de 500 ejemplares. Aunque la revista era (y siempre ha sido) gratuita, al principio solo pudo repartir 300. Alva recuerda que,

> la repartición la hacía yo. Me metía en mi carro y me iba a distribuir la revista a diferentes partes del interior de Japón. Era un trato personal. Me ponía a conversar con los dueños de las tiendas y les preguntaba que si conocían a gente que se pudiera interesar en mi revista. Muchas veces me perdía porque en ese entonces no había navegador y entonces me dormía en mi carro a un lado de la autopista. En ese tiempo no había internet así que la gente se enteraba de las cosas solamente a oídas. Como tampoco había tanta información, no podíamos enterarnos de las cosas a menos de que fuéramos a la iglesia. Nos juntábamos en la iglesia. Había misas en español una vez al mes. Esa era la forma en que comencé a promover mi periódico y al mismo tiempo me hice de clientes. (ibíd.)

Parte del éxito de la revista era que se autofinanciaba. Es decir, al principio solamente había anuncios clasificados. Por lo tanto, los clientes se encargaban de cubrir los gastos de la publicación. Alva enfatiza, "lo que hice bien desde el principio fue el marketing; siempre lo hice en la forma en que lo hacen los japoneses. Eso es bastante sencillo de entender. Los japoneses cuidan mucho a sus clientes. Para ellos los clientes son su medio de vida y hay que cuidarlos muy bien. Yo aprendí mucho de ellos y apliqué esa fórmula. Si alguien me llama yo siempre estoy atento y contesto las llamadas. Los clientes son muy importantes" (ibíd.). La revista tuvo tanto éxito que para el año 1998 Alva decidió dedicarse de lleno a la publicación de la misma.

"En la fábrica donde trabajaba el dueño me quería como a su hijo. Yo era el único extranjero y también el más joven. Incluso llegué a ser jefe de una sección. Todos eran muy amables conmigo. Ellos mismos me alentaron a dejar la fábrica y a dedicarme de lleno a la revista. ... Pronto empecé a aprender el internet y a estudiar en internet sobre las redes" recuerda Alva (ibíd.). Le pregunté por qué la tituló *Mercado Latino* y me dijo que el texto "en realidad es para todos aquellos que hablan español. Si bien el 80% de los latinoamericanos en Japón son peruanos también hay otros lectores. Yo no quise etiquetar la revista y hacerle pensar a los lectores que era exclusivamente para peruanos. Entre todos nosotros no son tanto las diferencias sino las coincidencias" (ibíd.). Entrevisté a Alva en mayo del 2011; o sea, menos de dos meses después del tsunami. Por lo tanto, él dijo "el terremoto nos afectó mucho. Mucha gente se ha mudado pero eso nada más fue un mes; ahora volvemos a tener 164 páginas. ... Yo solamente perdí cuando publiqué el primer ejemplar porque puse algunos anuncios gratis; sin embargo, a partir del segundo ejemplar y hasta ahora nunca he perdido; siempre he ganado" (ibíd.).

En la actualidad la revista se publica en forma impresa y digital www.mercadolatino.jp y es completamente a color. Una mirada a un ejemplar del 2011 comparado con uno del 2017 muestra que la revista continua con el mismo formato y el mismo tiraje de 18,000 ejemplares mensuales, aunque el número de páginas se ha reducido a 120. Si bien la publicación comenzó con anuncios clasificados solamente, poco a poco comenzaron a integrarse artículos sobre varios temas culturales, pero sobre todo aquellos relacionados a la inmigración, la educación, la sociedad hispanohablante en Japón y la salud. Las fuentes de algunos artículos son de la Agencia EFE, BBC Mundo, Japan Times, Jiji Press, Asahi Shimbun y la DPA Agencia de Noticias Alemana. Alva señaló: "todo lo que publico lo compro o lo hacen los freelance; nada es sacado del internet" (ibíd.). Como es de esperarse, el repertorio de los escritores varía, aunque como será evidente, algunos ensayistas escriben para varios medios. En la edición de mayo del 2011 los freelancers eran Fabiola Oshiro, Marcos García, Antonio Cárdenas, Christian Zevallos,

Christian Hiyane, Mariana Morita y Mario Castro Ganoza y los colaboradores eran Carlos Aquino, Alberto Matsumoto, Miguel Fujita, César Tsuchiya, Padre Umberto, Raúl Ortega, Eduardo Azato, Mercela Matsumura (Lamadrid) y Wilfredo Ardito. En la edición de abril del 2017 aparte de Matsumoto, Hiyane y Azato, Fabián Waintal y Rosa María Sakuda son también freelancers; no aparecen "colaboradores".

Mercado Latino se distribuye en más de 400 lugares a través de todo Japón: en embajadas, consulados, iglesias, clínicas, tiendas, agencias de viajes, tiendas de autoservicio, bancos, supermercados, restaurantes, cafeterías, centros culturales y centros internacionales. Los individuos pueden suscribirse si pagan solamente por el envío de 90 yenes (ni un dólar por ejemplar). Otro servicio que ofrece la revista es el envío gratuito (solamente para los clientes) de 1000 panfletos que se insertan en la revista y que les llegan físicamente a los suscriptores.

¿Qué es lo que anuncia *Mercado Latino*? Una mirada a la publicación de abril del 2017 muestra anuncios de las siguientes compañías y servicios:

1. Kyodai, SBI Remit, Brastel Remit y PG& Co.: compañías que se encargan de enviar remesas al extranjero
2. i-Nextia: compañía que provee servicios de internet
3. One Seg Tuner: ofrece TV para el iPhone
4. Kankyo-Techno: anuncia plaza de un intérprete de japonés a español en México
5. Iron Shield Security: ofrece empleos para vigilantes
6. Fábrica de Pan Yutaka: anuncia puestos en diversas panaderías y reposterías
7. Rejoint Corporation: anuncia empleos en la selección de objetos reciclables
8. CAS Co. Ltd y la CREATE Co., Ltd.: anuncian empleo en el procesamiento de atún
9. Easy Travel, Alfainter, Brasil Turismo, GS Travel, Tunibra Travel, Espresso, Unitour Nagoya, Real Tours: son agencias de viajes
10. Mirai, Inmobiliaria Kyodai, View House, Mu-soh

Club, A.S.C. y Shinwa, S.A.: son empresas de bienes raíces
11. Kotaro Tanaka, el Dr. Seiichiro Kambe, Amigos Gyouseishoshi Jimusho, Emura Gyoseishoshi Jimusho, Sano Office Gyoseishoshi, Futaba Office, TNG Oficina de Gyoseishoshi, Sakura Mirai Gyoseishoshi Hojin, Gyoseishoshi Yusuke Sakaguchi: ofrecen sus servicios jurídicos
12. Mybrasilmercado: venta de carnes, comestibles, sodas y cerveza de Perú y Brasil
13. IMC Kogyo Co., LTD: empleo para mezclar materiales plásticos
14. Waiesu Corp., Y.K. Koshin Kogyo, Nihon Kaihatsu y Akatsuki Kogyo: empleo en autopartes y ensamblaje de autos
15. Takuei: agencia de empleo que anuncia trabajos en autopartes
16. Bell Tech: agencia de empleo que anuncia trabajos en una fábrica de postres
17. NKC Nouryoku Kaihatsu Center: escuela de capacitación técnica
18. Servicio de Interpretación Médica de Aichi Aimis
19. NPO Jikoninshiki Kenkyu Center: cursos de psicología
20. Orixas, Cartomante Gitana y Ananias: servicios esotéricos
21. AJAPE (Asoc. Japonés Peruana): clases de computación
22. K&I Co., Ltd y KK Nagaihan: preparación y arreglo de material de construcción
23. M&R: empleo como cajera de supermercado
24. Gabai Unso: empleo de chofer de camión
25. Maria Yamamoto: servicios de nutrición

Como se puede ver, aparte de los servicios que prestan los abogados, los bienes raíces y la tecnología, la gran mayoría de los empleos que se anuncian están destinados a trabajadores de "cuello azul" (del inglés blue collar). Es decir, los miembros de la clase obrera que se desempeñan en los sectores de la construcción, del área metal-mecánica, el mantenimiento técnico, la vigilancia y la relación rutinaria con el público. Sin embargo, dado el hecho de que la revista tiene un amplísimo público en todo Japón se podría decir que los anuncios gozan de éxito. Además, como varias fábricas se encuentran en las provincias de Aichi o en Gunma, la revista hace posible que los anuncios lleguen al público acertado.

Como mencioné, en los artículos de *Mercado Latino* predomina la temática de la inmigración, la educación, la salud y temas candentes en torno a sociedad hispanohablante en el archipiélago, aunque también hay notas culturales en boga de aspectos interesantes en Estados Unidos o América Latina. El editorial de la revista dice:

> Nuestros artículos tratan de resaltar y mostrar los esfuerzos de lo [sic] inmigrantes en el país, sean estos individuales o grupales. Tenemos la ilusión de que estos artículos sirvan de inspiración y guía a otros, mostrar con ejemplos que con esfuerzo, decisión y, sobre todo, ganas es posible salir adelante y superarnos saltando las barreras del idioma, diferentes situaciones y costumbres en un país distinto. Estos artículos están dados para dar esa necesaria inspiración.[70]

Los artículos de la edición de abril del 2017 (en la forma en que aparecen) es la siguiente. "Los servicios de un abogado en Japón: cómo contratarlos, cuánto cobran, los otros profesionales del derecho, etc."[71] Este denso artículo explica en una forma sencilla el sistema legal japonés y provee datos útiles como sitios de internet donde se pueden encontrar asociaciones de abogados y gestores administrativos. Escrito por el eminente licenciado Alberto Matsumoto, quien trabajó por 10 años como intérprete y consejero de extranjeros en el Ministerio de Trabajo de Japón y cuya especialización es en derecho laboral y seguridad social japonesa,[72] les advierte a los lectores que la gran mayoría de los sitios del internet están en japonés, razón por la cual es evidente

---

70 www.mercadolatino.jp/nosotros.html. Consultado 24 abr. 2017.

71 https://online.flippingbook.com/view/1018129/1. Consultado 24 abr. 2017 pp. 10-18. Todos los artículos que menciono en este apartado provienen de la misma edición.

72 Entrevista personal.

que el público necesita una sucinta explicación en español. En ese sentido *Mercado Latino* ofrece una labor social.

El artículo "Japón es un país amigo de Estados Unidos y eso en términos políticos es muy importante" lo escribió Christian Hiyane Yzena y está basado en el análisis del catedrático Oscar Vidarte de la Universidad Católica de Perú. Por su parte en "Durmiendo en el tren: un reto de los pasajeros en la sociedad japonesa" Amy Chávez explica que los japoneses se duermen en los trenes involuntariamente. La revista tiene una sección titulada "Asuntos Sociales" donde aparece el "Ensayo de alta cocina con las sobras" y se concentra en el hecho de que algunos de los chefs internacionales más reconocidos han luchado contra el despilfarro de alimentos y están promoviendo un cambio cultural en las sociedades. El artículo es de Belén Delgado (EFE). Otro ensayo en la misma sección "Sin Wi-Fi se vive mejor" gira en torno a los males de la hiperconectividad y fue escrito por Rosi Legido (EFE). En "Japón se prepara para combatir las inundaciones" (DPA) se habla de las investigaciones llevadas acabo por el Ujigawa Open Laboratory, el mayor laboratorio mundial para la simulación de lluvias torrenciales y los retos que enfrenta el país en tanto en la planificación urbanística como en los servicios de rescate. Por otra parte, "La comida del Perú se luce en Tokio" se enfoca en un festival de comida peruana en el famoso Hotel Ana Intercontinental el cual durará de abril hasta junio del 2017; este artículo fue escrito por la redacción de la revista. En "JAXA - la Agencia Japonesa de Exploración Aeroespacial" la ensayista Rosa María Sakuda explica en detalle los diversos tipos de actividades (investigación, desarrollo, educación, promoción industrial) de la institución para mantener a la sociedad informada sobre la utilización del espacio.

Como en este año la Semana Santa se celebró en abril, se publicó el amplio artículo "Semana Santa: la otra historia de María Magdalena" escrito por Juan Ferreras (EFE). Asimismo, hay una reseña escrita por Ricardo Segura (EFE) sobre el libro de Daniel Meurois quien en *La historia oculta: María, madre de Jesús y María Magdalena* señala que "'María Magdala [sic] no fue prostituta en la que la convertido [sic] la iglesia, sino la primera discípula de Jesús y además su esposa…'" (76). Del mismo reseñador anterior aparece el artículo, "¡Yo me imprimo mi ropa!" donde se elabora cómo la diseñadora israelí Danit Peleg ha fabricado una colección completa de prendas con impresoras domésticas de 3D.

Una de las secciones más interesantes de la revista es aquella dedicada a las "Historias de Éxito" de la comunidad hispanohablante. Como señaló Alva, "a veces publico historias personales; a veces son historias de los vecinos de alguien. Esas historias me gustan porque son muy bonitas ya que hablan del progreso de la gente". En la revista aparece el anuncio de una página que dice:

> En *Mercado Latino* siempre resaltamos los logros de nuestra comunidad, individuales o en grupo. BUSCAMOS HISTORIAS. Si usted ha logrado cumplir sus metas o está en camino de hacerlo. Si tiene un proyecto comunitario y desea hacerlo conocer. O si conoce a alguien que ha logrado superarse en la fábrica como persona, los estudios, deporte, etc. Buscamos gente que con su esfuerzo de vida puede servir de inspiración a los miles de lectores de esta revista. Envíenos su historia o cuéntenos de alguna. Es gratis. Escríbanos!

En la edición de la que he venido hablando esta vez se publicó "Ayudando a avanzar". Se trata de un grupo de egresados hispanohablantes de universidades japonesas que fundó el grupo One Sigma Education Advisory Group. Según el artículo, ellos desean preparar y enseñar de manera gratuita a jóvenes de la preparatoria (koko en japonés; high school en inglés) para que puedan ingresar a las universidades japonesas. Como la educación es uno de los retos más tajantes, este es un ejemplo de un grupo que ha triunfado y que ahora está dispuesto a ayudarle a la comunidad.

Hay una sección sobre "Costumbres japonesas" donde se incluye "El sakura y la montaña Yoshino". Es un breve pero bien informado artículo escrito por Keita Tonishi donde explica que los emperadores de Japón consideraban esa montaña como la Tierra Santa Nacional y como consecuencia los mikados la visitaron muchísimas veces. Según la autora, la belleza y el atractivo de la montaña se debe a la gran cantidad de grupos de cerezos salvajes que florecen durante casi un mes. Como se puede apreciar, se trata de un artículo informativo pero que en cierta medida promueve el turismo. Otro artículo escrito por el equipo de redacción de la revista se centra en la historia de los 47 samuráis (47 ronin) y explica que simple y llanamente un ronin es un antiguo samurái. Más adelante se explica que durante el período feudal de Japón cuando gobernaba el Shogún (1185-1868) un samurái que perdía a su amo o mentor era llamado ronin. Y en el contexto moderno ronin se les llama a los estudiantes que no fueron admitidos a la universidad y que deben de intentar de nuevo entrar. Como se puede ver, las "Costumbres Japonesas" tienen una agenda didáctica e informativa. Asimismo, hay dos páginas que hablan sobre los terremotos. En éstas se explica la escala de intensidad japonesa llamada Shindo. A diferencia de la escala Richter donde se mide la magnitud total del terremoto y representa el tamaño del terremoto con un solo número, la escala Shindo describe el grado de agitación en un punto de la superficie terrestre. Es decir, Shindo describe lo que sienten las personas cuando están ya sea dentro de una casa, en el aire libre, dentro de una casa de madera o dentro de un edificio de hormigón.

Como se ha podido ver *Mercado Latino* es un medio que surge de la comunidad de hispanohablantes y se dirige a la misma comunidad. En ésta se puede ver parte de la cultura de consumo de los lectores, los tipos de trabajo que se van generando en Japón, las inquietudes y problemas sociales, las historias de éxito y progreso así como varios aspectos de la cultura y sociedad japonesa. La revista también es una ventana al mundo porque ofrece temas candentes que afectan, influyen o transforman a Japón o a los países de origen de los lectores. La revista está bellamente ilustrada con fotos e imágenes de todo tipo. Por lo tanto, si bien su objetivo principal es publicar anuncios clasificados, los lectores por lo menos tienen la oportunidad de enriquecer sus horizontes culturales.

Kyodai y Kyodai Magazine

Las grandes olas de inmigrantes peruanos a Japón generaron agencias que ofrecían diversos servicios relacionados con el trabajo en ese país. Había servicios desde el financiamiento y venta de boletos hasta el envío de remesas de Japón al Perú. Surgieron una serie de abusos como lo demuestra en detalle Augusto Higa en *Japón no da dos oportunidades*. Es decir, los contratistas que llevaban a los trabajadores a Japón los explotaban. A veces les cobraban más comisiones por los contratos de trabajo y ni se diga de las altísimas tasas de interés por los préstamos iniciales del boleto de avión. En 1989 se creó el "Convenio Kyodai", una empresa que comenzó a operar como 'liaison' entre el trabajador peruano y el empresario japonés. Uno de sus principales logros fue la eliminación del contratista y la reducción del costo de la comisión de envío de remesas. En la página de la empresa dice: "Somos una empresa de servicios financieros, educativos, de apoyo y de venta de productos, que ha creado un sistema de atención integral para las familias latinoamericanas (principalmente peruanas y brasileñas) que han emigrado a Japón" y cuyo objetivo es facilitar "su estadía en el Japón; a la vez, contribuir al bienestar y progreso de sus familias en sus países de origen". En la actualidad (2017) Kyodai cuenta con 35,000 socios y afiliados.

  La revista *Kyodai*, patrocinada por la misma compañía, se lanzó en 1990. En realidad, no era una revista sino un panfleto de 8-10 páginas que anunciaba sus servicios entre la comunidad de hispanohablantes. Aparte de establecer oficinas en Japón desde donde los trabajadores podían enviar sus remesas y hacer llamadas telefónicas a sus países de origen, Kyodai comenzó a importar productos de Sudamérica que eran (y todavía son) tan codiciados en Japón. Desde el principio la revista fue bimestral y siempre ha sido bellamente ilustrada a color. Al principio ésta medía 18 x 26 centímetros, pero a partir del 2008 (ó de la edición 136) ampliaron sus dimensiones a 21 x 30 centímetros. Desde 1998 hasta la fecha la cantidad de páginas oscila entre 42 y 50. Siempre ha sido gratuita.

  Kyodai se lanzó con el propósito de anunciar los propios servicios y productos de la empresa, aunque también tenía una pequeña sección dedicada a anuncios clasificados de otras compañías y servicios. Además, con el paso del tiempo y el surgimiento del periódico *International Press* en 1994, los editores se dieron cuenta que tenían que hacer la revista más atractiva, por eso comenzaron a incluir artículos de temas sociales importantes para sus clientes y lectores. Si comparamos tres ejemplares dentro del marco temporal de una década: uno del 2008, otro del 2014 y uno del 2017 se podría decir que el formato no ha cambiado excepto que en el 2012 pasó a llamarse *Kyodai Magazine*. Todas las portadas están muy bien ilustradas. Éstas muestran una foto o alguna ilustración ejecutada por diversos artistas como Erika Nakasone, Tana Rodríguez o Juan Carlos Apolaya.

La edición de abril/mayo del 2014 es la que celebra los 25 años de *Kyodai* (en Japón en la primavera es el comienzo de clases y de una serie de ciclos; es como enero o septiembre en otros países). Sin embargo, no es necesariamente una edición especial ya que por todo el año se continuó celebrando ese cuarto de siglo de vida de la empresa y la revista. En los siguientes párrafos hablaré de esa edición de primavera del 2014 porque ilustra y resume muy bien el perfil de la revista. La dirección está a cargo de Kashiko Tanimoto y los colaboradores esta vez son Eduardo Azato, Erika Nakasone, Tana Rodríguez Cecilia Cobata, Lucía Cuadros, Jorge Rodríguez y "JC" y "GN" aunque cabe aclarar que no solamente ellos contribuyen sino también otra gama de ensayistas también coopera en otras ediciones. La ilustración de la portada es de Nakasone. Se trata de un alegre dibujo que parece ser una acuarela sobre madera y muestra un avión volando y abajo una familia sonriendo y rodeada de regalos, un auto, una computadora y dinero. Debajo del título de la revista dice "muryo" [gratis en japonés]. La imagen se trata de la representación de los servicios de Kyodai cuyo lema es "uniendo familias ... acercando al Perú". Varios de los artículos están escritos en español y en inglés lo cual significa que la revista llega a públicos más amplios; por ejemplo, filipinos, hindúes u otros grupos asiáticos que residen en Japón. El editorial, escrito por "JC" dice: "Kyodai cumple 25 años a su servicio. Por ello, queremos celebrar con todos nuestros socios y lectores de la revista este esperado aniversario. Durante el transcurso de este año, les presentaremos novedades, concursos y sorteos para compartir con ustedes este significativo acontecimiento" (5).[73] Sin embargo, llaman la atención las primeras dos páginas. Se trata de un sorteo donde participa todo aquel que envíe remesas entre el primero de abril hasta el 31 de mayo. Los premios son una computadora portátil, una cámara fotográfica digital, una iPod, tarjetas telefónicas Kyodai, tarjetas McDonald's y tarjetas de Amazon. Esto muestra el afán lucrativo de la compañía y el objetivo de la revista.

El primer artículo es una entrevista hecha por Aduardo Azato a Carlos Tipula y José Cobata, dos chefs del restaurant peruano en Japón "La Frontera" que presentaron sus platillos dentro del marco del Octavo Festival Gastronómico y Cultural de Perú en el Hotel Hilton de Tokio. A esto lo sigue la "Agenda Cultural" que presenta las actividades del Instituto Cervantes, exhibiciones fotográficas, paseos en lancha en el corazón de Tokio y los tulipanes en un parque de Fukuoka. La siguiente página se centra en "Nihongo" [el idioma japonés] y muestra varias frases en japonés relacionadas a la comida. Asimismo, "Cocina Fácil" es una página dedicada a la gastronomía; esta vez se detalla la receta de los "picarones" y fue escrita por Cecilia Cobata del mismo restaurant "La Frontera". El siguiente artículo también escrito por Azato, se centra en "El bienestar común como filosofía de vida Sontoku (Kinjiro) Ninomiya" el prominente personaje del Japón Feudal de la primera mitad del siglo XIX. La siguiente sección es de tecnología. Es una suerte de anuncio de las mejores cámaras fotográficas en el mercado. Aparte de las fotos de las respectivas cámaras hay un breve resumen que subraya lo mejor de cada una de ellas. A un lado de las cámaras se encuentra un anuncio del despacho jurídico de Tomiko Imaki donde dice "We speak: English, Spanish, Portuguese, Chinese & Japanese". Lo que sugiere, como dije anteriormente, que *Kyodai* es leída por personas de varias nacionalidades. La siguiente sección es sobre "Curiosidades" y esta vez se enfoca en famosas fotos falsas. Nakasone, la artista de la portada, se ocupa de la sección "Arte Tips" y muestra cómo dibujar "sakura", la flor del cerezo, sobre una cartulina. Por su

---

73 Todas las citas de este apartado, a menos que lo especifique, pertenecen a la edición Abril-Mayo 2014; No. 178.

parte, la artista Tana Rodríguez en la sección de "Fashion" muestra cómo hacer un collar personalizado utilizando piedras, plástico y pegamento. En "Amenidades", preparado por "JC" aparece una sopa de letras cuyo enfoque es "computer parts" (el lector tiene que encontrar los nombres de las partes en inglés) y en la siguiente sección, "Kyodai Frame" aparece la fotografía "Cálida noche invernal" de la prolífica fotógrafa Fabiola Oshiro Pinedo. Esa foto fue seleccionada por el equipo de redacción ya que le piden al público lector que envíe sus fotografías.

En la sección "A World to Know" aparecen las banderas de diversos países de Asia y una lista de los productos que Japón importa de cada uno de ellos. Entre esos países se encuentra Sri Lanka, Vietnam, Nepal, Indonesia, Bangladesh, India y las Filipinas. Pero no todo es importación o exportación de productos; en la página 29 la empresa Kyodai anuncia que une sus fuerzas para ayudar a los damnificados. Hay una columna que pide una donación de 1,000 yenes (10 dólares) por una camiseta que dice Leyte y cuyos fondos recaudados son para obras de reconstrucción de la isla Leyte (Filipinas) devastada por el Tifón Yolanda. La siguiente sección es sobre los eventos patrocinados o coorganizados por la empresa y sus diferentes sucursales en Asia: Filipinas, Vietnam, Indonesia, Bangladesh y Pakistán. De la misma forma se anuncia la ayuda de la empresa a la Asociación Emmanuel, una institución sin fines de lucro, creada para proporcionar asistencia a gente de escasos recursos a través de diversas actividades así como la contribución que le da a la comunidad católica de Tokorosawa-Saitama. La siguiente página anuncia a los ganadores de otro concurso: "Campaña de Año Nuevo" cuyos premios fueron boletos de avión, teléfonos y cámaras. En la siguiente página aparece un anuncio de la Cooperativa de Ahorro y Crédito Pacífico (basada en Perú).

La Guía de Compras – Kyodai Market ofrece una variedad de productos. En la primera parte se anuncia que los pedidos se pueden hacer llamando a un número telefónico en Tokio y consta de dos páginas. Allí se pueden comprar tamales, yuca, salchicha, chorizo, aceitunas, frijol canario, instantáneos (de ají de gallina, arroz con pollo, cau cau, ceviche, huancaína), torta de coco, picarones, ajíes y salsas, refrescos en polvo (chicha morada, maracuyá, piña), Inca Kola, guaraná, etcétera. También se ofrecen perfumes, jabones, cremas, talcos, pastas dentales y lociones. En la parte inferior se anuncian las *Selecciones Reader's Digest*, la revista *Vanidades* y el libro *Yo Pedro: mi vida, mi música. Primeras historias*, del cantautor Pedro Suárez Vértiz. La segunda parte (también de dos páginas) anuncia una "Nueva página WEB en español" y muestra los cinco productos más vendidos: Inca Kola, Inka Chips, Ají Amarillo Doña Isabel, Té de Manzanilla y cerveza rubia Cusqueña. Lo que resalta es la cantidad de ofertas exclusivas y los puntos que el cliente puede obtener con cada compra: 500 puntos en la primera compra; 1% de puntaje sobre monto comprado; ofertas exclusivas para compras en la WEB y en fin, una serie de incentivos que alientan al consumidor a seguir gastando. También se anuncian utensilios de cocina marca Tramontina: moldes, torteras, juegos de fuentes, juegos de cuchillos y parrillas. Y, por último aparecen los vinos y piscos marca Tacama así como exquisitas imágenes de bufandas, pañuelos, guantes y gorros de la marca Kuna.

Como la revista pertenece a los meses de abril y mayo, Kyodai se encarga del envío de arreglos florales con motivo del Día de las Madres. Tres muestras de los arreglos disponibles aparecen en la siguiente página y se advierte que se pueden enviar flores tanto en Japón como en Perú. A un lado de los arreglos hay una breve entrevista que se le hizo a Isaac Higa Yara, peruano que vivió en Japón por dos temporadas y autor de *Kokinawa, sin zapatos en casa* quien habla del lanzamiento de su tercer libro. Simbólicamente Higa Yara representa justamente ese vaivén entre los dos mundos en que viven los inmigrantes en Japón.

Las últimas diez páginas giran en torno a las remesas. La primera página es sobre los requisitos necesarios (pasaporte, licencia de conducir) para poder enviar remesas, el porcentaje de la comisión que se cobra así como también las fechas de recepción y entrega de remesas. La siguiente página es sobre cómo hacer la remesa ya sea en forma personal en cualquier sucursal Kyodai, a través de una tarjeta original personalizada, por medio de una transferencia electrónica bancaria o a través de envío de dinero a Kyodai por correo certificado. Las siguientes páginas son como las previas pero en inglés y presentan números de teléfono que ofrecen atención al público en japonés, tagalo, nepalés y vietnamita. Después aparecen los formularios de envío y la ficha de registro del beneficiario. De ese modo los lectores pueden hacer uso de esos formularios sin tener que desplazarse a otros sitios. La antepenúltima página ofrece una lista de sucursales de Kyodai en Japón y la dirección y los teléfonos de las oficinas en Lima. La penúltima página se centra en la trayectoria de la sucursal Kyodai en Yamato y la acontraportada dice "Kyodai Remittance – Uniendo familias ... acercando al Perú!"

Revista Hyogolatino

La revista *Hyogolatino* salió a la luz en julio del año 2000. Era una edición mimeografiada de 15 por 21 centímetros; toda en blanco y negro. La portada y la contraportada estaban impresas sobre una hoja azul cielo. La portada decía "HL – Hyogolatino. Información útil y avisos clasificados. Eventos, fiestas, tiendas, restaurantes, iglesias, avisos, deportes, ayudas, noticias, etc. etc." Al principio la revista tenía artículos en español y portugués; era de 28 páginas y el primer tiraje fue de 1,000 ejemplares, pero en poco tiempo se duplicó el mismo. Al principio la revista tenía un suplemento de 4 páginas titulado "Amigo – Tomodachi."

Hyogolatino nació en la sede de las oficinas "World Kids Community" liderado por la doctora Shizuyo Yoshitomi. En ese centro se impartían clases de computación en español y fue ahí donde Yoshitomi decidió fundar la revista con Guillermo Gonzales uno de los estudiantes peruanos que asistían al centro.[74] En uno de sus primeros editoriales decía:

> Este número de Hyogolatino es el sétimo [sic], y ya ocupamos los primeros lugares de la preferencia del público latino y parte del japonés. ... Poque [sic] además nuestro trabajo tiene ya sus metas definidas; trabajamos para servir la comunidad latina, sin egoísmo, sin rencores, sin envidia, solo con la voluntad de servir, de informar y de ayudar a todas las

---

74   Entrevista personal (a Shizuyo Yoshitomi).

personas latinas o extranjeras en general que necesiten de nosotros, a las asociaciones, instituciones y oficinas de ayuda a los latinos.[75]

Los primeros números de *Hyogolatino* no tenía secciones fijas. Es decir, se intercalaban anuncios de clases de computación, de servicios de traducción e interpretación, asesoría en torno a problemas de visado y problemas laborales así como los servicios que brindaban instituciones como la Asociación Internacional de Aichi y la Asociación Prefectural Internacional Center Kyoto. Asimismo, se anunciaban cursos gratuitos de japonés y asociaciones de voluntarios japoneses dedicados a ayudar a los hijos de los hispanohablantes con sus tareas de la escuela. De la misma forma, la revista comenzó a publicar información importante (en español y portugués) del gobierno como "Sistema de Ayuda Económica Gubernamental para la Pobreza" o cómo se realiza una "Venta y compra privada de un vehículo", así como cuáles son los días "Feriados Bancarios" en Japón. La apertura de nuevas escuelas bilingües o trilingües para niños y asociaciones de fútbol también ocupaban las páginas de la revista. Los anuncios de agencias de viajes, tiendas de música, restaurantes y bodegas de productos "latinos" desde el principio tuvieron un gran protagonismo, así como artículos de cómo cuidar el cuerpo y una "Página del Hogar" que presentaba recetas de cocina.

Es importante destacar que desde el principio la revista le otorgó un espacio a la iglesia católica. En el suplemento Amigo-Tomodachi el grupo de "Alegría-Amor y Ayuda San Francisco Kichi" hacía un llamado "a todos los hermanos que deseen colaborar con las obras de bienestar social" al mismo tiempo que anunciaba las misas en español en la iglesia Koshien [76]. De igual forma, en el mismo suplemento se celebraba (en una página completa p. 4) el 55 aniversario de la fundación de la Iglesia de Abeno. De hecho, para el número 13, edición de julio de 2001, apareció un listado de iglesias católicas con los horarios de misas en español y para noviembre de ese mismo año, o sea, el número

---

75   *Hyogolatino*, suplemento, p. 3; feb. 2001.

76   *Hyogolatino*, suplemento, p. 2; feb. 2001.

17, fue dedicado a San Martín de Porres. Futuras publicaciones también le dedicaron casi el número completo a la celebración y procesiones del Señor de los Milagros por todo Japón, mensajes del Papa, artículos a la comunidad católica latina en general, así como la inauguración de la columna "Rincón del Evangelio".

¿Quiénes colaboraban en *Hyogolatino*? Como indiqué anteriormente, al principio los artículos eran escritos en nombre de una comunidad, pero, con el paso del tiempo, comenzaron a surgir artículos firmados por colaboradores, todos voluntarios. Por ejemplo, en el No. 17 (noviembre del 2001) apareció el ensayo "Oración a la bandera" de Abrahan Valdelomar; "La educación (el idioma japonés)" de "Cheto el Dekasegui" y "Manco Capac el Jinmu Tenmo de Perú" de Alberto Gómez Malpartida. Además, también se comenzó a publicar por entregas la novela *Corazón* del escritor italiano del siglo XIX Edmundo de Amicis. Poco a poco, la lista de colaboradores fue extendiéndose también. Entre mayo del 2002 y 2006, los colaboradores fueron: Roxana A. Oshiro, José Hayashida, Jessica Miyasaki, Luis Yshii, Kazuyuki Nakatsuma, Jessica Horiuchi, Hideo Nakanishi, el Padre Luis Martínez, José Calixto, Hisae Nakayama, Kasuga Masao, Sachi, el Padre Pablo Seco, Motoko Ujita, Junko Morinaga, Kyoko Kuwano, Aura Quintanilla, Flor Uezu, Noriko Muramatsu, "El viejo Alf" y Eduardo Azato. A ellos se unieron colaboradores especialistas en su campo como el Dr. Carlos Aquino (economista educado en Japón pero que contribuía desde Perú) y la Dra. Sonia Romero (psicóloga que escribía desde el mismo Japón).

¿Sobre qué temas escribían los colaboradores mencionados en el párrafo anterior? Desde el principio se escribieron temas relacionados a la espiritualidad del individuo y la solidaridad y apoyo a la "colonia latina" en Japón, sobre grupos de música que visitaron ese país, artistas latinoamericanos, conciertos, deportes, i.e. campeonatos de fútbol de la comunidad latina e historia del fútbol latino, dietas, ejercicios, cuidados para la belleza, el horóscopo, guarderías, la adolescencia de los latinos en Japón, cómo cuidar a los niños, la importancia de la lectura en familia, traducción al español de importantes manuales como "Preguntas y Respuestas sobre la Vida Escolar" o "Visas en Japón. Manual Práctico y Conciso", el suicidio en Japón, sobre las procesiones del Señor de los Milagros; sobre historia de Perú: Machu Pichu, barrios de Lima, símbolos nacionales de Perú, independencia de Perú, la marinera serrana, Perú incaico y virreinal; sobre la historia de Argentina e historia de los Galápagos, etcétera.

A partir de diciembre del 2002 se lanzó una sección titulada "Mujer Latina". En ella se trataron temas sobre el sida, el matrimonio y el divorcio, costumbres japonesas como los obsequios (oseibo-ochugen) y tarjetas de año nuevo (nengayoo), tipos de visa para extranjeros, licencias de conducir, el reciclaje, tifones, Día de la Prevención de Desastres (1º. de septiembre), terremotos, violencia doméstica, enfermedades e infecciones del verano, lugares de protección para niños, impuesto a la renta e impuesto a la residencia y hasta la alergia al polen. En la sección "Vida Cotidiana en Japón" los artículos se centraban en los bancos, los tipos de boletos de trenes, mudanzas, las vacaciones del verano, los festivales de primavera y verano, la boda japonesa, sistema de seguro de cuidados a largo plazo, los teléfonos celulares. Otras secciones se enfocaban en temas psicológicos que tenían que ver con la adaptación de los inmigrantes en Japón. Y, siendo la comida tan importante, también había un espacio dedicado a las recetas de comida japonesa. Asimismo, había una sección de espectáculos donde se daba noticia de los artistas y cantantes hispanohablantes como Antonio Banderas, Alejandro Sanz, Olga Tañón, Paulina Rubio, David Bustamante, David Bisbal, Shakira, Chayanne, Olga Tañón, Gian Marco y Juanes.

Sin duda alguna, la financiación de la revista siempre fue el mayor reto. La revista fue siempre gratis. La mitad de los ejemplares los financiaba el gobierno de Hyogo y la otra mitad así como los gastos de correo los cubría la ONG World Kid's Community. Gonzales, el director de la revista decía que "gracias al apoyo y acogida de la revista hemos recibido propuestas de algunos negocios de financiar nuestra revista cambiando el nombre de Hyogolatino por uno que se ajuste más a sus intereses ... y hasta nos han propuesto que la revista pase a manos privadas, sin que ninguno de los que actualmente trabajamos en ella podamos opinar".[77] Es obvio que los pocos anuncios no

---

[77] *IP*, 20 jul. 2002.

podían cubrir los gastos de publicación de la misma. Un par de años más tarde, en un tono casi desesperante decía el director: "para poder continuar con nuestra obra solicitamos nos ayuden haciendo una <u>donación anual de 5,000 yenes</u> [aproximadamente 50 dólares americanos] dinero que servirá para amortizar los gastos de envío de la revista hasta los locales de distribución por 12 meses, si usted cree necesario".[78] A pesar de los problemas de financiación *Hyogolatino* se siguió publicando de forma gratuita. Aquellos que deseaban recibir la revista en su casa pagaban 960 yenes anuales (9.60 dólares americanos aproximadamente).

En junio del 2003 la revista apareció con un perfil más profesional. En primer lugar, la portada y contraportada eran a color. Además, se incluía una sección de "Páginas Amarillas" donde se anunciaban conciertos, centros de ayuda a los extranjeros, centros de ayuda para las mujeres maltratadas, talleres educativos gratuitos, escuelas de español y japonés, así como negocios (servicios de transporte, restaurantes y tiendas) cuyos dueños eran seguramente los miembros de la misma comunidad de hispanohablantes. Asimismo, a partir de ese número, la revista comenzó a tener uniformidad. Es decir, en el pasado se incluían páginas sueltas y no había un índice ni un orden coherente. Pero, a partir de ese verano del 2003, se incluía una carta, poema o reflexión de uno de los lectores, un reportaje, una novela por entregas, reflexiones (sobre el amor, la espiritualidad, la nostalgia, la amistad), una breve reseña cultural, la "Página de Motoko" (una japonesa que escribía sobre varios aspectos de la sociedad de ese país), Mujer Latina (cuya temática mencioné más arriba), golazo deportivo, y, varios: sobre el cuidado de los niños, los ancianos, la salud, recetas de cocina latinoamericana, la belleza, el origen de los nombres y el horóscopo. En mayo del 2004 aumentaron las páginas a color pero la temática era más o menos la misma.

Hyogolatino fue una revista que luchó por mantener a su público informado sobre las actividades que desarrollaba la comunidad hispanohablante, así como las transformaciones de la misma. En su editorial decía:

---

78 *Hyogolatino*, sep. 2005, p. 4. Subrayado en el original.

Hyogolatino: Edición en español para todo Japón 'De corazón a corazón'. Revista mensual gratuita elaborada y dirigida por gente voluntaria. La mejor publicación amiga de las colonias latinas, proporcionamos a nuestros lectores lo que desean leer, disfrutan y necesitan [sic]. *Hyogolatino* es una revista orientada a mejorar la vida de los latinos, siendo la única en su género en todo Japón. Informamos de los eventos y festivales realizados por las colonias latinas, creemos en nuestra gente, en su trabajo y esfuerzo diario por superarse y vivimos con especial interés todos los cambios que se dan en las colonias latinas para estar más cerca de usted.[79]

Hyogolatino dejó de publicarse en noviembre del 2006. Su desaparición se debió sobre todo a la falta de fondos.

Revista Mujer Latina[80]

En junio del 2005, en la misma sede de la *Revista Hyogolatino* surgió la *Revista Mujer Latina*. Era básicamente una extensión del suplemento que se había venido publicando y que había sido parte de *Hyogolatino*. Fue iniciativa de Roxana A. Oshiro quien había sido colaboradora de *Hyogolatino*. "A mí se me ocurrió hacer una revista dirigida a la mujer. Salir fue fácil pero mantenernos fue difícil. ¿Por qué la mujer? Porque en Japón dentro de la comunidad latina la mujer tiene un gran protagonismo. El hombre la mantiene pero la mujer tiene que lidiar con la vida, la casa, los hijos, etcétera" mencionó Oshiro.[81] *Mujer Latina* tenía las mismas dimensiones que *Hyogolatino* (5 por 21 centímetros). Los primeros años los ejemplares fueron hechos manualmente, o

---

79   *Hyotolatino* No. 43; ene. 2004, p. 3.

80   También existió la revista *Mujer de hoy* la cual era de 20 páginas y tenía las mismas dimensiones que *Mujer Latina*. Fue dirigida por Jorge Romero y Luis Kiyohara. Era totalmente a color y también era gratis. Tenía su sede en Osaka. La revista se lanzó en el 2010. Solamente tuve la oportunidad de encontrar y consultar la edición correspondiente al Año 1, No. 3, nov. del 2010 cuyo índice tenía una entrevista, educación, salud, horóscopo, gastronomía y una columna sobre mujeres exitosas.

81   Entrevista personal. Todas las citas de esta sección, a menos de que lo indique, corresponden a esta entrevista (25 de mayo del 2011).

mejor dicho, mimeografiados: "había que fotocopiar, encuadernar, engrapar, doblar. Como la revista se publicaba cada dos meses, le dedicábamos un mes a la edición; tres semanas al copiado, encuadernado y envío; una semana de respiro y comenzábamos otra vez" (ibíd.). La revista siempre fue gratuita y se podía obtener en los lugares donde se podían encontrar *Kyodai* o *Mercado Latino*. Los lectores podían suscribirse y recibir la revista en su casa con el pago de 720 (7.20 US dólares) yenes anuales lo cual básicamente cubría los gastos de envío.

Mujer Latina empezó a crecer muy rápido y es obvio que, como veremos más adelante, publicaba temas que no eran dirigidos a los lectores del género femenino exclusivamente. Como decía el editorial: *Mujer Latina* "es una publicación orientada a mejorar las condiciones de vida de la mujer y contribuir al desarrollo de la comunidad hispanohablante residente en este país".[82] Para el tercer año el tiraje ya había alcanzado los 3,000 ejemplares. Sin embargo, su publicación no era fácil porque, al igual que *Hyogolatino*, la revista contaba con una escasa subvención y se producía por un grupo de voluntarios nada más. A pesar de todos los retos, la revista tenía una presentación más profesional gracias a la diagramación de Fabiola Oshiro y William Alvarez. El número de páginas era entre 48 y 53 aproximadamente y diez de ellas eran a color.

La revista tenía las siguientes secciones: Especial, Educación, Actualidad (dos secciones), Mirada de Hombre, Salud y Bienestar, Comunidad, Consultorio Psicológico, Japónica, Turismo, Mirada de Hombre, Negocios, Belleza y Tecnología. En realidad, todas las secciones se enfocaban en temas candentes dentro de la comunidad hispanohablante. Había artículos sobre celebraciones religiosas, el impacto de los videojuegos en los niños, cómo financiar los estudios superiores, el rol de los padres en el proceso de aprendizaje tanto del japonés como del español, información muy importante sobre qué hacer en caso de desastres naturales, el cambio de gobierno en Japón tras las elecciones, la ciberestafa, cómo fundar un negocio propio, la adopción, relaciones económicas y la cultura japonesa en el Perú, planes de

---

82   *Mujer Latina* Año 4, No. 22, dic. 09-ene. 10.

negocios, la patria potestad en caso de divorcio, cómo obtener la nacionalidad japonesa, seminarios para emprendedores latinos, seminarios sobre educación para adultos, las migraciones en las relaciones familiares, cambio en el sistema de control migratorio, patrimonio y matrimonio, cómo se celebra el año nuevo en Japón, sobre la influenza, la vacuna contra el cáncer de cuello uterino, manchas después del verano, cómo mantener la computadora saludable, listados de centros que ofrecen servicios así como escuelas de japonés.

Como se puede observar, el universo temático de *Mujer Latina* difiere de su antecesora, *Hyogolatino*. Dos factores hicieron que *Mujer Latina* pudiera incluir una amalgama temática tan diversa. En primer lugar, un mayor grupo de profesionales tomó conciencia de la importancia de servir a la comunidad a través de sus escritos y en forma voluntaria. Entre los colaboradores se encuentran Carlos Aquino, el Dr. Percy Casafranca Nole, Miguel Fujita, Luis Kiyohara, Masaru Kamiyama, el Dr. Raúl Ortega, Sonia Romero de Hara, Jessica Nakayama, el Ing. Yuri Suárez Nakasone, Marcela Lamadrid, el Lic. Alberto Matsumoto, Iván Ramírez Rodríguez y Patricia Nakamura. A ellos se unía la impecable Naomi Fujito que desde el principio ha trabajado en la redacción, traducción y corrección de la revista, así como la directora, Roxana A. Oshiro y Fabiola Oshiro.

Gracias a los anuncios, para el tercer año la revista distribuía un tiraje de 3,000 ejemplares y para el cuarto año aumentó a 5,000. Entre los anunciantes se pueden ver agencias de viajes, festivales, compañías telefónicas, guarderías, conciertos benéficos, abogados, canales nuevos de televisión como Canal Latino, libros para el aprendizaje de japonés, productos alimenticios sudamericanos, bancos, animadores, servicios de tecnología e informática, programas de educación a distancia, servicios de interpretación, traducción y hospedaje tanto en Japón como en Perú, revistas, servicio para fiestas infantiles, escuelas de danza, eventos, concursos, escuelas de japonés, estaciones radiales, médicos, psicólogos, envíos de remesas, vinos y licores, libros y CDs, venta de folletos escritos para la comunidad hispanohablante, por ejemplo, "Principales platos de la cocina casera de Perú y Japón", "Guía para la madre latina", "Preguntas y respuestas sobre la vida escolar" y "Fiestas tradicionales y costumbres japonesas".

Pero el éxito de *Mujer Latina* no fue una cosa fácil. Como recuerda Oshiro, "comencé a sentir que los caballeros nos hacían de lado y las empresas también nos veían como una revista exclusivamente para las mujeres, aunque no lo era. Por lo tanto, me planteé cambiarla para que alcanzara un grupo de lectores más amplio" señaló (ibíd.). En la edición correspondiente a junio/julio del 2010 (Año 5, Núm. 25) la revista pasó a denominarse *Latin-a*.

Latin-a

El editorial de *Latin-a*, la nueva revista decía: "Nueva imagen, la misma esencia. Con la presente edición iniciamos el quinto año de circulación de la revista *Mujer Latina*, cuyo nombre cambia a *Latin-a* y su imagen se ha modernizado, pero manteniendo nuestra esencia. El haber reemplazado la impresión manual por la de imprenta nos permitirá ofrecer a nuestros lectores una revista más atractiva, con mejor y mayor información; y a nuestros auspiciadores una mayor y mejor difusión de su publicidad".[83] Las dimensiones de la revista eran las mismas, así como el número de páginas excepto que ahora *Latin-a* tenía más páginas a color y, por supuesto más anuncios.[84]

Las secciones de la nueva revista *Latin-a* eran (y son) más o menos las mismas que las de su antecesora (ver los que mencioné arriba) excepto que se añadieron nuevas secciones: Horóscopo, Hogar, Negocios, Batiburrillo, Aprendamos Japonés,

---

83 *Latin-a*, jun./jul. de 2010; año 5, Núm. 25, p. 5.

84 Una mirada a la nueva *Latin-a* (edición de agosto-septiembre del 2010) nos muestra los anuncios de: GS Travel, NTT Communications (llamadas internacionales), Ai Land (seguros de vida), International Multiservice (traducciones y hospedaje), Oshiro (fotografía y filmación), Mona-Vie (vino de frutas), Karsch (despacho jurídico), Marce Internacional (consultoría sobre educación), Psicóloga Sonia Romero de Hara, Obstetra Lourdes Herrera Cadillo, Centro vidente y esotérico 'Jade', Línea de apoyo al latino, Radio Cocolo FM, Consulado del Perú en Nagoya, Este es mi Perú – Taller de danzas folclóricas, NHK, Ideamatsu, Kyodai, ESPas Communications (venta de electrónicos), Herbalife, Banco do Brasil, Maruoka Shoji y asobii.com (ambos, venta de productos alimenticios latinoamericanos), Librería Fortaleza (en línea), Miss Rose profesional make-up, Embratel (llamadas internacionales), "La Chinita Rosa" (servicio de comida), Giovanna Ajipe Oshiro (cosmiatra), Megumi (fiestas infantiles), Fiestas Patrias de Perú, ByVoz (telefonía internacional), Nakamoto & Samon (despacho jurídico) y G&C Corp. (comida procesada).

Deportes y Asistencia a Extranjeros.[85] Una mirada a algunos de los temas de los siguientes números indica que, sin pausa y sin prisa, la revista continuó con su misión de mantener informada a la comunidad hispanohablante. Se anunciaban seminarios sobre la problemática de la comunidad peruana en Japón, sobre cómo formar una empresa propia y sobre la convivencia dentro de la sociedad japonesa. Los eventos culturales también recorrieron las páginas de la revista; tales como la exhibición de dibujos "Mi mundo, lo que me hace feliz", Primer Festival de Gastronomía Peruana, clases de caligrafía japonesa, Día del Español en el Instituto Cervantes de Tokio, fiestas peruanas en Tokio, Kobe y Hamamatsu, Festival Juvenil de Videos Plural +2010, etcétera. Los diversos artículos de la revista sugieren que el público lector era (y es) un público plural. Por ejemplo, se han publicado temas relacionados a la jubilación, los golpes de calor en Japón, el sida, las diversas clases de seguros, los pagos de la deuda hipotecaria, sobre talleres de español, el cuidado a los ancianos, los impuestos, las leyes de tránsito, la educación primaria japonesa y otros temas que veremos más adelante. Además, a la lista de colaboradores de la revista precursora se incorporaron nuevos especialistas, así como conocedores de diversos temas muy interesantes como Montserrat Sanz Yagüe, Irma Aráuz, Rocío Chalco, Lourdes Herrera Cadillo, Leisly Jasmín Yzaguirre, Abby Hymura, Jay Molino, Shinsuke Nagayoshi, Luis Guillermo Shimabukuro, Jessica N. Miyazaki, Iván Garibay, Augusto J. Oshiro Pinedo, Juan Carlos Shimokawa, Neil Herrera y Nora "una japonesa en Japón" por citar algunos.

Algunos de los colaboradores incansables que continuamente han contribuido con *Latin-a* son Alberto Matsumoto, Marcela Lamadrid, Montserrat Sanz Yagüe, Miguel Ángel Fujita, Raúl Ortega y Luis Guillermo Shimabukuro.[86] Matsumoto ha escrito sobre varios temas migratorios, legales y laborales; entre ellos son, la adopción y visado de un menor

---

85 En las siguientes ediciones las secciones cambian muy poco; por ejemplo, el No. 91 (oct. 2016) integra la nueva sección "Cocina Japonesa".

86 Esta breve lista es imparcial. Es simplemente un ejemplo. Los otros colaboradores que menciono también han trabajado constantemente y han publicado por años.

extranjero en Japón, costos de la educación, delitos de menores de edad latinos en Japón, edad de retiro y recontratación con reducción salarial, el uso, los peligros y las consecuencias legales en las redes sociales, el mundo laboral del 'kaigo' [cuidado a los ancianos], y el sistema 'my number' [número único de identidad personal], entre otros. Por su parte, Marcela Lamadrid se ha enfocado en temas sobre la identidad, biculturalidad y bilingüismo. Algunos de sus artículos son sobre la asistencia educacional, psicológica y de salud, la enseñanza del español en casa, cómo educar a niños de 3, 4 y 5 años de edad, y la importancia y las ventajas del bilingüismo. Matsumoto y Lamadrid han impartido talleres juntos, entre ellos, "La educación media y superior en Japón, retos y oportunidades". Por la misma vertiente, Sanz Yagüe escribe sobre temas relacionados a la educación: etapas en el sistema educativo japonés, el verdadero valor de la educación en Japón, cómo elegir una carrera universitaria, cómo ayudar a los niños con las tareas, la importancia de las actividades extracurriculares entre niños y jóvenes, así como el alto consumo de la televisión y los videojuegos entre los adolescentes. Si bien los temas arriba mencionados tienen que ver con el sistema migratorio, laboral y educativo en Japón, otros articulistas como es el caso de Miguel Ángel Fujita han escrito sobre temática histórica y cultural en la Sección Batiburrillo; por ejemplo, en torno al superacorazonado Yamato, sobre el nombre de Japón, sobre los puntos cardinales, el karaoke, el sumo, el significado de las autopistas en el archipiélago, por qué no se usan zapatos en las casas japonesas, Yukio Mishima y la literatura japonesa, la insólita aventura de Nobuo Fujita y docenas de artículos sobre la Segunda Guerra Mundial.

En los últimos años *Latin-a* ha publicado entrevistas y segmentos radiales que han sido parte del programa de radio "Salsa Latina".[87] Uno de los segmentos más populares es el que se enfoca en la salud. En éste participa el Dr. Raúl Ortega (quien también publica directamente en la revista) y que a través de entrevistas radiales responde a preguntas relacionadas a varios temas, entre ellos: la alergia al polen [kafunsho], el golpe de

---

87 El origen y evolución de este programa puede verse con más detalle en la sección sobre la radio.

calor [necchusho], el virus del zika, la contaminación ambiental en China y su efecto en Japón, el nantsubate [fatiga del verano] y cómo combatirlo, la apoplejía, la menopausia, métodos anticonceptivos, el ébola y en fin, una serie de enfermedades y padecimientos que conciernen no solo a los que viven en Japón. También hay otro espacio radial titulado "Japoneando" en donde participa Luis Guillermo Shimabukuro. Una vez que el segmento ha salido al aire se publica en la sección "Japónica" de *Latin-a*. Temas interesantísimos se hacen escuchar y/o leer como: algunas curiosidades y rumores urbanos de Japón, la forma en que Japón es una sociedad organizada a partir del vecindario, el Monte Fuji, sobre los conceptos de 'honne' y 'tatemae' [la manera de comportarse dentro del espacio familiar vs. la manera de actuar, afuera, según las expectativas de la sociedad], sobre el jikou bukken [los inmuebles que se venden o alquilan a un precio muy bajo debido a que en ellos han ocurrido crímenes, suicidios y accidentes], sobre el concepto de 'umami' o el origen del ajinomoto, sobre el samurái Miyamoto Musashi--el autor del *Libro de los cinco círculos*--, sobre las curiosidades y los secretos que encierra el yen, y, Hashima, un pueblo fantasma en Japón, por citar algunos.

Cabe acotar que tanto Roxana A. Oshiro, como Naomi Fujito y Fabiola Oshiro han escrito en conjunto o por separado artículos muy informativos. Entre ellos se destacan aquellos relacionados a la identidad, la ecología, los desastres naturales, el aprendizaje del idioma japonés, el progreso en la educación de los jóvenes hispanohablantes en Japón, el divorcio, el uso de los seguros de una bicicleta en Japón, el derecho de autor en internet en Japón, la jubilación, cómo protegerse en familia ante un desastre natural, actividades deportivas y culturales en las escuelas, el sida en Japón, la educación primaria japonesa y los retos para los padres hispanohablantes, cursos de capacitación gratuitos, la necesidad de un sistema de interpretación médica, información útil en caso de despido y últimamente qué hacer en caso de un ataque misil balístico.

En la actualidad *Latin-a* imprime 12,000[88] ejemplares los cuales son distribuidos en más de 400 lugares a través de todo Japón. Además, ya es una revista mensual. Por lo tanto, la ardua tarea de generar etiquetas para los destinatarios, pegarlas en los sobres, poner los ejemplares dentro de los sobres y pegar el sello postal lleva horas y hasta días de labor física y toda es hecha por voluntarios tanto hispanohablantes como japoneses. La revista también se puede leer en el internet (latin-a.com) pero seguramente hay lectores que todavía añoran y atesoran los ejemplares impresos. Si bien la lectura de la revista en línea no es la preferida entre muchos de los lectores, ésta ayuda a contar el número de lectores cibernéticos y a subrayar los "10 temas más leídos". Una mirada a los temas que más llaman la atención (según la página digital) son, sobre la principal herramienta de supervivencia ante un desastre, los hijos y la sexualidad en Japón, material didáctico para el aprendizaje del español para niños que radican en el archipiélago, ¿cómo obtener la nacionalidad japonesa?, publicación de un libro de cuentos tradicionales en español, cómo educar a niños de 3, 4 y 5 años de edad, la publicación de una guía de prevención de desastres para la familia en español, aspectos legales sobre la violencia doméstica, prevención de terremotos y por último la condecoración al restaurante peruano Miraflores.[89]

Como con la mayoría de los medios impresos, *Latin-a* ha tenido que sobrevivir la amenazante competencia de las publicaciones digitales, aunque sobra decir que la revista también goza de los privilegios de ser un medio digital. Una hojeada a una de las últimas versiones impresas revela que el número de anuncios ha reducido pero la cantidad de artículos no (ahora la revista es de 33 páginas).[90] Por lo tanto, es fácil imaginar el

---

[88] En el 2010 se imprimieron por primera vez 7,000 ejemplares; en el 2011 la impresión aumentó a 12,000 y así sucesivamente. La impresión mientras escribo esto (marzo de 2018), señala que el tiraje es de 12,000 ejemplares.

[89] http://www.latin-a.com/lugares_de_distribucion.html. Consultado 2 mar. 2019.

[90] Escribí esta sección en el verano de 2017. Consulto el número correspondiente a agosto del 2018 y la revista contiene solamente 23 y tiene una nueva sección "Diáspora" donde Lourdes Herrera escribe sobre la salud y los desastres y Rosalía Ávila Tàpies escribe sobre la tradición de los funerales en Japón (ambas autoras son doctoras en letras por la Universidad de Kioto) http://latin-a.com/documents/edicion_111.html. Consultado 11 ago. 2018.

reto que representa el costo de los gastos de impresión. Si no fuera por la colaboración de los voluntarios la revista no podría seguir adelante. *Latina-a* (antes *Mujer Latina* y *Hyogolatino*) surgió con el afán de ayudar y mantener informada a la comunidad de hispanohablantes. Como dijo Roxana A.Oshiro, "en *Latin-a* damos información cotidiana, hacemos trabajo de investigación y hacemos traducciones que no las hacen ni las autoridades del gobierno. Cuando hay momentos de crisis, nuestra revista se vuelve importante".[91]

Revista Wakaranai

La revista *Wakaranai* [que significa 'no entiendo' en español] se publicó por primera vez en agosto del 2004. Fue fundada por el periodista Mario Rafael Castro Ganoza y Sergio Utsonomiya.[92] Al principio la revista era de 24 páginas, pero eventualmente el número aumentó a 72. La presentación de la misma era muy elegante, en papel couché; de hecho, los lectores lo llegaron a llamar "el papel de *Wakaranai*" y su tiraje era de 8,000 ejemplares los cuales, como las demás revistas gratis, se enviaban a diversos lugares en Japón (Rossi, 7-8).[93]

    Varios factores hicieron que *Wakaranai* se distinguiera de otras revistas antecesoras. Aparte de la buena presentación, la revista tenía muy pocos anuncios publicitarios y era un medio que "en realidad ofreció un espacio de confrontación sobre temas diversos, muchas veces controvertidos" (ibíd., 6). Aprovechando la tecnología, los editores crearon un fórum en la página web. De ese modo, los lectores podían participar con opiniones y comentarios sobre los temas que se iban publicando. Rossi señala que:

---

91   Entrevista. 25 de mayo de 2011.

92   No me fue posible encontrar ejemplares de la revista (solo consulté un par artículos electrónicamente en torno a Montse Watkins; véase Cap. 1), aunque la busqué en un sinnúmero de bibliotecas por todo Japón. Tampoco me fue posible entrevistar a Mario Castro. Lo que aquí escribo es un resumen del artículo de la antropóloga Erika Rossi ("La comunidad latina..."), con quien obviamente, quedo endeudada.

93   Todas las citas de esta sección, a menos de que lo indique, corresponden al artículo de Rossi "La comunidad latina y los medios étnicos en Japón".

> El núcleo de *Wakaranai* – director, editor y diseñador gráfico – era conformado por gente de origen peruano, pero su objetivo abarcaba a las comunidades de todo Latinoamérica. ... En algunas ediciones, *Wakaranai* abordaba y publicaba más temas relacionados a la colectividad peruana que a otras colectividades, pero esto se debía a una realidad numérica: el noventa por ciento de la gente de habla hispana que vive en Japón es de origen peruano. Por otro lado, las fronteras nacionales se superaban fácilmente con los temas de entretenimiento, las coberturas de los eventos de las varias comunidades, temas de ecología y tecnología y, con el tiempo, con la creación de la sección 'Kanoyo', transcripción castellanizada de la palabra japonesa 'kanojo' [ella]. Kanoyo nació en parte para responder al pedido de una parte del público, que quería un contenido más femenino. Por otro lado, el equipo de *Wakaranai* participaba activamente en la organización de la Fiesta de Independencia del Perú y en otros eventos peruanos en general, lo cual reducía la distancia entre los autores de la revista y su público, y al mismo tiempo reforzaba la presencia de *Wakaranai* en el territorio. (8)

Wakaranai se publicó en la red el mismo año que se lanzó la revista, en el 2004. La versión digital tenía tres secciones. Una era la revista misma, otra se ocupaba de programas televisivos y por último, la plataforma de discusión. Al principio los lectores podían consultar la revista en formato PDF pero con el paso del tiempo el texto se podía hojear y hasta tenía música de fondo.

Los editores de la revista también lanzaron la *Waka TV* en el 2005; es decir, producían televisión por internet. Debido a los excesivos gastos (tenía dos presentadores, periodistas, camarógrafos y un editor de imagen), la programación fue suspendida 18 meses después pero gracias a la financiación una asociación japonesa algunos programas se reeditaron en formato DVD. El foro de discusión de la página giraba en torno a los programas de *Waka TV*, el contenido de los artículos de la revista, discusión sobre eventos organizados por la comunidad latina en Japón, plataforma sobre temática política, anuncios económicos, debates de temas candentes, así como consultas y sugerencias sobre la revista o las discusiones que se llevaban a cabo. Curiosamente, la versión digital de *Wakaranai* no era la más leída: "la página web sin embargo, no era la referencia principal para la lectura de *Wakaranai*. Esto lo comprueba el siguiente dato: a pesar de que la versión digital se subía puntualmente, la gente o las tiendas llamaban a la redacción para reclamar su copia cuando ésta no llegaba o cuando ya se había agotado en las tiendas" (ibíd. 10). El foro de la revista llegó a tener cientos de subscriptores que debatían con regularidad. Por lo tanto, el internet ofrecía una plataforma para dialogar o debatir los temas que la revista presentaba. De acuerdo a Rossi, los artículos generaban gran interés porque se basaban en asuntos migratorios y denuncias sociales (ibíd.). Por lo tanto, había una gran participación por parte del público. En el 2008 un haker atacó el foro de *Wakaranai*. Por lo tanto, la mayoría de sus archivos desaparecieron. En noviembre del 2009 la revista dejó de salir a la luz. Y como indiqué anteriormente, los ejemplares de la revista no se encuentran ni en las bibliotecas públicas ni en las bibliotecas universitarias.

Impacto Semanal – Prensa Oficial Peruana en Japón

En una página digital se lee: "Impacto Semanal es el medio de prensa oficial del Perú en Japón. Designación conseguida en el 2010 a través de la embajada del Perú en Tokio. Somos el primer periódico enteramente digital, que circula mediante las redes sociales, con una lectoría que aumenta cada día. Si quiere enterarse de lo que pasa en Japón infórmese bien, lea Impacto Semanal; 'Su Noticiero Nacional'".[94] El periódico fue creado por Ricardo Salazar quien llegó a Japón en el 1992 y creó la empresa DOBLEUPRO en 1996 dedicada a producir comerciales creativos y eventualmente programas en internet. Dice Salazar en una de sus páginas: "No somos los primeros en hacer periodismo en el idioma de Cervantes en estas islas, pero sí, el que goza de la mayor credibilidad de la TV-Internet, y creemos que mediante nuestro programa hemos dado nacimiento oficial a la Televisión Latina en Japón y somos el

---

94   https://issuu.com/dobleupro. Consultado 18 jun. 2017.

hermano mayor, de muchas alternativas televisivas que también están viendo la luz"[95] Cierto es que el noticiero y programa *Impacto Semanal* fue uno de los primeros en utilizar las nueva tecnologías pero no era necesariamente el más leído o el más visto.

Hoy por hoy solamente se pueden consultar en la red archivos de febrero del 2013 a agosto del 2016. El periódico cuenta con las siguientes secciones: Actualidad, Asuntos Legales, Cultura, Deporte, Economía, Eventos, Internacional, Nacional y Tecnología. Se podría decir que el 80% de las noticias son sobre los peruanos que viven en Japón. Además, muchas de las noticias tienen que ver con APEJA, la Asociación de Peruanos en Japón. Sin embargo, el periódico es interesante porque muestra varios videos (aunque muchos de ellos ya no son asequibles) que los usuarios pueden ver. La falta de anuncios y patrocinadores seguramente han hecho que el periódico no se publique con regularidad. Es por eso que a pesar de los esfuerzos de Salazar y los colaboradores (solamente la sección de asuntos legales está firmado bajo la autoría de Marcos Nakashima), comparado con otros medios, *Impacto Semanal* goza de pocos usuarios.

Acueducto – La revista española en Japón

Acueducto – La revista española en Japón se publicó por primera vez en mayo del 2010. Fue iniciativa de Alejandro Contreras y de Shoji Bando, catedrático de la Universidad de Lenguas Extranjeras de Kioto. Contreras es un madrileño quien en su natal España trabajaba en el departamento de marketing de una empresa dedicada al comercio exterior.[96] En septiembre del 2003 se mudó a Japón y eventualmente fundó Adelante una entidad muy dinámica que aparte de ser escuela donde se imparten clases de español, de vender libros y artículos españoles, se especializa en organizar viajes para el aprendizaje del idioma en España y Latinoamérica. *Acueducto* es una revista a color de 20 x 30 centímetros y consta de

---

95   http://impactosemanal.com/?page_id=. Consultado 25 ago. 2014.

96   Entrevista por correo electrónico. Todas las citas en torno a Contreras, a menos que lo indique, derivan de la entrevista.

40 páginas, aunque el número siempre varía un poco dependiendo de la cantidad de anuncios. El primer tiraje fue de 3,000 ejemplares y en la actualidad es de 12,000. Es una revista trimestral que se publica en febrero, mayo, agosto y noviembre. La revista es gratis y los ejemplares se pueden obtener en los departamentos de español de diversas universidades, en el Instituto Cervantes, en las embajadas y en diversos centros y asociaciones culturales. Los individuos pueden pedir la revista directamente; solo tienen que pagar una cuota mínima por gastos de envío. También se puede leer en acueducto.jp.

Son varias las cosas que distinguen *Acueducto* de los demás medios de comunicación a los que he venido aludiendo. En primer lugar, el hecho de que el director de la revista sea un académico de una institución de altos estudios tan acreditada inmediatamente le da un sello de prestigio que otros medios comparables no gozan. Japón es un país donde las jerarquías tienen un peso muy fuerte en la sociedad. Además, es uno de los países donde los profesores universitarios son muy respetados por todos. Por lo tanto, aunque su temática no sea especializada como suelen ser las revistas académicas que se escriben para un reducido grupo de lectores intelectuales, el hecho de que en ella colaboren otros profesores, personalidades españolas y expertos hispanistas hacen que la revista se distinga de las demás. Otro hecho importante es que está escrita en español y japonés. En el primer número de la revista Bando les recuerda a los lectores que "las relaciones hispano-japonesas empezaron en 1549 cuando San Francisco Javier llegó a Japón. Aunque posteriormente, hubo una serie de intercambios como las visitas a España de las misiones niponas de la era Tensho (1584) y Keicho (1615) o la llegada al país del Lejano Oriente de Rodrigo de Vívero (1609), los lazos amistosos entre ambos países desde la Restauración de Meiji (1868) no fueron tan profundas durante el largo lapso" (3)[97]. De ahí da un salto a finales del siglo XX y explica los temas y la orientación de la revista:

> En 1992 cuando se celebraron en Barcelona los Juegos Olímpicos y en Sevilla, la Exposición Universal, España

---

[97] http://www.acueducto.jp/acueducto1.pdf. Consultado 28 jul. 2017.

y el castellano se popularizaron en Japón y el número de turistas nipones en España aumentó progresivamente. Eso llevaría a la publicación de múltiples libros y revistas acerca de este país en Japón. Ahora en el siglo XXI, mientras que las corridas de toros o el flamenco siguen contando con numerosos seguidores en Japón, el fútbol español apasiona a no pocos nipones, lo cual está incrementando aún más el número de los viajeros provenientes de este país asiático por España. Además, en el país europeo, la cultura japonesa como el sushi, el manga o anime están muy de moda, la popularidad del japonés y el número de los españoles que visitan el país del Extremo Oriente va en aumento. Deseando que las relaciones entre ambos países sean más prósperas, publicamos de esta manera el número I de la revista de información sobre España en Japón. A través de esta revista, intentaremos ofrecerles, además de los artículos de varios temas acerca de España: la historia, la lengua, la literatura, el arte, el flamenco, las corridas de toros, etc..., información en lo referente a las publicaciones y los eventos relacionados con España en Japón. (ibíd.)

Como se puede observar y como lo constató Contreras, quien funge como editor de la revista, la publicación es para el "público [general] con interés en España y el español" aunque obviamente también llega a manos de otros hispanohablantes en Japón.

Observemos el contenido del número 5 de la revista publicado el 31 de mayo del 2011. Llama la atención que no se haga alusión al tsunami ocurrido escasas siete semanas antes en Japón (la mayoría de los medios en español aluden a la catástrofe de una forma u otra sobre todo entre marzo y agosto del 2011). Hay diez secciones: Especial, Gastronomía, Arte, España y yo, Cine, Español, Música, Ensayo, Literatura e Historia. El formato ha variado muy poco hasta la fecha (por ejemplo, a veces se publican otros artículos sobre el fútbol y varios temas). El Especial correspondiente a mayo del 2011 gira en torno a "La Primera Feria de España de Kansai", un evento cultural con música, cine, baile, gastronomía y arte. Esta sección está escrita en español y japonés y contiene varias fotos del evento: gente cantando, bailando, comiendo y en fin, gozando. La sección de gastronomía (en japonés) se enfoca en la historia del Restaurante Vascu—situado en Japón--y en las actividades culinarias patrocinadas por el mismo. La sección de Arte (en japonés) se centra en Salvador Dalí. La sección "España y yo" (en japonés) es una crónica del viaje de Yoshitaka Sugimoto a Santiago de Compostela. La Sección de Cine (en español) presenta la reseña de la película "Mapa de los sonidos de Tokio" de Isabel Coixet. La primera parte de la Sección Español explica (en japonés) las diversas expresiones para hablar sobre el clima en castellano. La segunda parte es para principiantes y muestra las diferencias del lenguaje entre el género masculino y el femenino (i.e. tío/tía). Por su parte, la Sección de la Música presenta un ensayo (en japonés) sobre la guitarra, la guitarpa y la taracea; también hay otro ensayo sobre el compositor y pianista Enrique Granados. La Sección Ensayo presenta el quinto ensayo (en japonés) de una serie escrita por Masao Kuwabara. Este ensayo en particular se centra en un conciso resumen de la historia de la zarzuela. La Sección de Literatura (en español y japonés) muestra una entrevista al escritor sevillano Eliacer Cansino con motivo de una presentación que hizo en la Universidad de Estudios Extranjeros de Kioto. Por último, la Sección de Historia (en japonés) esta vez es sobre Guernica. Como se puede observar, es una revista que trata de mantener un balance para que ambos idiomas se expongan.

Los colaboradores de la revista son todos voluntarios y varían en torno a la temática de cada número, aunque casi siempre colaboran Yo Kawanari, Kuniyoshi Nakai, Daniel Arrieta y Abel Álvarez. Los otros individuos que han colaborado más de una vez, por citar algunos, son Kaname Ikemoto, Elena Contreras, Mikel Berradre, Jesús Martín, Mari Watanabe, Yuji Shinoda, Koishi Hayashi, Shimoyama Shizuka, Gonzalo Robledo así como Víctor Ugarte Ferrerons y Antonio Gil Carrasco (los dos últimos fueron directores del Instituto Cervantes de Tokio). Los Especiales de *Acueducto* han girado en torno a Segovia, la Guerra Civil, Mario Vargas Llosa, el flamenco (más de un especial), las fallas de Valencia, El Greco, las corridas de toros, Cadiz, Sevilla, la Tomatina, dulces españoles, Dalí, Barcelona, Santiago de Compostela, El Quijote, el aceite de oliva, San Sebastían y las bodegas de vino del siglo XXI. Si la revista tuviera más lectores, "incluiría una sección dedicada a Latinoamérica" pero el reto más difícil de la publicación es "la financiación ya que los ingresos de publicidad son insuficientes para cubrir gastos" señaló Contreras.

Si bien los "ingresos son insuficientes", *Acueducto* cuenta con el apoyo de diversas Cámaras de Comercio de España, oficinas de turismo, fundaciones, ayuntamientos y federaciones. Además, "estoy sorprendido de la ayuda de la Embajada de España en Japón y del Instituto Cervantes. Desde el principio han colaborado activamente, sin su ayuda, la revista no sería lo que es a día de hoy" enfatizó Contreras. En cuanto a la publicidad, si volvemos al número cinco de la revista (mismo que mencioné anteriormente) primero se anuncia el libro *Avanzamos* A1; es un libro de texto y un CD publicado por Adelante y cuyos autores son Ignacio Vicario y Alejandro Contreras, el mismo editor de la revista. El segundo anuncio es sobre el "Flamenco Studio Miguelón" el cual imparte clases de baile, guitarra y palmas. Hay otros anuncios de escuelas para el aprendizaje de español en Osaka, Tokio o en diversas partes de España (e incluso América Latina) como el Spain Ryugaku, Spaintile, Spanish Communications, Extension, Tandem, Pamplona Spanish Institute, Centro Superior de Idiomas de la Universidad de Alicante, Inhispania, Colegio Delibes, Enforex y Don Quijote. También hay anuncios de restaurantes japoneses y dulcerías de golosinas españolas. La sección de Música muestra dos álbumes musicales de Shizuka Shimoyama (la pianista y ensayista de la sección) interpretando música de Joaquín Rodrígo e Isaac Albéniz. La sección de Ensayo muestra la portada de dos libros sobre Rosalía de Castro (en japonés) escritos por Masao Kuwabara, el mismo autor de la serie de ensayos Noches de Madrid. La sección de Literatura muestra ocho portadas de libros de Miguel Delibes traducidos al japonés por el estudioso Nobutaka Kita. Hay un anuncio de dos páginas dedicado a Joia Weddings; un servicio que organiza bodas para parejas japonesas que deseen casarse en Barcelona. Por último, en la contraportada aparece un anuncio de Adelante (shop, instituto de lenguas) y otro de Spain Ryugaku, mismo que menciono arriba, el instituto que promueve viajes de estudio a España y América Latina. La publicidad está escrita en japonés. Y, como se ha podido observar, predominan los anuncios de los institutos y programas de lengua.

Acueducto es una revista muy bien lograda que goza del apoyo de varias instituciones e individuos hispanófilos. Es diferente a los demás medios porque el setenta por ciento de sus artículos están escritos en japonés. A través de la revista Contreras se auto-promueve (hay más anuncios de Adelante que de ninguna otra institución) y a la misma vez disemina diversos aspectos de la cultura española a diferentes comunidades tanto de japoneses como de hispanohablantes dentro de Japón. "Queremos duplicar la tirada y aumentar el número de páginas. En el momento que tengamos más financiación podremos realizarlo" sentenció Contreras en junio del 2015. Hoy por hoy, verano del 2017, la revista ha aumentado entre 6 y 8 páginas y continúa gozando del éxito que ha tenido desde el principio.

Revista Escape

La *Revista Escape* se publicó por primera vez en marzo del 2011 y estuvo vigente en versión impresa hasta marzo del 2015. Fue la iniciativa de Ricardo Musso Sotomayor quien llegó a Japón en el 2001. En su natal Perú se dedicaba a las ventas para la comunidad *nikkei* y al llegar a Japón, después de haber trabajado diez años en una fábrica se le ocurrió que hacía falta una revista para los inmigrantes que no leen japonés pero que quieren viajar dentro de Japón.[98] En el editorial de *Escape* dice:

> Nuestro objetivo es darle la oportunidad de descubrir que en Japón, podemos compartir los descansos con nuestra familia y amigos, visitando diferentes lugares de esparcimiento y/o turísticos, con los menores gastos posibles, divirtiéndonos al máximo y ahorrando a la vez. En 'ESCAPE' encontrarán la información detallada de cómo llegar a diferentes lugares, de la manera más fácil y económica, ya sea en su propia movilidad o usando los medios masivos de transporte. También brindamos información de costo de ingreso a

---

98   Entrevista personal.

centros de recreación, turísticos, espectáculos, etc. Queremos llegar a ser 'La Biblia del Turismo en Japón' para los miles de extranjeros que no pueden leer en japonés y no se enteran de todo lo que podemos disfrutar en las tierras del Sol Naciente.[99]

La revista era toda a color y tenía las mismas dimensiones que *Latin-a*. Era de 22 páginas. *Escape* fue una revista que estaba muy bien diseñada gracias al artista diseñador Ricky Musso Unten. *Escape* se diferenciaba de las demás revistas porque era un texto bilingüe, en español y portugués.[100] Musso Sotomayor señaló que decidió hacer unas ediciones bilingües porque los brasileños viajan mucho más que los peruanos u otros hispanohablantes dentro de Japón.[101]

Un repaso a los artículos en *Escape* muestra una gran variedad de temas. Hay artículos sobre visitas a museos, parques, festivales y viajes por todo el interior de Japón y en todas las estaciones del año. Una hojeada a los primeros 12 números (la revista era mensual) muestra la creatividad de su editor: Viaje al Parque de las Rosas (Shimada Bara Koen), qué ver y cómo llegar a Odaiba, un interesantísimo barrio de Tokio, el Museo de Ciencias de Nagoya, el acuario de Toba en la prefectura de Mie, el Monte Fuji y sus alrededores, qué ver en Shinagawa (uno de los barrios de Tokio), la fortaleza Goryokaku en Hokkaido, la prefectura de Okinawa, El Parque España, El Parque Memorial de la Paz de Hiroshima, el Parque Todagawa en Nagoya, el acuario de Nagoya, El Museo de Arte de las Ilusiones Ópticas, Kamikoshi (un lugar donde se pueden pescar truchas), el Kushimoto Diving Park, Takabisha (la montaña rusa más emocionante de Japón), el Museo Kakamigahara, parque de diversiones de Nagashima, Iwami Ginzan (antigua mina de plata), el Festival de la Nieve de Sapporo, Hadaka Matsuri (festival shintoista donde los hombres se quitan la ropa, se quedan con un taparrabos y salen a "complacer" a los dioses) y la ciudad de Kamakura. Además, la revista daba

---

99 *Escape*, Año 1, No. 1, marzo del 2011.

100 A partir del Año 2, No. 6, agosto del 2012, la revista se publicó en ambas lenguas.

101 Entrevista personal.

información precisa de pequeños museos y actividades que se llevan a cabo en el campo, en espacios distanciados de las ciudades.

Entre los colaboradores de *Escape* se encuentran Sakae, Mari Latin, Nicolás Rodríguez, César Paredes, Manuel Uehara, Elisa Vargas de Ireimon, Mariana Morita, Mario Musso Unten, Luis Watanabe, Yuri Oshima, Chrstian Cedeño, Augusto Unten Unten, Charo Unten de Musso, Hugo Justiniano, Julio Maeda, Gustavo Zapata, Ricardo Benalcazar, Ricardu Ruiz Bulnes, Koky Murakami e Isabel Chiba. Como *Escape* era una revista gratuita (por solo 1200 yenes al año--$12 dólares—era posible recibirla en casa), los ingresos que generaba la publicidad eran importantísimos para su publicación. Aparte de las compañías de viajes y de remesas, también había varios anuncios de restaurantes, promotores de eventos, grupos musicales y orquestas, cantantes, grupos de danzas, organizadores de seminarios y supermercados.

Escape fue una revista muy bien lograda porque orientaba a los lectores con lujo de detalle a dónde ir y cómo llegar. De hecho, Musso Sotomayor señaló que lo que más difícil de articular era el cómo llegar a cada sitio para que aquel que viajaba no se perdiera.[102] Es por eso que los artículos iban acompañados de itinerarios de trenes, costos y mapas, aparte de las magníficas fotos a todo color. Un día un lector le preguntó al editor ¿cómo le va a hacer para cuando ya no haya lugares a donde ir?[103] Ese día nunca llegó. Supongo que por cuestiones económicas la revista cesó de existir en forma impresa en 2015. Cuando lo entrevisté en el 2015, Musso Sotomayor tenía esperanzas de sacar algunas novedades y crecer en cantidad de páginas y tiraje.[104] Sin embargo, la revista no volvió a circular en forma impresa. Ahora *Escape* opera desde una plataforma digital https://www.revistaescapejp.com/ y es una vez más, bilingüe, (español y portugués). Más que una revista es una plataforma que ofrece artículos de lugares para visitar en Japón, algunos anuncios y es completamente interactiva. Ahora se le pregunta al usuario: "Dónde quiere viajar? Elija que [sic] le

---

102   Entrevista.

103   Ibíd.

104   Ibíd.

gustaría visitar y escríbanos. Les indicaremos las atracciones, los lugares turísticos y la manera de llegar".[105] Ahora el usuario es el que tiene la última palabra.

Revista Kantō – Arte, Cultura, Literatura, Comunicación

La revista *Kantō – Arte, Cultura, Literatura, Comunicación* se publicó por primera vez en junio del 2013. Es una revista digital (www.cantod.com) y fue fundada por Kike Saiki. Es una revista mensual. El editorial dice:

> *Kantō* intenta convertirse en un proyecto de comunicación que comprenda distintas plataformas de publicación y que en esta primera etapa surge como una necesidad de dar a conocer cómo asumimos los latinos en Japón (y los extranjeros en general) el proceso de asimilación y cambios culturales en una sociedad tan distinta a la de nuestros orígenes. Para contar cómo hacemos para evadir las trampas de la nostalgia y cómo, también, nos dejamos abrazar por ella. Y en ese trayecto mostrar lo que miramos cada mañana en nuestros espejos, en cada uno de nuestros vecinos y en la cultura nipona, y también viceversa. Somos un grupo, mujeres y hombres, con una pizca de cordura y mucho de locura; pero con dos lazos sólidos que nos unen: una relación amical y una gran pasión por lo que emprendemos.[106]

Kantō es sin duda una revista muy bien lograda que cumple con sus objetivos porque presenta la forma en que los extranjeros ven el Japón desde adentro y desde perspectivas interdisciplinarias. Sus secciones son las siguientes: Anecdotario, Notas, Fotos, Relatos, Sociedad, Gastronomía, Planeta Japón, Tú opinas, Poesía, Comunidad, Eventos, Agenda, Cultura, Tira Cómica y Microrrelatos.

Kike Saiki señaló que llegó a Japón en 1989. Decidió escapar

---

105   https://www.revistaescapejp.com/. Consultado 11 ago. 2018.

106   http://kantod.com/nosotros/. Consultado 12 ago. 2018.

de su natal Perú por la violencia terrorista y la crisis económica de aquel entonces. Antes de fundar *Kantō* trabajó para las revistas *Portuñol*, *Kyodai* y *Mercado Latino* donde escribía sobre marketing, redes sociales, tecnología y hacía entrevistas.[107] Sin embargo, *Kantō* nació "por la necesidad de difusión sobre la cultura y el arte que se desarrolla en la comunidad hispanohablante, [para] contar historias de migrantes que no tienen voz en los medios de comunicación que existen. Y debido a que en los medios en los que colaboraba no podía escribir sobre esos temas porque los editores consideraban que no era un perfil comercial para sus ventas" señaló Saiki (ibíd.). Le pregunté a Kike que qué más se necesitaba para integrarse mejor a la sociedad japonesa, y me respondió: "el idioma es el principal obstáculo, las largas jornadas en las fábricas no permitieron que la gran mayoría pudiera estudiar japonés" pero "la segunda y tercera generación está integrada más en la sociedad por cuanto han nacido y se han educado aquí, con acceso a estudios superiores" (ibíd.). A continuación, veamos el poema "Canta mi barrio" escrito por Héctor Sierra y publicado en la Sección de Poesía el primero de febrero del 2014. Como se verá, la voz poética habla de las largas jornadas en las fábricas y su deseo de volver a su tierra natal:

Palabras inéditas, letras huérfanas que buscan melodía.
Cantadas tal vez se conviertan en canciones…
Declamadas, pueda ser, que en poesía.

"Canta mi barrio"

Letra: Héctor Sierra
Música: ???

Vinieron de Brasil
De Colombia o Perú

Buscando un futuro

---

107 Entrevista por correo electrónico. Toda esta sección, a menos de que lo indique de otra forma, es parte de esta entrevista.

De más gratitud

Escondían sus sueños
Deseos y lágrimas
Con días de sudor
Y noches en fábricas

Trajeron sus ritmos
Sus voces su llanto
Y son sus dolores
Lo que hoy les canto

Canta canta mi barrio todos los días del calendario
Canta canta mi barrio se oye tu voz en el vecindario

Para muchos se hizo
Quimera olvidada
Poder regresar
A la tierra añorada

Pero todos sabían
Sin tener que aprender
En la música se puede
Ir y volver

Canta canta mi barrio todos los días del calendario
Baila baila mi barrio se siente tu ritmo en el vecindario
Por eso te digo: Canta canta mi barrio baila conmigo mi vecindario

Viniste de lejos a buscar pa`l diario
Y aquí te detuvo el destino arbitrario
Canta canta mi barrio baila conmigo mi vecindario

Vinimos por un tiempo nos quedamos pa` largo
Regresar y volver es como un milagro
Canta canta mi barrio baila conmigo mi vecindario
Más que un bólido o más que un tren

Mis notas te llevan en un shinkansén
Canta canta mi barrio baila conmigo mi vecindario

No tienes visa no tienes pa'l avión
Pero sabes volar en una canción
Canta canta mi barrio baila conmigo mi vecindario

Muchos no podemos hoy regresar
Pero en este ritmo sabemos viajar
Canta canta mi barrio baila conmigo mi vecindario

Si quieres volver a seguir viajando
En mi próximo tema te estoy esperando, ay.[108]

Así como en el poema que acabamos de ver, a través de su creatividad los colaboradores de la revista *Kantō* describen sus experiencias cotidianas, sus preocupaciones y sus sueños.

La revista incluye bellas fotografías en todas las secciones, incluso en la sección de poesía. El diseño de la página está hecho por Saiki y Gaby Nakayoshi mientras que la edición de fotografía está a cargo de Shigueru Sakuda. Son varios los colaboradores; la mayoría reside en Japón: Dante Nishio, "Con Dios y con el Diablo", Gurmesindo de la Olla, Marcos Kanashiro, Víctor Gusukuma, Shigueru Sakuda, Milagros Aguirre, Xariana Nureb, Osca Loo, Juan Fujimoto, José Luis Miyashiro, Leonardo Yasuoka, Kiyoshi Kohatsu, Pablo Lores Kanto, Cristina Reyes, Erika Nakasone, Rafael Tokashiki, Julio Ysa, Jiro Sunohara, Kimiko Yamasato, Mario Poe VRSV, Eduardo Azato, Gabriela Nakayoshi, Willi Susuki, Héctor Adaniya, Bernardo Nakajima, Álvaro del Castillo, Rafael Reyes-Ruiz y, por supuesto, Kike Saiki.[109]

Sin duda alguna, *Kantō - Arte, Cultura, Literatura,*

---

108   http://kantod.com/canta-mi-barrio/. Consultado 12 ago. 2018.

109   Algunos de los colaboradores ya no viven en Japón, aunque sí residieron ahí durante varios años; por ejemplo, E. Nakasone, W. Susuki, R. Miney, L. Arriola y R. Reyes-Ruiz. Otros que han contribuido viven en otros países: Dahil Melgar Tisoc (México), Iván Adrianzen Sandoval (Perú), Alex Neira (Perú), Mauro Sebastián Martínez (Argentina), Javier García Wong-Kit (Perú) [fuente: Kike Saiki – correspondencia por correo electrónico 7 de junio de 2017].

Comunicación es una de las revistas mejor logradas porque gracias a la versatilidad de la plataforma digital se pueden integrar imágenes, entrevistas y enlaces que informan a los usuarios de la vida cultural de los hispanohablantes en Japón. Los artículos escritos por "Con Dios y con el Diablo" son un ejemplo de la diversidad y creatividad del autor. Entre sus artículos están, "La historia de Gojyu Ryu, uno de los estilos más difundidos del karate" donde informa que el karate será parte de las Olimpiadas de Tokio 2020; en "Asakusa en HDR (fotos)" nos muestra las imágenes de un templo desde una singular perspectiva; en "El okaeshi" explica sobre la reciprocidad u obligación de devolver favores dentro de la sociedad japonesa; en "¡Fuera demonios!" nos relata su visita a un templo sintoísta en Enoshima; en "Costumbres okinawenses" alude a las prácticas en el sur de Japón en torno a los funerales y en "Las máquinas expendedoras en Japón" nos pone al tanto de las frutas que se pueden comprar. Como se puede apreciar, la temática es diversa y ejemplifica la amalgama de tópicos publicados por los demás autores en esta bien lograda revista. Le pregunté a Kike que cuál era el futuro de la revista a lo cual contestó que "el futuro es incierto por cuanto no genera ingresos y los colaboradores desean una retribución económica. Por el momento no creo que haya espacio para nuevas revistas, por la abundante información que se encuentra en Internet". Si bien el futuro es incierto, *Kantō* ha enriquecido la producción cultural de los hispanohablantes en Japón y, como dijo Kike "no intentamos que el mundo cambie, pero sí que sea un lugar donde podamos compartir y vivir mejor".[110]

    Como se ha visto, las revistas en forma impresa o digital han sido una parte muy importante de la vida cultural de los hispanohablantes en Japón. En éstas se pueden ver las modas, las preocupaciones, el consumo, y sobre todo es posible adquirir un concepto muy acertado de las lecturas en torno a la cultura que hace esta parte de la población en Japón. Si bien algunas revistas son tan pequeñas que parecen más bien panfletos, ellas forman una parte importante de este grupo extranjero en el archipiélago. La lista que he proveído en las páginas anteriores es parcial ya

---

110   Entrevista.

que algunas revistas desaparecieron casi inmediatamente después de su lanzamiento, como es el caso de la revista femenina *Onna Style*. El proyecto era muy interesante porque se unieron el psicólogo argentino Javier Valdivieso y la periodista cosmetóloga colombiana Diana Sánchez para crear una publicación mensual de 48 páginas. La revista era bilingüe, en español y portugués y según sus directores, se pretendía "llenar un vacío informativo proporcionando todo lo que una mujer que trabaja y reside en Japón debe saber. Desde información de modas, gastronomía, salud, consejos pedagógicos, orientación psicológica hasta información legal".[111] Entre sus colaboradores figuraban la educadora Marcela Matsumura [Lamadrid], el periodista inglés de modas Chris Cook y el antropólogo Leslie Lor. Como se puede ver, el proyecto era ambicioso e importante, pero tuvo muy corta vida. Las revistas que en la actualidad continúan vigentes luchan día a día contra viento y marea y aunque sus lectores no sean tantos como los de los medios sociales éstas rescatan una franja de la vida cultural en Japón.

---

[111] *IP* 3 de septiembre de 2003.

TERCERA PARTE
LA RADIO

Antes de que el internet fuera asequible al público en general, las comunidades de hispanohablantes en Japón se vieron con la necesidad de improvisar y lanzar sus propias emisoras. Como se ha visto, había publicaciones en español, pero éstas no rellenaban el vacío que se sentía sin la voz de la radio. Hacía falta la inmediatez de la radio y sobre todo hacía falta música. Del exterior llegaban videos y casetes, pero el público se sentía en cierta forma atrasado ya que en lo que hacía el pedido a las grandes tiendas como Kyodai y lo recibía podían pasar semanas. Ese vacío lo rellenaron diferentes grupos, la mayoría inexpertos en el arte de la radiodifusión. Como se verá más adelante, la radio no solo surgió como entretenimiento sino como una desesperada necesidad durante las catástrofes naturales. La siguiente es una lista parcial de las radioemisoras.[112]

Radio Latina Super FM

En la ciudad de Nagahama, en la provincia de Shiga, a mitad de camino entre las ciudades de Nagoya y Kyoto, se fundó la primera radio emisora hispanohablante. Ésta fue fundada y dirigida por un grupo de jóvenes trabajadores bolivianos. Se trataba de una suerte de radio de aficionados ya que juntos decidieron unir ideas y dinero para adquirir los equipos elementales para la transmisión. Joel Sameshima, el director y principal gestor de Latina Super FM señaló: "Nos sentíamos algo solos y aislados del mundo, oyendo música de radioemisoras japonesas que no era de nuestro agrado.

---

112 Varias de las emisoras que menciono desaparecieron. Aparentemente hubo más emisoras, pero me fue imposible encontrar información sobre las mismas.

Creo que todos los latinos hemos experimentado esa soledad musical e idiomática, y para contrarrestar todo ese aislamiento decidimos fundar nuestra propia radio".[113] Las primeras ondas se escucharon en vísperas de Navidad, el 19 de diciembre de 1993 y fue todo un éxito. A pesar de que el potencial radial era de unos cuantos metros, los trabajadores que vivían en el mismo edificio pudieron sintonizar por primera vez un programa en español. Los locutores, Daniel Tanaka, Emilio Nagashiro y Félix Murakami señalaron con orgullo que ese 19 de diciembre había sido una fecha histórica ya que "ese día pudimos unir de alguna manera a los 190 bolivianos y peruanos que trabajan y viven juntos en el mismo edificio de apartamentos de la empresa" (ibíd.). Eventualmente la emisora logró alcanzar 200 metros. Como la mayoría de los locutores y los radioescuchas eran trabajadores, tenían poco tiempo para usar su creatividad. Es por eso que la emisora solo funcionaba los domingos desde las doce del día hasta las 11:30 de la noche. Durante esas horas Latina Super FM transmitía una programación variada: folklor, salsa, rock, baladas, noticias deportivas y hasta musicales evangélicos. Debido al ruido que hacían las bocinas, los vecinos se quejaron, pero eventualmente todo se resolvió con las autoridades. Felizmente, lograron obtener un permiso porque se trataba de un radio amateur, además no perjudicaban a las FM locales japonesas.

Radio FM YY

El Terremoto de Kobe (también conocido como el Gran Terremoto de Hanshin) sacudió la ciudad y sus alrededores la mañana del 17 de enero de 1995. Fue uno de los más fuertes del siglo XX. Murieron más de 6,000 personas y miles fueron damnificadas y evacuadas. Para ese entonces en la ciudad de Kobe vivían miles de extranjeros de diversas nacionalidades, entre ellos, docenas de hispanohablantes. De acuerdo a Roxana A. Oshiro (a quién mencioné previamente) pasó días enteros dentro de su

---

[113] *IP* 23 de abril de 1994; todas las citas de este apartado, a menos de que lo indique, pertenecen al mismo artículo.

auto porque no tenía a dónde ir y porque le daba miedo pisar el pavimento.[114] Ella recuerda que una de las cosas más graves era la falta de información en español. Todas las noticias eran en japonés; por lo tanto, los extranjeros como ella que apenas estaban aprendiendo el idioma estaban desconcertados y literalmente perdidos. Fue durante esa catástrofe que a Shizuyo Yoshitomi, quien había trabajado con hispanohablantes en el pasado, se dio cuenta de la necesidad de crear una radio que informara a los extranjeros en varios idiomas sobre las noticias de última hora.[115] A ella se unió Jun'ichi Hibino quien llegó a Kobe como voluntario después de ver que una madre vietnamita asentada en un lugar de refugio no podía responder a las preguntas que le hacían los reporteros. En efecto, el temblor de magnitud 7.3 había destruido el área donde vivían miles de vietnamitas, filipinos, coreanos y otros extranjeros también.

Radio comunitaria FM YY (WAI WAI, según pronunciación de la 'YY' en inglés) nació en medio del desastre. Desde el principio se lanzaron breves programas informativos en varios idiomas que orientaban a los radioescuchas sobre dónde conseguir ayuda de primeros auxilios, agua y comida, dónde encontrar teléfonos públicos para comunicarse y, sobre todo, dónde acudir para refugiarse. Después de la tragedia y conforme los habitantes y sus alrededores se iban recuperando, la radio se empezó a transformar y los programas comenzaron a incluir aspectos culturales aunque la misión de la radio siempre fue y ha sido de carácter informativo para ayudar a las comunidades (sobre todo de extranjeros) asentadas en archipiélago. Para julio de 1995, Radio FM YY ya ofrecía programaciones en vietnamita, coreano, inglés, tagalo, japonés y español. Todo el personal que trabaja (todavía existe la radio) es voluntario.

Con el paso del tiempo Yoshitomi creó un espacio para un programa en español llamado "Salsa Latina" y puso a cargo del mismo a Roxana A. Oshiro. El programa se estableció con la finalidad de presentar noticias así como también proveer información útil para los hispanohablantes. Parte de la agenda

---

114   Entrevista personal.

115   Yoshitomi, entrevista personal.

era difundir un poco de la historia y las costumbres de los países hispanohablantes. La "salsa" no podía faltar así que al principio los DJ fueron Guillermo Gonzales, Verónica Kamisato, Tsuneta Chizzu y Kyoko Kuwano. Al principio "Salsa Latina" se difundía todos los viernes desde las 20:00 hasta las 21:00 horas, así como los domingos desde las 17:00 hasta las 18:00 horas.

La sede de Radio FM YY se encuentra dentro del recinto de World Kids Community, una organización no gubernamental fundada a principios de los 90 por Yoshitomi, a quien mencioné en el párrafo anterior. Ahí está la cabina de radio, oficinas y salones de usos múltiples donde se llevan a cabo diversas actividades para colectivos multiculturales. A un lado de la sede se encuentra nada menos que la Iglesia Católica Takatori la cual fue destruida por el terremoto. Sin embargo, para septiembre de 1995 la iglesia ya tenía un edificio temporal hecho con tubos de papel como elementos estructurales; obra del arquitecto Shigeru Ban. Eventualmente la iglesia fue reconstruida en el 2005. World Kids Community se formó con la finalidad de ayudar a los extranjeros residentes en Japón, dándoles información, apoyo y asesoramiento para su desarrollo e integración a la sociedad, sin perder su propia identidad. Es decir, conservando su idioma, costumbres y religión. "Salsa Latina" es parte de ese mismo proyecto.[116]

Una hojeada a los archivos de la programación de "Salsa Latina" revela que el formato ha cambiado poco, aunque la programación desde 2011 hasta 2016 era los martes de las 20:05 hasta las 20:55.[117] A partir de diciembre del 2016 el programa pasó a llamarse "Latin-a!" y su nuevo horario es los miércoles de 19:00 a 20:00 horas. Los primeros tres minutos se ocupan de un saludo en japonés y en español seguidos por una canción de algún artista hispano famoso.[118] El siguiente segmento es sobre

---

116   Yoshitomi, entrevista personal.

117   Solamente tuve acceso a archivos incompletos de los años 2011, 2012 y 2014. Le agradezco a la Dra. Yoshitomi que me haya permitido estudiar los archivos en papel en las oficinas de la radio. En la red (http://salsa-latina.info/) se pueden consultar algunos archivos también, pero reproduzco la programación tal y como aparece en los archivos de papel que consulté.

118   El tiempo de cada segmento varía ya que las canciones tienen diferente extensión y los segmentos donde algún invitado o el público interviene se amplían. Como la radio se estableció para dar información en caso de desastre, en la cabina está a la mano el folleto "Material en Sonido Multilingüe para Caso de Desastre, para Transmisión a través de la

temas relacionados a la vida en Japón y dura cinco minutos. A eso lo sigue otra canción y luego un espacio de diez minutos dedicados a algún tema de actualidad; por ejemplo, temas de inmigración, de salud, de derechos de los trabajadores, etcétera. En ocasiones se entrevistan personas importantes dentro de la comunidad o especialistas en medicina, ley, economía, diplomáticos y profesores o se discute algún tema que se haya publicado en la revista *Latin-a*. Este segmento es muy importante porque el público participa con preguntas o aclaraciones. A eso le sigue una canción y por los siguientes cinco u ocho minutos se presenta algún especialista o un anuncio de importancia para la comunidad. Finalmente, la despedida se lleva a cabo y se cierra el programa con una canción. Los siguientes son ejemplos de la programación. El primero corresponde al 20 de junio del 2011:

20:05 - Saludo
20:08 - "La gua gua" (Juan Luis Guerra)
20:12 - Anuncio: Se aproximan fuertes lluvias desde Tokio a Okinawa
20:15 - "Bien o mal" (Julieta Venegas)
20:18 - *Revista Latin-a*: El Dr. Ortega hablará de cómo prevenir enfermedades cardíacas
20:27 - "A solas" (Chayanne)
20:37 - "Mirando al mundo latino" (Parte 1) y canción "Hoy" (Gian Marco)
20:43 - "Mirando al mundo latino" (Parte 2)
20:48 - Despedida
20:50 - "Píntame de colores' (Gloria Estefan)

La siguiente programación corresponde al 22 de agosto del 2012:

20:05 - Saludo
20:08 - "El menu" (El Gran Combo de Puerto Rico)

Radio Comunitaria" preparado por la Agencia de Cooperación Internacional de Japón y el Centro de Aprendizaje de Reducción de Desastres. Durante el tsunami que destruyó parte del noreste de Japón el 11 de marzo del 2011 la radio tuvo que parar su programación y dar información sobre la catástrofe.

20:12 - Entrevitas: Expo Latinoamericana, Expo Bolivia, La Sensacional
Anunciar el Concurso Kyodai
20:27 - "La camisa negra" (Juanes)
20:37 - Mirando al Mundo Latino: entrevista restaurant "El Trujillanito" – Receta arroz con mariscos – Canción "Pupurri de valses" (Hermanos Flores)
20:43 - Mirando al Mundo Latino (2)
20:48 - Despedida – convocatoria a restaurantes y asociaciones
20:50 - "Detalles" (Oscar de León)

Por último, esta es la programación del 10 de octubre del 2014:

20:05 - Saludo
20:08 - "La luz" (Juanes)
20:11 - Japoneando – Colaboración de Luis Guillermo Shimabukuro "La torre de Tokio"
20:15 - "Colgando en tus manos" (Carlos Baute)
20:18 - *Latin-a*, para un mejor estilo de vida en Japón
20:27 - "Dame tu boca" (Luis Enrique)
20:30 - Sobre seminarios de asuntos laborales y seminarios educativos a cargo de Manuel Cansaya. Anuncio detallado sobre el Señor de los Milagros en Hirakata.
20:37 - "Renovación de visa de una persona no descendiente tras el divorcio" (preguntas y respuestas)
20:43 - "Propuesta indecente" (Romeo)
20:48 - Despedida
20:50 - "El mar de sus ojos" (Carlos Vives)

"Latin-a" (anteriormente "Salsa Latina") es uno de los programas que han tenido más éxito porque ya goza de más de una década de programación ininterrumpida. Aunque su formato ha variado un poco desde que se fundó, hasta la fecha continúa con sus dos objetivos: el primero es servir a la comunidad por medio de anuncios y debates relacionados a los temas importantes para el colectivo hispanohablante en Japón y el segundo es deleitar a los radioescuchas con la música en boga en español tanto fuera como dentro del archipiélago.

Radio Cocolo FM. 76,5 MHZ

La creación de Radio FM YY alentó a que se abrieran otras radiodifusoras. Los medios de comunicación japoneses se dieron cuenta cuán importante era la radio en casos de emergencia para el damnificado extranjero debido a su inmediatez y movilidad. Por eso en el área de Kansai (que incluye las provincias de Osaka, Kyoto, Hyogo—incluyendo Kobe--Nara, Wakayama y Shiga) se fundó Radio Cocolo FM cuya tarea era transmitir en trece idiomas, entre ellos, el español. La materialización de la radio no fue fácil ya que necesitaron 400 millones de yenes, el auspicio de toda la región de Kansai, el apoyo financiero de grandes empresas japonesas y la excelencia técnica de ingenieros superdotados. Mio Kobayashi y Hiromi Tanaka, dos de las productoras de Cocolo FM, señalaron que la radio tenía como objetivo principal "informar, divertir y hacer más agradable la vida de los residentes extranjeros de Kansai. 'Queremos que los espacios tengan un buen ritmo y que la música también nos acerque. También es importante entregar datos que ayuden a solucionar algunos problemas sociales que se generan por la desinformación o la falta de comunicación'" Asimismo, dijeron que otra de las metas de las nuevas ondas eran "'ofrecer a los japoneses de Kansai la oportunidad de conocer distintos países, pueblos y culturas, para hacer de nuestra región un verdadero enclave internacional'" (*IP* 25 de octubre de 1995).

Las programaciones de la radio fueron posibles gracias a voluntarios (a algunos se les pagaba una cantidad simbólica) de diversos países quienes comenzaron a entrenarse antes. Tenían que estar preparados para utilizar equipos sofisticados que incluían tecnología de punta en grabación y reproducción de sonido. Cocolo FM nació oficialmente el 19 de noviembre de 1995. Para entonces las emisiones de prueba estaban listas para el foro de APEC, una iniciativa económica que reunía a todos los países de la Cuenca del Pacífico. Tres países representaban a América Latina: Chile, Perú y México. Todos los días de la semana y con una duración de 15 minutos se empezaron a transmitir los programas "Chile de punta a cabo" a las 8:00 y 16:00 horas; "Gambateando Perú" a las 8:15 y las 16:15 horas; mientras que el horario de "México Mágico" era a las 7:15 y 15:15 horas.

"Chile de punta a cabo" era dirigido por los chilenos Sonia Rivera y Arturo Escandón. "El nombre del programa hace referencia a lo estrecho y delgado que es mi país, y este espacio, al igual que los demás, es parte de un esfuerzo conjunto que están realizando las autoridades de Osaka y un grupo de 40 empresas niponas para darle una proyección internacional a toda la zona" [*IP* 17 de marzo de 1996] señaló Escandón, quien además enfatizó que la tarea no era nada fácil debido a la falta de recursos y temas humanos interesantes que difundir, pero que, por el contrario, en el aspecto técnico el equipo era de primera línea, lo cual facilitaba mucho su labor. Además, señaló el locutor que "la gente se olvida de que Chile, además de grupos de 'nueva canción' como Illapu, Inti-Illimani, Víctor Jara, etcétera, tiene dos premios Nobel de Literatura, que son Gabriela Mistral y Pablo Neruda, además de una producción cultural increíble. Entonces, una de nuestras metas es mostrarle esta parte de Chile al pueblo japonés. El segundo objetivo es brindarle un espacio en su idioma, y sobre su cultura, a la comunidad Latina residente en la zona" (*IP* 17 de marzo de 1996). En una reciente entrevista Escandón recuerda que en "Chile de Punta a Cabo":

> compartíamos noticias, leíamos cuentos infantiles, leíamos poesía en lengua española, hacíamos radionovelas, recibíamos la colaboración de corresponsales en Chile y en otras partes de Japón. Programábamos música clásica chilena, canto nuevo, folklore y los viernes armábamos un programa de humor. Nuestra apuesta fue producir algo relativamente culto, de nivel parecido a lo que uno escucha en Chile. Su principal característica es que los presentadores éramos un medio, no éramos protagonistas de nada. Entrevistamos a muchas personas y en general el programa requería de un buen trabajo de edición y realización. El dinero que nos

pagaba la radio lo reinvertíamos en pagar colaboradores y hacernos con discos y material fonográfico.[119]

Por otra parte, el programa "Gambateando Perú" "viene cumpliendo una destacada labor, orientada a informar, instruir y divertir a los residentes latinos en toda el área de Kansai" decía una nota del *International Press* el 2 de junio de 1996. Según Teresa Matsumoto, una de sus conductoras, el programa "mantenía a la gente unida y le permitía comunicarse y ayudarse" (ibíd.). Aparte de Matsumoto, el programa era dirigido por Jessica Takigawa y Fredy Flores Velazco. Ninguno de ellos era profesional en el campo de la radiodifusión, aunque sus objetivos los tenían muy claros ya que decían que: "'La idea, además de informar, ayudar y entretener a los hispanohablantes, es integrarnos a la comunidad japonesa, pero no solo aprendiendo sus costumbres, sino también intentando que ellos conozcan a las nuestras. Por este motivo siempre conducimos el programa en forma coloquial, llevando a cabo una conversación amena, interesante y fácil de entender'" (ibíd.).

Pero como en todas las buenas historias, los conductores tuvieron sus antagonistas. Escandón señala que "es difícil evaluar qué pasó con ese programa ["Chile de Punta a Cabo"] ya que la radio se empeñó en censurar previamente los contenidos y Sonia y yo renunciamos al instante. ¿Duramos unos seis meses? En cualquier caso, en un par de años todo se acabó y la radio siguió produciendo un programa de música latina y al gusto japonés, se acabaron las secciones por países. Con la proliferación de la internet es posible que hacer una radio de 'comunidad' ya no sea necesario".[120]

Radio Shonan de Kanagawa 83,1 Mhz

Siguiendo la línea de lo que sucedía en el área de Kansai, en noviembre de 1996 se lanzó un programa para los hispanohablantes residentes en el área de Fujisawa (Kanagawa).

---

119 Entrevista por correo electrónico.

120 Entrevista por correo electrónico.

Ese también era un microprograma informativo que se transmitía los viernes a las 18:00 horas. La conductora del programa era Verónica Tamashiro. La iniciativa de crear el programa la tomó el Municipio de Fujisawa porque quería informarle a la comunidad de más de 3,000 hispanohablantes sobre diversos aspectos de la vida diaria y eventos sociales. Según las estadísticas, "más del 75% de las consultas que recibía el Municipio eran efectuadas por extranjeros" señaló Tamashiro quien también confesó "esta es la primera vez que hago radio" (*IP* 15 de junio de 1997).

Radio Yamato FM 77,7

La programación en español no solo era conducida por hispanohablantes. El brasileño Luis César Da Silva Tsuzumi, mejor conocido como Tommy César, había sido chofer de camiones, pero un día se convirtió en cantante de música japonesa *nueva enka* y posteriormente en locutor de radio.[121] En 1995 Tommy César grabó un CD titulado "Gambare Kobe" y eso le abrió las puertas en varias comunidades. Comenzó a trabajar para Radio Yamato FM a principios de 1997 acompañado de la japonesa Ayako Yamashita y la peruana Elena Onchi. Los sábados tenían un espacio de 10 a 11 horas. Se trataba de un programa de información general para las colonias extranjeras hispanohablantes, pero sobre todo angloparlantes. Como el cantante y locutor se desenvolvía en portugués, español, inglés y japonés, los domingos tenía dos espacios: uno para los japoneses titulado "Tommy wa Yamato-jin" [Tommy es de Yamato] y otro para los hispanohablantes "Espacio Tommy César". El locutor señaló que:

> En ambos casos, doy informaciones que interesa al público del lugar, hago entrevistas, muchas veces en vivo, y pongo música de ayer y de hoy. En lo referente a los extranjeros, es más variado, los temas que se dejan escuchar incluyen música pop, rock, jazz, country, temas románticos y baladas en español, como lo he hecho con Julio Iglesias,

---

121 La información de este apartado está tomada de *IP*, 31 de enero, 1998.

por ejemplo. Dado que por el momento la radio está en expansión y se cuenta con personal reducido, debo hacer labores de montadiscos, programador, entrevistador y locutor. ... ¡Ahh!, y de cuando en cuando debo intercalar las conversaciones en inglés japonés, portugués, español..., y hasta 'portuñol' o 'japoñol'.... (*IP* 31 de enero de 1998)

Con el paso del tiempo también surgieron otras programaciones conducidas por no hispanohablantes como es el caso de Megumi Sakamoto, una japonesa que dirigía un espacio radial en Radio Takasaki 76.2. Ella transmitía desde la prefectura de Gunma todos los jueves a las 11:55, 14:55, 20:55 y 23:55.[122] Su programa también era informativo e iba dirigido a la comunidad hispanohablante.

Radio Latina y Rincón Latino

El año 2002 fue simbólico porque por primera vez se llevaba a cabo el Campeonato Mundial de Fútbol en Corea-Japón. A la par, la tecnología se desarrollaba a una velocidad vertiginosa. Las comunidades hispanohablantes se iban comunicando poco a poco por medio del internet. Por eso no sorprende que al mismo tiempo hayan surgido más programas radiales aunque no del calibre de Radio Cocolo o Salsa Latina. Asimismo, la Copa Mundial inspiraba a los hinchas a usar su creatividad y hablar de un colectivo "latino" o hispanohablante. Desde el 2001 el cantautor argentino Luis Sartor se unió a los japoneses Laura Liza y el DJ Papa Q para lanzar el programa Radio Latina por medio de Inter FM. Además, con motivo de la Copa creó un disco compacto cuyo título era "Viva Nippon" [Japón] el cual incluía diez temas musicales hechos por Sartor. "Viva Nippon" se produjo para alentar a la selección de Japón y se grabó en seis diferentes estilos: latin remix, versión en vivo, radio edit, en órgano, a capela y charango.[123] Radio Latina transmitía los domingos de 9:00 a 11:00

---

122   *IP* 15 de junio de 2002

123   *IP* 19 de enero de 2002.

de la mañana a través de la frecuencia 76.1 de Inter FM. Aparte de transmitir canciones y ritmos de toda Latinoamérica, por varios meses ofrecieron el bloque "Viva el Fútbol."[124] Otro programa que surgió fue "Rincón Latino" el cual por un espacio de 30 minutos emitía información de utilidad para los residentes de la ciudad de Iruma (Saitama) y sus alrededores. La transmisión se hacía por medio de Radio Chappy en los 77.7 MHz de la FM. En su edición semanal se hacían entrevistas, se daban a conocer eventos y se trataban temas de la educación, salud y nutrición.[125] Por ejemplo en su edición del 16 de marzo del 2002 se entrevistó a Marcela Lamadrid quien abordó el tema "Elección de una educación y profesión".[126] Y, en la ciudad Nagoya en los 79.5 de la FM (una Radio-I) se emitía el programa "World Connection" todos los domingos de 16:10 hasta las 16:30. Este programa seguía la misma línea que Rincón Latino.

La voz del inmigrante

Sin duda alguna, el internet permitió que se traspasaran las fronteras no solamente dentro de Japón sino del mundo entero. Luis Solís Quintana, un peruano obrero de una fábrica en Japón comenzó a colaborar como locutor en el programa "La voz del inmigrante" de Radio Libertad, una emisora de Trujillo, ciudad situada al norte de Lima, Perú. El programa comenzó a emitirse en enero del 2002 y a pesar de que se transmitía los sábados a partir de las 00:30 (hora de Japón), pronto logró tener varios radioescuchas tanto en Perú como en el archipiélago japonés. Decía la redacción de *International Press*: "la radio les ha devuelto la confianza, sobre todo a los solitarios, a esos que vuelven de la fábrica cansados sin que nadie los reciba, pero más estresados aún con las amenazas de despido...."[127] Sobre Solís, decía: "Solís no se complica. No

---

124   *IP* 5 de mayo de 2002.
125   *IP* 25 de mayo de 2002.
126   *IP* 16 de marzo de 2002.
127   *IP* 23 de febrero de 2002.

posee el estilo sofisticado de los locutores , pero hace de su tono amiguero e impetuoso el elemento necesario para transmitirle a los oyentes de la radio en Trujillo y el mundo que los peruanos de Japón no han perdido la alegría ni la ilusión a pesar de todo lo que sucede en este país" (ibíd.). Radio Libertad se fundó en 1997 y desde Perú comenzó a emitir una variada programación periodística y musical.

Radio NHK

A partir del primero de abril del 2002 los hispanohablantes en Japón pudieron escuchar diariamente las noticias de la NHK (Nipon Hōsō Kyōkai o Corporación Radiodifusora de Japón) en español por la frecuencia 693 de AM de 18:10 a las 18:20. Aunque las noticias duraban solamente diez minutos, ese fue un paso gigantesco en la historia de la mayor organización de radio en Japón. La productora del espacio radial, Michiyo Ishii señaló que: La nueva programación tenía "como fin mantener actualizados a los residentes de habla hispana que viven en el país y que en las últimas décadas han aumentado en forma considerable. ... Por eso la NHK siempre ha pensado en cómo mantener informado a estas colonias, este interés se acrecentó en 1995 con el sismo de Kobe, con la necesidad de informar sobre la situación de los extranjeros en este desastre."[128] Por décadas la NHK había lanzado programas de noticias al exterior en onda corta. La redacción de *International Press* señaló que:

> Las lecturas de las noticias están a cargo de un equipo conformado por el español Carlos Álvarez, la venezolana Sali Battan, los chilenos Sonia Ozono y Luis Loyola, los argentinos Daniel Monteverde, Eduardo López y Jorge Ferreros y los mexicanos José A. Ambriz, Marta Salgado y Ulises Granados. José Antonio Ambriz, con 13 años trabajando como locutor de la NHK, comentó que 'este (el programa) es solamente de noticias, y mantendrá informado a personas que no entienden

---

128   *IP* 6 de abril de 2002.

no más que el español, sobre lo que está pasando en el mundo y en Japón, creo que ese sería el beneficio para la comunidad.' Las noticias son escogidas pensando en los intereses de los latinos residentes en Japón, se transmiten principalmente las noticias políticas y económicas del país y luego aquellas de interés mundial. (ibíd.)

Como se puede ver por la multietnicidad del grupo de locutores, la NHK se ha esforzado para que haya representación de varios países y acentos. Hasta cierta medida se ha hecho lo mismo con los programas para aprender español y dirigidos para el radioescucha japonés que se han venido emitiendo ya por décadas. Fue un verdadero logro hacer un hecho la programación de noticias en español en esta prestigiosa radiodifusora, aunque tampoco hay que olvidar que en el año 2002 Japón quiso internacionalizarse aún más con la llegada de la Copa Mundial Corea-Japón.

Radio Club Latino

En Tokio tuve la oportunidad de entrevistar a Luis Jaime Jaramillo Cárdenas, el fundador de Radio Club Latino quien señaló que llegó a Japón en el 2001 por la siguiente razón:[129]

> Colombia ha tenido muchos años de guerra. Yo crecí en medio de la guerra, en medio de la violencia, con las carencias y con las crisis que esto le trae a los sistemas. Me cansé de esa situación y tuve la oportunidad de establecerme legalmente y así vine, con ganas de querer vivir en paz. A pesar de que en Colombia tuve la oportunidad de trabajar como profesional, lo único que me importaba era vivir y conocer la paz. Japón es un país muy organizado. Es un país que tiene respeto por el orden. Aquí no importa si usted es de centro, de derecha o de izquierda. Japón representa eso: orden, oportunidad, trabajo, reto y por eso vine a Japón para

---

129   Entrevista personal. Todos los testimonios de Jaramillo Cárdenas son parte de esta entrevista.

poder sentir la paz y vivir la paz.

En Colombia, Jaramillo Cárdenas había estudiado derecho y ciencias políticas y había trabajado en proyectos de desarrollo urbano. Le pregunté qué lo había motivado a fundar la radio a lo cual contestó que:

> En el 2001 ya los brasileños tenían muy buenas revistas; los peruanos tenían *International Press*, periódico muy bueno, muy respetable. Había revistas, había todo. En ese año comienza a desarrollarse la internet. Aproveché de la tecnología, aproveché de ser una persona nueva en una cultura nueva y un idioma nuevo; aproveché de tener pocos amigos. Había muchos peruanos, muchos brasileños, pero faltaba esa parte que yo sé manejar, que yo podía manejar y que me nace manejar que es el tema de mejorar la comunicación entre los grupos sociales. Yo sabía que había comunicación pero que le hacía falta algo con más sentido, algo que proyectara esta comunidad.

Si bien en Colombia Jaramillo Cárdenas había tenido un trabajo profesional, al llegar a Japón, como ocurre con varios inmigrantes, tuvo que trabajar en la fábrica:

> Ser obrero no deshonra a nadie, pero en Japón el desarrollo de una persona como obrero de fábrica es denigrante. 'Hasta ahí y no piense más en escalar posiciones dentro de la fábrica: venga, trabaje, estese ahí, préstenos su brazo y muévalo de diez a doce horas y pare de contar.' Ahí me di cuenta que faltaba algo, que nos estaban explotando muy feo. Viene el desarrollo del internet y las personas comunes teníamos la oportunidad de adquirir equipos. Ahí es cuando yo digo, yo no me puedo quedar aquí, como toda la gente, prestando mi brazo, 10-12 horas en una fábrica. Yo tengo que salirme de aquí y hacer lo que a mí me nace hacer y lo que yo sé que puedo hacer.

Como se puede ver, los avances tecnológicos les permitieron a los hispanohablantes tener mejores canales de comunicación y abordar públicos más amplios.

En términos de la programación, Radio Club Latino era muy similar a las estaciones comunitarias mencionadas arriba. Su programación consistía en segmentos noticieros, entrevistas de interés para la comunidad hispanohablante, el anuncio de fiestas y danzas en diferentes regiones de Japón y música. Además, como los demás programas radiales, la producción se hacía con voluntarios. Como recordó Jaramillo Cárdenas, "pasó el tiempo, hicimos lo que hicimos, nos dimos a conocer, la gente nos aceptó como medio de comunicación, pero de pronto hubo una catástrofe: llegó el terremoto en el 2011; eso fue algo muy grande para los medios de comunicación." Con estremecimiento el productor continuó:

> Es ahí cuando nos damos cuenta que no solo aquí en Japón sino en Latinoamérica se enteran que hay una radio latina en Japón. Es ahí cuando a los primeros minutos después de ocurrido el terremoto, los más grandes medios de Latinoamérica y Estados Unidos (los medios latinos) comenzaron a llamarnos. Recibimos llamadas de la radio, la televisión y la prensa más influyentes. Aquí comenzamos a desarrollar entrevistas, reportajes, toda la información de lo que estábamos viendo en la televisión japonesa, traducimos, interpretamos y tratamos de ser muy previsibles de lo que iba a suceder. Es ahí cuando nos dimos cuenta de la gran importancia de la radio. Es ahí cuando comienza la comunidad latinoamericana a comunicarse también con nosotros por Facebook y por Twitter. Comenzamos a dar información de todo tipo. Las embajadas estaban tan saturadas con tantas llamadas que no podían. Además, tuvimos que coordinar con la Cruz Roja de Colombia, por ejemplo, el envío de aviones para que algunos latinoamericanos pudieran evacuar Japón porque no se sabía lo que podía pasar sobre todo con el tema de la planta nuclear de Fukushima. Diversos países trajeron aviones. Nosotros estuvimos en medio de todo, apoyando todo lo que pudimos a través de los medios sociales. Pudimos prestar un buen servicio. Es ahí cuando empezamos a pensar que necesitábamos encontrar algo con mayor soporte.

Como se puede observar, Radio Club Latino, igual que los demás programas radiales a los que he aludido anteriormente, han estado al servicio de la comunidad hispanohablante no solo para ofrecer entretenimiento sino (y, sobre todo) para informar en momentos de desastre.

En una entrevista para el *Japan Times*, Jun'ichi Hibino, el director de Radio FM YY (la primera radioemisora multilingüe que surgió como consecuencia del Terremoto de Kobe en 1995) dijo "sería terrible tener que esperar a que pase otro terremoto para que surja una estación radial como la nuestra" (14 de enero de 2010). Como se puede contextualizar, eso lo dijo un año antes de que ocurriera el Gran Terremoto del Este de Japón en marzo del 2011. Como se ha visto, excepto por la gran emisora nacional NHK, no han surgido estaciones radiales como Radio FM YY aunque sí gracias a la tecnología, fue posible fundar pequeñas programaciones como Radio Club Latino aunque paradójicamente el terremoto del 2011 se encargó de ajustar cuentas. Jaramillo Cárdenas señaló:

> Después de atender a tantos medios de comunicación y a tanta gente (aunque no se lo digo a nadie) yo dormía solamente unas horas ... y seguíamos sintiendo las réplicas. Tres semanas después de la tragedia y agotado de tanto trabajo me llegó una crisis tan severa que no pude continuar con la radio. No pude continuar. Prácticamente la cerré. El trauma mío fue bastante grande. Estuve muy, muy enfermo. Hoy en día mientras hablo todavía siento que estamos en el proceso de recuperarnos de ese golpe. Pero voy a salir otra vez con una buena radio porque sabemos la importancia de tener una radio organizada, de tener un buen estudio, de tener un buen equipo de trabajo, de conseguir recursos para poder soportar ese trabajo para que cuando haya otra crisis ahí estemos presentes.[130]

Las radioemisoras fundadas por los hispanohablantes surgieron no solo por la necesidad de entretener a un público

---

130 Entrevista personal.

ansioso de escuchar música sino por la falta de información es español. En los momentos más trágicos del Terremoto de Kobe se adquirió consciencia del vacío que existía dentro de una comunidad que iba creciendo poco a poco. Y, durante el Gran Terremoto del Este fue precisamente la voz de la radio la que mantuvo informados a radioescuchas no solo en Japón sino en el exterior.

    Como se ha observado a través de este capítulo, los medios de comunicación han sido los principales canales por los cuales la comunidad hispanohablante primero creó consciencia de sí misma y estableció un diálogo por el cual ha podido formular sus demandas, sus logros y también sus expresiones artísticas. Sin duda alguna, es precisamente en los medios de comunicación donde los hispanohablantes coinciden sin importar su país de procedencia. Y, es en los medios donde múltiples públicos lectores aprenden y se benefician de la comunidad hispanohablante. En este capítulo no incluí los medios sociales los cuales, irónicamente, son los más leídos y escuchados en la actualidad por públicos globales, aunque me resulta interesante que el bloguero más importante de Japón, Héctor García, y de quien me ocuparé en el epílogo, haya escrito hace un par de meses para *Mercado Latino*. En éste, dice: "Son tantas las veces que me han preguntado y he ayudado a preparar viajes por Japón que me lo empiezo a saber de memoria. Voy a recopilar aquí estos consejos ordenados según prioridades a la hora de preparar un viaje a Japón usando internet como única herramienta" (111).[131] Como se puede observar, el artículo impreso y digital va dirigido a un público *glocal*.

---

131   https://issuu.com/mercado-latino/docs/digital_noviembre18?e=1888989/65478159. Consultado 6 ene. 2019.

Primera edición del periódico *International Press*, 1994.

Revista *Mercado Latino*, 2011.

Revista *Kyodai*, 2011.

Kyodai Magazine, 2014.

Historia cultural de los hispanohablantes en Japón

Revista *Hyogolatino*, 2002.

Revista *Hyogolatino*, 2003.

Revista *Mujer Latina*, año 4.

Revista *Mujer de hoy*, 2010.

Revista *Escape*, 2011.

Acueducto – La Revista Española en Japón, 2011.

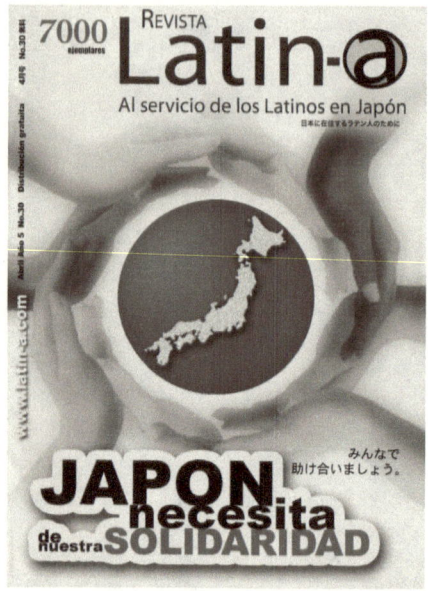

Revista *Latin-a,* año 5.

Revista *Latin-a,* año 11.

Shizuyo Yoshitomi, fundadora de Radio FM YY, Kobe, 2015.

Roxana Oshiro transmitiendo
el programa Salsa Latina, Kobe, 2015.

CAPÍTULO 3

LA MÚSICA, LA DANZA, LOS FESTIVALES Y LAS ASOCIACIONES

En 1990 un grupo de salsa japonesa sorprendió al mundo porque estaba en el No. 1 de la lista Billboard. Una de las canciones que se escuchaba por todas partes era la siguiente:

> Déjame presentar al grupo mío:
> todos los miembros son chéveres,
> aunque ellos son todos japoneses,
> pero tocan la salsa sabrosa.
> El director comenzó a tocar bongo,
> porque le gusta la sonora ponceña y el gran combo;
> el trompetista comenzó a tocar música latina,
> porque le gustaba el señor Perico.
> No importa de dónde sean,
> ellos pueden tocar y bailar;
> no importa de dónde sean,
> ellos tienen ritmo y corazón.
>
> [...]
>
> Salsa caliente del Japón, qué bueno pa' gozar.
> Se formó la rumba en Japón también,
> para mi gente y en todo el mundo.
> Salsa caliente del Japón, qué bueno pa' gozar.
> Tocamos la salsa y la rumba sabrosa.
>
> Bailen, bailen, bailen, (Qué bueno pa' gozar)
> bailen, bailen, bailen, bailen, bailen conmigo (Qué bueno pa' gozar)
> bueno pa' gozar, (Qué bueno pa' gozar)
> bueno pa' vacilar. (Qué bueno pa' gozar)
> A Puerto Rico y Panamá (Qué bueno pa' gozar)
> y dominicanos, (Qué bueno pa' gozar)

a todo latinoamericano. (Qué bueno pa' gozar)
Salsa sabrosa, (Qué bueno pa' gozar),
rumba buena, (Qué bueno pa' gozar)
Salsa caliente del Japón. (Qué bueno pa' gozar)[132]

La canción se titula "Salsa caliente del Japón," y la orquesta estaba formada por japoneses. La banda mostraba la forma en que los japoneses son capaces de adoptar géneros musicales de otros países y cantarlos. Sin embargo, esa no era la primera vez la música tropical hacia presencia en Japón, ya desde los años cincuenta había orquestas famosas como la Tokyo Cuban Boys que fue dirigida por Tadaaki Misago quien grabó aproximadamente 300 álbumes y quien recibió un premio de Fidel Castro por la difusión de la música cubana en el archipiélago. En aquella época también salió a la luz otro grupo: Noche Cubana liderada por Tooru Arima. Y, en la década de los 60, Yozo Toyama, otro cantante japonés también interpretaba temas cubanos exclusivamente. Sin embargo, entre 1966 y 1970, Yoshiro, un joven japonés, llevó a su país salsa desde Venezuela. A principio de los 70 surgió la Orquesta del Sol y un poco más tarde la Orquesta 2.46.[133] Todos esos grupos, cuyos miembros eran casi todos japoneses se habían inspirado en Irakere, los Van Van o Pérez Prado por citar algunos. Sin duda alguna, todos ellos colaboraron a que se difundiera la salsa en Japón. Sin embargo, no fue hasta los 80 cuando nace la Orquesta de la Luz que pronto triunfó en Estados Unidos; justamente en el año 1990, cuando comenzaron a llegar olas de inmigrantes hispanohablantes a Japón. Es por eso que no sorprende que una de las primeras fiestas salseras se dio cita en Tokio cuando Yoshiro organizó un concierto bailable donde se reunieron 200 personas aproximadamente, casi todos hispanohablantes.[134] En las siguientes páginas me concentraré en algunos ejemplos de la música y la danza tal y como la han venido produciendo los hispanohablantes a partir de los 90. En ocasiones será inevitable aludir al pasado (antes de los 90) porque, como acabamos de

---

132 https://www.letras.com/orquesta-de-la-luz/1538246/. Consultado 7 jul. 2017.

133 *IP* 16 de febrero de 1997.

134 Ibíd.

ver, la música no llegó a Japón con la inmigración de la que me ocupo en este libro, aunque ésta sí ha contribuido a que promover su auge. Asimismo, es casi imposible hablar de la producción musical de los hispanohablantes sin aludir a los japoneses que se han integrado a los diversos grupos de música o de baile y sobre todo a aquellos que han luchado tanto por difundir un abanico de géneros musicales y dancísticos en Japón.

"Amo la danza, la amé de niño, la amo de hombre y en la muerte la amaré" dijo Antonio Alonso, un prestigioso bailaor español asentado en Tokio que fue primer bailarín del ballet Nacional de España durante 10 años, alumno de grandes iconos de la danza como Antonio Ruiz, Antonio Gades y Rafael de Córdoba.[135] Japón es la "segunda patria" del flamenco ya que en la actualidad hay aproximadamente 100,000 aficionados que acuden a una o más de las 500 academias de danza o pequeños estudios que se encuentran en todo el país aunque sobre todo en Tokio, Osaka y Nagoya.[136] Pero la afición por esta manifestación artística no surgió repentinamente. Todo comenzó en el año 1932 con la actuación de La Argentina y Carlos Montoya (sobrino de Ramón Montoya) en Japón. A partir de entonces el flamenco tuvo seguidores japoneses que comenzaron a viajar a España para aprender a bailar y a tocar. Terminada la Segunda Guerra Mundial se abrieron espacios como el Rincón Flamenco en Tokio y a partir de 1955 comenzaron a llegar docenas de bailaores y compañías que difundieron la danza por todo el Japón. Sin embargo, "el *boom* del flamenco en Japón estaba aún por producirse. Sucedió en 1986, cuando llegó la compañía de Antonio Gades con *Carmen*. La afición ya existía antes y siguió existiendo luego. Pero Gades volvió a ser un revulsivo. Y su memoria lo sigue siendo, al igual que la de Paco de Lucía, cuyo concierto en el Budokan supuso un hito".[137] En la actualidad hay más academias de flamenco en Japón que en España y el número de aficionados sigue aumentando.

---

135 www.antonioalonso-flamenco.com. Consultado 7 ago. 2017.

136 Carrasco Hidalgo, 392. "El flamenco, territorio común de España y Japón" file:///C:/Users/Araceli/Downloads/Dialnet-JaponYOccidente-654205%20(4).pdf. Consultado 28 jul. 2017.

137 Ibíd., 397.

Antonio Alonso, el bailaor español que mencioné arriba fue contratado en 1989 como estrella invitada por el Ballet de Yoko Komatsubara (una de las grandes figuras del flamenco en Japón quien había viajado a España en los 60 para estudiar con Victoria Eugenia, Matilde Coral y Manolo Marín entre otros). Así es como Alonso se dio a conocer en el archipiélago.[138] En 1997 inauguró su estudio de Danza Española y Flamenco en Tokio y a partir de ahí comenzó su exitosa carrera como maestro y bailarín profesional. Desde entonces ha estrenado espectáculos como "Sentidos Flamencos", "Alma de Hombres" "El Barberillo de Lavapiés" y "Amo la danza" entre otros. Además, ha producido diversos programas de enseñanza de danza española para la televisión (Asahi TV, Nihon TV y NHK). Alonso ha participado con la Japan Philarmonic Orchestra, la Orchestra Philarmonic of Tokyo y la Okayama Philarmonic Orchestra. En 2015 hizo la presentación oficial (con coreografías del propio Alonso) de la nueva Compañía de Danza Española y Flamenco, The Tokyo Flamenco Ballet cuyos participantes son las bailaoras Ayasa Kajiyama, Ariko Yara, Takara, Kumi Kanai, Ema Moriya, Mariko Drayton y el bailaor Taku Ito. Con el mismo grupo, The Tokyo Flamenco Ballet, y para conmemorar el Día de Cervantes en Tokio, Alonso presentó un espectáculo de danza de la Escuela Bolera la cual fue popular en los siglos XVII y XVIII y fue importante en las raíces del flamenco. Como se puede apreciar, hay músicos de flamenco asentados en Japón que mantienen una carrera muy activa y exitosa. Es por eso que ya desde julio de 2002 Gonzalo Robledo lanzó el documental "Del cante jondo al karaoke" en la Televisión Española. En éste el colombiano trató de mostrar la vitalidad y actualidad del baile en el Japón. "El documental se fue haciendo mientras se hacía. Estuvo sujeto a los cambios, a las tomas y a las entrevistas. Sin embargo, el punto de partida fue un artículo escrito por el español Antonio Cabezas, autor del texto 'Teoría del flamenco en Japón'" señaló Robledo. Otra condición que el periodista le exigió a los entrevistados japoneses es que tenían que hablar en español con el "fin de

---

[138] www.antonioalonso-flamenco.com. Consultado 7 ago. 2017.

saborear el acento andaluz de muchos de ellos".[139]

No todos los bailaores españoles en Japón han tenido la trayectoria de Alonso. Hay bailaores más jóvenes que han llegado más tarde como Benito García que sin duda muestra una estética diferente. García comenzó a bailar flamenco a los siete años y a los 16 fue seleccionado para formar parte de una compañía japonesa de flamenco. Durante los siguientes cuatro años, García viajó a Japón con la compañía de María Pagés hasta que se estableció allí definitivamente en el 2006.[140] Al siguiente año fundó el Benito García Flamenco Studio (a partir de enero del 2017 es Benito García Flamenco Class – Academia Flamenca). En su academia enseña baile, canciones y palmas, así como cultura e historia de España. Además, ha participado en anuncios para la televisión y sus melodías han servido de trasfondo en la Tokyo Fashion Week.[141] En enero del 2014 presentó en el Cervantes de Tokio junto al cantante Diego Gómez, la violinista Kana Hiramatsu, el percusionista Masatoshi Kainuma y el guitarrista Emilio Maya. En 2017 abrió otra academia en la provincia de Gunma.

Pero no toda la acción en torno al flamenco se lleva a cabo en Tokio. Como señaló Abel Álvarez Pereira con motivo de la inauguración de la Primera Feria de España en Kansai:

> Resulta gratificante poder escribir estas líneas sobre la primera Feria española en Osaka. Este evento supone el primer paso para el tan ansiado proyecto de un centro cultural español en la zona de Kansai, acostumbrados a estar siempre a la sombra de la hegemonía que ejerce la actual capital japonesa en cuanto a oferta cultural y relaciones internacionales. Es Tokio el primer objetivo e imagen de relaciones comerciales para el extranjero que quiere acercarse a Japón de manera general. Pero la realidad es que la zona de Kansai, que comprende siete prefecturas y ciudades tan

---

139   *IP* 29 de junio de 2002.

140   http://www.20minutos.es/noticia/3081771/0/compania-flamenca-benito-garcia-japon-ofrecera-espectaculo-shirube-momentos-vida/#xtor=AD-15&xts=467263. Consultado 21 jul. 2017.

141   http://www.benitogarcia.jp/. Consultado 21 jul. 2017.

importantes como Kioto, Osaka, Kobe o Nara, se merece no quedar huérfana de una oferta cultural y comercial hispana. Como españoles que vivimos en Japón tenemos el deber demostrarle a esta gente que tanto nos ha dado desde que llegamos al país. ... En la feria hemos podido disfrutar de música, cine, baile, gastronomía, arte, viajes, lengua y tradiciones; pequeñas pinceladas del gran cuadro que supone España.[142]

Es justamente en Osaka donde Miguelón, un guitarrista sevillano de flamenco tiene sus dos academias; una en el distrito de Umeda y la otra en Ishibashi. En su natal Sevilla comenzó a estudiar la guitarra cuando tenía nueve años e hizo su debut profesional a los catorce. Después debutó en conciertos, shows y tablaos alrededor del mundo hasta que se mudó a Japón en 1999.[143] En Osaka, aparte de dedicarse de tiempo completo a la enseñanza, colabora con la Feria de España en Kansai y organiza eventos de todo tipo. Aparte de colaborar con la radio local ha escrito varios artículos para la columna "Flamenco para todos" en la *Revista Acueducto*. En esos artículos nos habla sobre diversos temas que van desde los palos, la seguidilla, la soleá y hasta la leyenda de la "Petenera", la bailaora bellísima que murió en escena bailando con un traje amarillo. Para Miguelón, los músicos del flamenco son supersticiosos porque, aunque la Petenera se asocia con la mala suerte es un cante de una musicalidad impresionantemente hermosa. Nótese la sencillez con que cuenta sus anécdotas:

> Mi maestro 'Benito de Mérida' cuando era chico me enseñó este toque sin decirme su nombre. Un día tocándolo en mi casa, mi madre me dijo: ¡Qué bonito! ¿Cómo se llama? Respondí que no lo sabía. Al preguntar a mi maestro me dijo susurrando: P-E-T-E-N-E-R-A, mirando para los lados, como si esperase que fuese a salir un fantasma de debajo de alguna mesa. Me dijo esos otros nombres mencionados anteriormente y me avisó de que me iba a encontrar con

---

142   *Acueducto*, No. 5, 31 de mayo del 2011, p. 6.
143   http://www.miguelon.jp/. Consultado 23 jul. 2017.

> muchos artistas que se negarían a interpretarla por miedo. En España pude tocarlas en varias ocasiones, pero había cantaores que se negaban y pedían que la bailaora hiciera otro baile pues, aunque suene a risa, sentían pánico en el escenario cuando empezaban las primeras notas. Cruzaban los dedos, con crucifijos en el cuello para que no les viniera el vahído (mala suerte), pues creían que podrían hasta morir en escena. … Cada vez que toco petenera en un escenario, no importa que las cuerdas estén nuevas, siempre se rompen o el cantaor se queda afónico y al siguiente baile restablece su voz milagrosamente. ¿Será verdad la leyenda negra de la Petenera? Esta conclusión la dejo en vuestras manos.[144]

Como se puede observar esas anécdotas, por muy sencillas que parezcan contribuyen al conocimiento de este famoso género musical.

Los breves ejemplos que he dado en los párrafos anteriores ilustran cómo el flamenco se ha convertido en un universo por sí mismo. Es difícil nombrar a todos los artistas españoles que han debutado en Japón una y otra vez, aunque merecen ser nombrados Antonio Canales, Antonio Gades, Alfredo Gil, Chano Lobato, Jesús Carmona, Carmen Ledesma, Pilar Astola, Esperanza Fernández, Tomatito, Moraíto, Juan Carlos Berlanga, Cristina Hoyos, José Mercé, Eva Yerbabuena y Milagros Mengíbar por citar una mínima lista. En todos los casos, los públicos son fieles e inmensos. Por ejemplo, para 1998 Paco de Lucía ya había debutado nueve veces (su primera gira a Japón fue en 1972 con su hermano Ramón y Enrique Melchor). Varias veces fue acompañado de Pepe de Lucía, Carlos Benavent, Jorge Pardo, Rubén Dantas y Ramón de Algeciaras. Los boletos para ver a Paco se vendían con un año de anticipación.[145] Pero los artistas españoles no son los únicos que llenan los escenarios. Hay un sinnúmero de artistas japoneses profesionales como los ya citados Yoko Komatsubara y Shoji Kojima[146] "el gitano japonés" así como Eiko Takahashi, Atsuko Kamata, Keiko Suzuki y

---

144   http://acueducto.jp/201108/flamenco.html. Consultado 23 jul. 2017.

145   *IP* 30 de marzo de 1998.

146   Véase la trayectoria de este destacado artista en http://www.shojikojima.com/

Mayumi Kagita que no solo se destacan en Japón sino que también han sido ganadores de grandes premios en España. [147]

El "Flamenco se viste de kimono" escribió Javier de Esteban Baquedano cuando aludía a la gran obra de Komatsubara, *Honoo to furamenko* (La llama y el flamenco) la cual según el crítico era uno de los intentos más ambiciosos de la artista. El proyecto, según le explicó Komatsubara a Baquedano era algo más que una simple "mezcla de estilo, vestuarios, ritmos o estéticas [donde] el tema es una fusión de elementos. Lo que quiero transmitir es que en el arte no hay fronteras. Mi familia se ha dedicado al teatro *nogaku* y en casa siempre estábamos rodeados de música tradicional. El flamenco representa la tradición musical de España. Yo llevo más tiempo haciendo flamenco que Noh, pero siento que los dos han calado muy hondo dentro de mí." [148] Por la misma vertiente, *Hana* (Flor) el recital de Shiho Morita, una suerte de "flamenco zen que estremeció Tokio" fue descrito por Antonio Luis Gómez "El Lucena" de la siguiente manera:

> Ver 'Hana' ... es una experiencia sorprendente. El aficionado a flamenco de peineta y traje de lunares puede sentirse completamente perdido ante un espectáculo que comienza con una aparición fantasmagórica flotando en un escenario en penumbras. Cuando la vista se acostumbra vemos que no se trata de un espíritu sino de una flor de proporciones humanas. Lentamente la flor, o lo que es lo mismo, Shiho Morita, iluminada por la mágica luz de la luna, se va abriendo. Y así podemos admirar su talle, formado por un precioso vestido turquesa muy ceñido, y el rojo apasionado de los pétalos que cubren su cabeza. Los movimientos de la flor cuando comienza a andar son una delicia. Hay que haber nacido en Japón para poder decir tanto con tan poco. Sin zapatear, sin ni siquiera levantar los pies descalzos del suelo. Descomponiendo cada acción hasta hacerla una obra de arte.[149]

---

147 Carrasco Hidalgo, 397.

148 *IP* 9 de diciembre de 2006.

149 *IP* 7 de abril de 2007.

Pero si el poder fusionar dos tradiciones se hizo evidente en *Hana*, la fusión del flamenco y el kabuki iban todavía más allá.

"Con mi corazón y mi sangre japonesa, adapto el flamenco y fusiono los dos corazones, el español y el japonés" señaló la experimentada bailaora Kumiko Mori cuando presentó su obra *Anchin Kiyohime*, basada en una leyenda del siglo VIII en un espectáculo musical con rasgos del teatro kabuki.[150] Según Carolina Escudero, el espectáculo era una maravillosa mezcla de kimonos con los vestidos rocieros, las flores coloristas y los taconeos acompañados por las palmas. Es irresistible asomarse a la leyenda la cual cuenta que la enamorada princesa Kiyohime (Kumiko Mori) persigue obsesionada al que iba a ser su esposo, Anchin (el bailaor Masaki Tanigushi), quien poco antes de la boda decide pasar su vida en el templo "Dojo-ji" como monje. Ella, aun con el kimono de boda que su prometido le regaló, le busca enfurecida y, desesperada, pide ayuda a los dioses, que la convierten en dragón. La joven "dragón" adivina que su novio se ha resguardado bajo una campana del templo y, alno poder contener su furia, el fuego que sale por su boca quema la campana. El fuego consume finalmente el amor de su vida y, a la vez, a ella misma.[151]

Durante el espectáculo se proyectó una gran pantalla con caracteres japoneses para que los espectadores pudieran seguir la historia al mismo tiempo que se hacía sonar la guitarra de Vicente Amigo, el piano de Manolo Carrasco y música tocada por Miguel Ángel López un español que en ese entonces ya tenía viviendo diez años en Japón. "La fusión de lo japonés con lo español está presente durante todo el espectáculo" escribió Escudero a la par que anunciaba que 1,500 personas pudieron ver la actuación de este grupo flamenco.[152] La misma admiración tuvo en el 2014 Antonio Gil de Carrasco, entonces director del Instituto Cervantes quien al ver un espectáculo denominado Sonezaki con bailaores y músicos japoneses, vestidos con kimonos, mezcló música tradicional japonesa con flamenco "logrando una simbiosis casi perfecta. Fue espectacular ver a la bailaora Mayumi Kagita bailar

---

150 *IP* 1o. de marzo de 2008

151 Ibíd.

152 Ibíd.

con un colorido kimono emulando los movimientos de la bata de cola, o al bailaor Hiroki Sato bailar flamenco con ropa y música japonesa" señaló.[153]

Hay varios festivales y concursos que también promueven el flamenco en Japón. Entre ellos están la Primavera Flamenca en Tokio que tiene como objetivo mostrar las nuevas generaciones de artistas españoles, así como el Concurso de Arte Flamenco para menores de 35 años cuyo fin es educar a jóvenes artistas japoneses en España.[154] Asimismo, en Tokio se lleva a cabo el Festival Flamenco organizado por Iberia y el Concurso de Guitarra Flamenca patrocinado por Guitarras Manuel Rodríguez e Hijos. A partir del 2012 se lleva a cabo todos los años la Cumbre Flamenca donde se invitan a artistas tanto japoneses como españoles, se proyectan películas y se organizan conferencias.

Pero sería apresurado afirmar que de España solo se conoce el flamenco en Japón. Artistas de diversos géneros musicales como el compositor y violonchelista Gaspar Cassadó, la mezzosoprano Teresa Berganza, Antonio Najarro, director del Ballet Nacional de España y bailarín; Carlos Núñez, músico de gaita gallega, por citar algunos, han hecho exitosas giras en el archipiélago. Por supuesto, el debut de Julio Iglesias no podía faltar. Hace varios años, "¡Furio! ¡Furio! ¡Furio!" le gritaban las fanáticas que lo persiguieron a su hotel después de su debut cuando se dio el lujo de quedarse en Japón solamente 72 horas para apoyar a los empresarios valencianos en la Expo Consumo 1998.[155] Iglesias ha viajado un sinnúmero de veces a Japón desde los años 70s donde generalmente canta en español, inglés y japonés.

Así como flamenco, otros géneros dancísticos como el tango también ha tenido fanáticos en Japón, aunque en menor escala. La letra de "Mi Japón", un tango que se estrenó en Tokio en 1972 dice así:

---

153   http://acueducto.jp/201408/flamenco.html. Consultado 28 jul. 2017.

154   Carrasco Hidalgo, 394-5.

155   *IP* 4 de abril de 1998. El sonido *ju* no existe en el idioma japonés es por eso que suelen pronunciar *fu* en lugar de *ju*. Igualmente, el sonido *li* no forma parte de su idioma, es por eso que las *fans* emitieron *ri* siendo el producto: *Furio* en lugar de Julio. El periodista Pablo Lores Canto con un gesto lúdico transcribió lo que las admiradoras gritaban tomando en cuenta que sus lectores comprenderían perfectamente su intención.

Japón, dulzura de oriente
con gusto exquisito, sensible al amor.
Japón, las notas del tango
son lazos que hermanan, abrazando un sentir.

Humilde mensaje, al país hermano que nos cobijó
Japón, tendimos un puente en la gran distancia
y el tango argentino, por el tránsito
y el país de oriente, el Japón divino
le dio su destino, en su tierra de amor.

Y el país de oriente, el Japón divino
le dio su destino, en su tierra de amor.[156]

Sin embargo, la historia del tango en Japón, según el crítico Hideto Nishimura, comenzó en 1914 cuando llegaron a Japón tres parejas para mostrar un nuevo baile que en esa época estaba de moda en Europa y Estados Unidos.[157] Por otra parte, de acuerdo a Carlos Manus, el tango llegó a Japón a finales de los años 20 cuando el barón Tsunayoshi Megata llevó unos tangos grabados a Japón y los cuales había adquirido durante su estancia en París.[158] Fue en Tokio donde Megata puso una academia para enseñarles a sus compatriotas cómo bailar el tango que había aprendido con tanta devoción en Europa. Incluso, llegó a publicar *Un método para bailar el tango argentino*. Como sucedió con el flamenco, pero a menor escala, el tango tuvo fervientes seguidores del calibre de Noriko Awaya quienes difundieron el tango "al estilo japonés" en la década de los 40. Diez años más tarde había docenas de grupos entre ellos la famosa Orquesta Típica Tokyo. Fue en 1954 cuando debutó por primera vez en Japón la orquesta de Juan Canaro y de conjuntos de Osvaldo Pugliese así como de Francisco Canaro.

---

156 Letra de Armando Cereminati y música de Juan Polito y Carlos Ángel Lázzari. http://www.hermanotango.com.ar/Letras%20291012/MI%20JAPON.htm. Consultado 13 ago. 2017.

157 Página del Instituto Cervantes de Tokio: 16/05/2014. Consultada 4 sept. 2017.

158 Esta parte del tango, a menos que lo especifique, está basada en el artículo de Manus: http://www.todotango.com/historias/cronica/107/El-tango-en-Japon. Consultado 24 ago. 2018.

Con el paso del tiempo el tango y las academias proliferaron.

A principios de los años 80, Luis Alposta, el gran difusor de tango en Japón le compuso un tango al barón, "A lo Megata" (con música de Edmundo Rivero) el cual dice así:

> El barón Megata, en el año veinte,
> se tomaba el buque con rumbo a París,
> y allí entre los tangos y el 'dolce far niente',
> el japonesito se hizo bailarín.
> Flaco y bien plantado. Pinta milonguera.
> De empilche a lo duque, aun siendo barón.
> Bailó con Pizarro, y una primavera
> empacó los discos y volvió a Japón.[159]

Ese tango se ejecutó por primera vez en Japón en 1982. A finales de los 80 y principios de los noventa el interés por el tango no disminuyó, sino que el auge de la salsa y otros géneros musicales latinoamericanos crearon cierta competencia. Decía un artículo periodístico que el grupo Adokín de Osaka, liderado por el guitarrista, compositor y arreglista argentino Gustavo Gregorio e integrado por Yumiko Murakami (pianista), Kana Hiramatsu (violinista), Christian Rover (guitarrista) así como los invitados especiales César Olguín (en el bandoneón) y Roberto de Lozano (vocalista), estaba haciendo una "corta gira por escenarios de Kioto, Kobe, Tokio y Nagoya, con la finalidad de difundir la música argentina en este archipiélago, y grabar un disco compacto".[160] Y sentenciaba que el grupo pretendía "abrirse camino en un difícil medio como es el japonés" aunque por otra parte, Gregorio, quien ya llevaba varios años radicando en Osaka, a la par estaba preparando un nuevo repertorio con el Grupo Palmera donde interpretaba "música sudamericana, especialmente romántica y boleros de México, Cuba y Perú".[161] Como se puede observar, los músicos siempre buscaban el gusto del público y esto demuestra que tenían que estar versados en varios géneros musicales.

---

159   http://www.todotango.com/musica/tema/1060/A-lo-Megata/. Consultado 24 ago. 2018.

160   *IP* 10 de agosto de 1997.

161   Ibíd.

De la Argentina no solamente llegó el tango sino artistas como Luis Sartor quien por tres décadas ha tocado charango en Japón. Sartor nació en San Javier, Provincia de Santa Fe, Argentina. Desde pequeño le gustaba la música, aunque en realidad quería ser jugador de fútbol. En Argentina estudió piano y llegó a tocar el bajo en grupos de rock y música afro-tropical. Un día el famoso músico peruano Antonio Pantoja le regaló un charango y desde ahí comenzó a estudiar música folclórica con el profesor Jorge Montenegro. A fines de 1977 el azar lo llevó a Japón cuando Pantoja estaba programando su gira por ese país y tuvo problemas con el entonces charanguista; por lo tanto, le pidió a Sartor que lo reemplazara. Su gira tuvo éxito y decidió volver a Japón otra vez en 1982. Tres años más tarde lo convocaron desde Japón porque existía una muy buena oportunidad de trabajo y es así como decidió a quedarse a vivir en ese país.[162]

Sartor es compositor y arreglista; además del charango toca guitarra, ukulele, percusión, tres, cuatro y guitarrón. Ha grabado más de dos docenas de CDs y uno de sus aportes más grandes lo hizo cuando colaboró con La Orquesta de la Luz en el exitoso álbum *La Aventura*. Como ya mencioné en el capítulo anterior, con motivo de la Copa Mundial Corea-Japón creó un disco compacto para apoyar a la selección japonesa cuyo título era "Viva Nippon" [Japón]. La canción decía "Gambare Nippon, Nippon, / Gambare Nippon, Nippon, / Bom Bom Bom, / Bom Bom Bom, / Gambare Nippon".[163] Sartor compuso la canción para incentivar a los niños de los colegios japoneses para el mundial de fútbol. Además, también arregló la música del videojuego de Futbol "Winning Eleven 2008". El artista ha colaborado con un sinnúmero de programas y comerciales en la televisión como narrador y anunciante en múltiples idiomas. Debuta solo o en grupo en varias festividades de la comunidad hispanohablante. Hace más de veinte años se incorporó al grupo Los Tres Amigos que lidera el boliviano Juan Carlos Severich (guitarra y voz) y el peruano Ricky Rodríguez que se ocupa de los vientos y el bajo.

---

162   http://www.ellitoral.com/index.php/diarios/2005/09/17/nosotros/NOS-03.html. Consultado 23 jul. 2017.

163   Entrevista por correo electrónico.

También ha formado parte del Mariachi Los Compañeros el cual se fundó en el 2002 y cuyos compañeros integrantes llegaron a ser Chucho de México, Ricardo Rodrigues, Luis Valle y Diego Malvichino.[164]

Sartor también llegó a debutar con Ariel Asselborn, su compatriota quien nació en Caseros, Buenos Aires. Asselborn fue parte de varias agrupaciones folclóricas, entre ellas Los Laikas (1999-2002) y el Nuevo Trío Argentino. En el 2002 decidió quedarse a vivir en Japón aunque eventualmente volvió a Argentina en el 2015. Cuando vivía en el archipiélago publicó tres discos "Free Talk", "Una flor de vez en cuando" y "Canto subterráneo". Éste último fue premiado en Japón en el 2009 y años más tarde se lanzó en Argentina con un nuevo trabajo de guitarra y Sartor al charango.[165] "De muy chico tuve esta inquietud que me mantuvo siempre buscando, haciéndome preguntas que una melodía podía responder sin problemas; el idioma más secreto del hombre, el idioma sin fronteras, que está ahí para él y para la tierra" dijo Asselborn, el músico cuya primera canción que compuso en su adolescencia, "Pedacito de madera" fue editada en el 2005 en Japón.[166]

Pero de todos los artistas argentinos que han debutado en Japón ninguno ha sido escuchado y aplaudido por una multitud tan grande como Alfredo Casero. Él no vivió en Japón pero sí grabó en el 2001 la canción "Shimauta" (Canción de la Isla) cuyo autor es Miyazawa Kazufumi, líder de la banda "The Boom". Casero se aprendió la canción en japonés la cual formó parte del CD *Casaerius* que se convirtió en un verdadero hit de la noche a la mañana:

> Deigo no hana ga saki kaze wo yobi arashi ga kita
> Deigo ga sakimidare kaze wo yobi arashi ga kita
> Kurikaesu kanashimi wa shima wataru nami no you
> Uuji no mori de anata to deai

---

164   http://www.charangomaster.com/index.html. Consultado 23 jul. 2017.

165   https://soundcloud.com/arielasselborn. Consultado 28 jul. 2017.

166   http://inkultmagazine.com/blog/ariel-asselborn-medium-de-la-musica-hacia-el-mundo/. Consultado 31 jul. 2017.

Uuji no shita de chiyo ni sayonara

Shima uta yo kaze ni nori tori to tomo ni umi wo watare
Shima uta yo kaze ni nori todokete okure watashi no namida

Deigo no hana mo chiri saza nami ga yureru dake
Sasayakana shiawase wa utakata no nami no hana
Uuji no mori de utatta tomo yo
Uuji no shita de yachiyo no wakare

Shimau uta yo kaze ni nori tori to tomo ni umi wo watare
Shima uta yo kaze ni nori todokete okure watashi no ai wo
Umi yo uchuu yo kami yo inochi yo kono mama towa ni yuunagi wo

Shima uta yo kaze ni nori tori to tomo ni umi wo watare
Shima uta yo kaze ni nori todokete okure watashi no namida
Shima uta yo kaze ni nori tori to tomo ni umi wo watare
Shima uta yo kaze ni nori todokete okure watashi no ai wo…[167]

La canción es sobre la dolorosa guerra en Okinawa durante la Segunda Guerra Mundial. Cuando la noticia llegó a Japón sobre el hecho de que "Shimauta" (en japonés) se había convertido en un hit en Argentina, Casero comenzó a recibir múltiples invitaciones al país oriental donde también se convirtió en una figura tan popular que fue invitado a diversos programas de radio y televisión. En el 2002 Casero produjo en Japón un CD con canciones de Okinawa titulado *Shimauta – Las canciones de Okinawa*. Sin embargo, su mayor logro fue cuando "Shimauta" en versión de Casero se incluyó en el disco del sonido oficial de la Copa Mundial Corea-Japón 2002. Casero debutó con Miyazawa en el Estadio Yoyogui durante la Copa Mundial de Fútbol frente

---

167   http://www.songlyrics.com/alfredo-casero/shimauta-lyrics/. Consultado 12 ago. 2017.

a miles de aficionados.[168]

Por su parte, la música mexicana también se ha escuchado en Japón por décadas. Uno de los grupos musicales que ha tenido gran éxito es el Trío los Panchos. El grupo comenzó a dar giras en Japón en 1959, cuando todavía lo integraban Alfredo Gil, Chucho Navarro y Hernando Avilés. Algunas de las canciones que interpretaba el Trío se tradujeron al japonés tales como "Bésame mucho" o "Reloj". Por otra parte, el grupo también grabó un disco en 1961 *Los Panchos en Japón* donde incluyó canciones como "Se llama Fujiyama" cuya letra dice:

> Una vez más mi corazón
> vuelve al Japón,
> buscando la pasión
> de un amor oriental.
> Vuelve a buscar tierna amistad
> dulce ilusión,
> a ver al Fujiyama
> el símbolo de amor.
> Se llama Fujiyama,
> la montaña Nippon que todo el pueblo ama.
> Se llama Fujiyama,
> el símbolo de amor
> hecho montaña...[169]

El Trío creó una suerte de memoria musical en Japón que todavía resuena hasta el presente. Incluso hubo quienes adaptaron su música con pasión como es el caso de Sam Moreno (Osamu Hasegawa) quien aparte de haber aprendido de los Panchos también se llegó a inspirar de Armando Manzanero y sobre todo en Pedro Infante. Según un testimonio de hace veinte años, Moreno entonces no tenía una canción preferida ya que le gustaba "iniciar sus programas con Adoro, de Manzanero, para proseguir con *Solamente una vez, Cielito lindo, La bamba, Cariño malo, Corazón*

---

[168] http://www.alfredocaserooficial.com/p/durante-una-cena-en-un-restaurante-de.html. Consultado 15 ago. 2017.

[169] https://www.youtube.com/watch?v=wlbOu_dlZxQ. Consultado 3 jul. 2017.

y *El Rey*".[170] En 1995 Moreno editó un libro titulado *101 canciones favoritas de Sam Moreno* y también grabó el CD *Canta con Mariachi* y en algún momento concibió grabar otro CD con selecciones de Juan Gabriel.[171] Años más tarde Sam creó el Mariachi Samurai al que se integraron Cachito Terasawa, Shuzo Takaeda, Antonio Nakano, Cecilia, Violeta y Marco Kimura , Lumi Hasegawa y Omar Ríos Reséndiz, el único músico mexicano.[172] El legado de Los Panchos también y sobre todo se hace patente en algunos grupos de hispanohablantes que han tenido gran éxito en Japón en las últimas décadas. Como me dijo el cubano Alexander L.P., líder, cantautor, guitarrista, arreglista y productor musical de Alexander L.P. y Puros Habanos Band quien lleva más de diez años de residencia en Tokio "mi escuela fueron Los Panchos."[173]

Los Diamantes es una de las bandas que se formó en Okinawa en 1991. El líder de la banda (que en la actualidad sigue debutando con éxito) es Alberto Shiroma. Entrevisté a Beto (como muchos le llaman), en su estudio en Ginowan-Shi, Okinawa en el 2015 donde me recibió con una gran sonrisa. Ahí me explicó que en su nativo Perú había estudiado *enka*, un género de baladas japonesas tradicionales, pero cuando decidió mudarse a Japón se le hizo muy difícil entrar en el mundo tan competitivo japonés.[174] De acuerdo a Eduardo Azato Shimabukuro, cuando Beto llegó a Japón:

> No hablaba el idioma y ése era el principal problema. Tenía 20 años y en esa época no había cantantes jóvenes para el género. … Visité muchos compositores y nada. Tal vez no fue el momento, pero lo cierto es que luego al mes me di cuenta que no ataba ni desataba en Tokio. Por otro lado, no podía, no quería regresar. En el Perú me habían despedido como si fuera a triunfar [allí había obtenido un premio en un

---

170 Citado por Fernando Sea, *IP* 22 de septiembre de 1996. El título de las canciones aparece así en el original.

171 Ibíd.

172 *El Economista* (México) http://eleconomista.com.mx/entretenimiento/2013/09/12/mariachi-samurai-japoneses-tradicion-mexicana publicado el 12 de septiembre del 2013. Consultado 28 jun. 2017.

173 Entrevista personal.

174 Entrevista personal.

concurso internacional de karaoke] y mucha gente me dio su respaldo. No podía defraudar a tanta gente, de modo que tuve que replantear todas mis expectativas. Comenzar de cero.[175]

El éxito de Beto llegó cuando se mudó a Okinawa pero no sin antes estudiar la cultura musical y varios instrumentos del sur de Japón. Además, mientras estudiaba japonés trabajaba como mesero y lavaplatos al mismo tiempo que "se ofrecía a cantar gratis hasta que su calidad fue reconocida y fue contratado para hacer shows en eventos y hoteles. Del *enka*, nada; el suceso vino a través de temas tradicionales latinoamericanos como 'El Cóndor Pasa' … 'La Bamba', y boleros románticos de 'Los Panchos'.[176] De acuerdo al estudioso Shuhei Hosokawa "el giro drástico desde la enka a la música latinoamericana que se produjo tras la emigración de Shiroma al Japón puede entenderse justamente como un movimiento inverso: su afinidad con la cultura 'latina' pudo entonces poner en juego, y la música 'tropical' se acomodó bien a esta nueva identidad social. … Igual que [Shiroma] era 'okinawo' y 'japones' en Perú, ahora es 'peruano' y 'latinoamericano' en Japón".[177]

En 1993 Los Diamantes lanzaron el CD *Okinawa Latina* el cual incluía las canciones "Okinawa mi amor" y "Ganbateando". Ésta última se convirtió en un éxito de la noche a la mañana entre la comunidad hispanohablante. La letra dice así:

> Era una noche oscura
> ya nadie va caminando
> está con sus dos maletas
> el DC10 esperando.
> […]
> Con sueños e ilusiones
> y una deuda pendiente
> Ramón se va a trabajar
> al país del sol naciente.

---

175 http://kantod.com/?s=gambateando. Consultado 7 ago. 2014.

176 Ibíd.

177 Hosokawa "Okinawa latina…" http://www.redalyc.org/html/822/82200610/. Consultado 13 ago. 2017.

> Aquí lo que más le cuesta
> es poder comunicarse
> entre tanta indiferencia
> difícil es aguantarse.
> Aparte de la rutina
> interminable y pesada
> hay gente que discrimina
> y lo provoca por nada.
> Para matar la tristeza
> que tiene en su corazón
> por la familia que espera
> "GANBATEANDO" va Ramón
> "GANBATEANDO" sí, "GANBATEANDO" va
> "GANBATEANDO" sí, "GANBATEANDO"....[178]

Como se puede observar, la canción es sobre un inmigrante que llega a trabajar a Japón. Por su temática y su melodía (al son de compases de rumba y salsa), "Ganbateando" se hizo muy popular entre las diversas comunidades de hispanohablantes; muchas de ellas se identificaban con el Ramón de la canción quienes por primera vez sentían que alguien les cantaba directamente a ellas. Le pregunté a Beto sobre el origen e inspiración de la canción y me dijo que el tema se le había ocurrido al ver tantos trabajadores extranjeros en Japón, incluyendo él mismo y su familia luchando por el pan de cada día.[179]

Hubo otros grupos de inmigrantes que poco a poco se fueron dando a conocer en Japón, aunque claro, no lograron el mismo éxito que Los Diamantes. Uno de ellos es el grupo Son Tres el cual tocaba en Kanagawa, Tochigi, Gunma y Tokio. El grupo nació en 1991 aunque sus integrantes, todos peruanos, ya se conocían en su país natal antes de emigrar a Japón en 1990 donde llegaron a trabajar en fábricas. Los integrantes eran Cesar Teruya, tecladista; Sergio Genna en el bajo y Enrique

---

[178] https://www.musixmatch.com/es/letras/%E3%83%87%E3%82%A3%E3%82%A2%E3%83%9E %E3%83%B3%E3%83%86%E3%82%B9/%E3%82%AC%E3%83%B3%E3%83%90%E3%83%83% E3%83%86%E3%83%A4%E3%83%B3%E3%83%89-Gambateando. Consultado 26 ago. 2018.

[179] Entrevista personal

"Kike" Goya, vocalista y en las congas. A ellos se unieron la cantante Patricia Shimabukuro y Richard Dobleú en la batería. El grupo tocaba música tropical, música criolla, baladas y rock. La canción "Suéñame", compuesta originalmente por Goya fue seleccionada por la televisión de Okinawa para que sirviera de fondo musical en un comercial. La canción tiene que ver con la nostalgia; se trata de "un ser que al estar lejos de su tierra, le pide al ser amado que lo espere, y que le guarde fidelidad hasta el soñado momento del reencuentro."[180] Asimismo, Somos Latinos fue una orquesta de salsa dirigida por el guitarrista José Hernández Shimabukuro. Ésta se formó en 1992 y por varios años fue la orquesta extranjera líder en salsa. El grupo ganó el Festival de Música Latinoamericana en el género tropical que se llevó a cabo en Inuyama, en la provincia de Aichi. Como se puede observar, varios de los grupos que lograron éxito estaban asentados en ciudades apartadas a Tokio.

En 1998 se formó en Okinawa la agrupación Kachimba 1551. Al principio la banda tenía 10 miembros y su líder era Taro. Lo que hizo a este grupo diferente de los demás era la fusión de salsa cubana con el ritmo okinawense. Se trataba de una orquesta especial que interpretaba "desde la salsa dura hasta mambo pasando por el cha-cha-cha y merengue"; en fin, un grupo que desde su inicio produjo salsa con marcada influencia cubana.[181] "Nosotros interpretamos una salsa 'uchinanchu', es decir, nuestro estilo se ha fusionado con la música okinawense. Somos uno de los pocos que podemos hacerlo" señaló Antonio Arakaki, un peruano que todavía forma parte de la agrupación.[182] En el 2001 Kachimba 1551 viajó a Cuba para presentar sus producciones. Por supuesto, la banda ha hecho su debut en todo Japón y no solamente en Okinawa. Además, el grupo también se ha hecho escuchar en Estados Unidos, Canadá, Hong Kong y Taiwan. En el 2007 Kachimba 1551 organizó un concierto para recaudar fondos y apoyar el festival que conmemoraba "El Centenario de los Inmigrantes Okinawenses a Cuba". Asimismo, la agrupación

---

180 *IP* 9 de febrero de 1997.

181 *IP* 26 de enero de 1996.

182 Ibíd.

compuso música para el documental "Salsa y Champurú" que se enfoca en la emigración de los *nikkei* a Cuba. En la actualidad hay otra banda: Kachimba 4. Algunos de sus miembros tocaron con Kachimba 1551. Por más de una década Kachimba (1551 y 4) han realizado "talleres educativos de música en colegios, institutos y universidades para promover entre los estudiantes la música y la cultura latinos como actividad de apoyo en la educación".[183] Con más de una docena de discos grabados, Kachimba promete seguir produciendo música creativa y ecléctica al mismo tiempo.

Aquí me permito hacer un paréntesis para subrayar que la influencia de la música cubana ha hecho eco en diversos grupos, como Kachimba (1551 y 4), al que acabo de aludir arriba. Varios artistas y grupos cubanos que han viajado desde la Isla o desde Estados Unidos han hecho giras por Japón. Por ejemplo, "Tropical Cuba" presentó un "macro espectáculo" en 17 diferentes ciudades, escribió Mario Castro, uno de los periodistas más prominentes de *International Press* quien añadió:

> En primer lugar, por la concepción misma del espectáculo, cuya coherente estructura incluyó no solo estampas de la música popular (potpurrí de cha cha cha) y algunas netamente folclórico-religiosas (Ochún y Ogún), sino también sones y boleros (Lágrimas negras) y una faceta poco conocida de la inspiración isleña: el llamado genero campesino (Amorosa guajira). Además, por si fuera poco, Tropical Cuba trajo consigo una buena muestra de su percusión afrocaribeña, así como el mejor estilo de un espectáculo circense de corte internacional, dos malabaristas y una contorsionista de peso.[184]

Asimismo, el Conjunto Folclórico Nacional de Cuba realizaba cada año giras que incluso se promovían hasta Sapporo, el norte de Japón, donde había un restaurante llamado Habana que operaba como "centro de difusión para las diferentes manifestaciones

---

183 http://kachimba.com/profile/kachimba_sp.html. Consultado 3 ago. 2017.

184 *IP* 20 de diciembre de 1997.

culturales latinas".[185] En 2003, un artículo del periódico decía "en los próximos años Japón se convertirá en la isla del son cubano, que es la salsa, porque los nipones la sienten como si la hubieran sentido toda la vida."[186] La nota era en torno a Manolito y su Trabuco que se presentó en Osaka junto a la orquesta Sabrosura del Sonido. Ese mismo año, Haila Mompié, la admiradora de Celia Cruz estaba de gira en Japón por segunda vez.[187] Incluso, Pancho Amat, uno de los grandes del son cubano hizo su debut con sus compañeros del Cabildo del Son: William Borrego, Francisco Padrón, Bernardo Bolaños y Dayron Ortega.[188] Los ritmos cubanos se hacían escuchar hasta en el circo cuando el famoso Cuba Circus de la Habana se presentó en el Little World de Aichi. A petición del publico japonés, los malabaristas, acróbatas y equilibristas dieron una lección de salsa.[189] Incluso en la actualidad, la música y los músicos cubanos gozan de éxito porque se presentan por temporadas que duran meses en los más exclusivos hoteles de Tokio. Como dijo Alexander L.P., el músico cubano que mencioné con anterioridad, "aquí en Japón no tenemos competencia; la competencia somos nosotros mismos."[190] La influencia de la música cubana en Japón es tan vasta que merece un libro en sí.[191]

---

185 IP 28 de febrero de 1998.

186 IP 6 de septiembre de 2003.

187 Ibíd. En una nota publicada el 10 de julio del 2004, Jun Takemura, un crítico que por tres décadas dirigió programas de música latina en la radio NHK escribió una nota que no es muy clara pero que alude a la visita (¿quizás más de una visita?) de Celia Cruz a Japón. Dice Takemura: "Celia Cruz participó junto a Tito en un festival de jazz realizado en Madarao Kogen, en Japón. En octubre de 1993, para la inauguración del enorme local de música latina Cocoloco frente al Teatro Shinjuku Koma, a raíz de un consejo que di a su propietario, se realizó una conmovedora presentación conjunta de la Reina de la Salsa y los Reyes del Mambo. La mayoría de los nipones llegaron a conocer su nombre a través del disco 'Tsukikage no Cuba' que fue un gran éxito al ser lanzado al mercado japonés en 1960. IP 20 de julio de 2004.

188 IP 28 de junio de 2008.

189 IP 22 de abril de 2006.

190 Entrevista personal.

191 Dice el crítico Emilio García Montiel: "Por las más recientes memorias de Paquito D' Rivera, Ser o no ser, esa es la jodienda. Paisajes y retratos, me entero de la existencia de una pieza del gran flautista cubano José Antonio Fajardo con el estribillo "Sayonara, sayonara, me voy pal Japón". De acuerdo con la Enciclopedia discográfica de la música cubana, de Cristóbal Díaz Ayala (pp. 51-52) "Sayonara" fue compuesta cerca de 1960 y editada en el LP Sabrosa Pachanga, de 1962. Fidel Eyeglasses, sin embargo, data el disco de 1960 y apunta una reedición bajo el título de Sayonara -Orquesta Típica Panart. En la revisión me encuentro

Ahora, si volvemos a los grupos que surgieron a finales de los 90 y principios del siglo XXI, *JAPONeando con Salsa* fue el primer CD que grabó en Japón en el 2001 Juan Carlos Pérez. Unos años antes había interpretado "Diré que nunca" acompañado de la Orquesta Son Omelé en su nativo Perú. Entonces gozaba de tanta fama que la banda "no podía faltar en los principales salsódromos o fiestas sociales de su país. Gracias a ese tema pudo compartir escenario con salseros de renombre como Marc Anthony, junto a quien hizo delirar a cerca de 20,000 personas en una de las playas limeñas".[192] Desafortunadamente, debido a la crisis económica en Perú, Pérez tuvo que abandonar su carrera musical y decidió irse a Japón donde comenzó como muchos, trabajando como obrero. Debido a su persistencia, una vez en el archipiélago, Pérez volvió a formar la Orquesta Son Omelé en el 2003. Últimamente ha grabado "Amor sin aventuras" y ha tocado en las afueras de Nagoya con grupos más jóvenes como Los Lobos de la Cumbia, El Nene de la Cumbia y Carlos Burgos y su Grupo.[193]

También surgieron otros grupos que no fueron tan conocidos en todo el archipiélago pero que obviamente fueron importantes en las ciudades donde debutaban. Por ejemplo, A Conquistar fue el nombre del grupo dirigido por el peruano Daniel Komoro, propietario de la discoteca Splash en Atsugi, Kanagawa. El grupo, compuesto por 12 integrantes entre latinoamericanos y japoneses, ofrecía "una salsa riquísima"; en realidad "una mezcla

---

igualmente con un Fajardo en el Japón donde al menos tres títulos refieren directamente a tierras niponas: "Chotto matte" [espera un momento], "Hola Japón" y "Lindo Zakura" (sic). Según Díaz Ayala, la placa es de cerca de 1962, mientras que Fidel Eyeglasses la fecha en 1961, con interpretaciones de ese año y de 1960; al igual que Sabrosa Pachanga, Fajardo en el Japón sería reeditado, esta vez como Hola Japón-Orquesta Típica Panart". http://parikatana.blogspot.com/2010/12/sayonara-sayonara-me-voy-pal-japon.html. Consultado 28 jul. 2017. También consultase en el mismo blog de García Montiel: http://parikatana.blogspot.com/2011/11/cuba-en-el-festival-mundial-de-la.html

192   *IP* 22 de diciembre de 2001.
193   Otro grupo peruano, La Octava Nota, originó en 1999. Fue dirigido por Ángel Rivero y se desenvolvía en Aichi. El 21 de julio de 2003 decía el periódico *IP* que el grupo celebraría en agosto 13 de ese año su cuarto aniversario con un show en el Bunka Kaikan de la ciudad de Obu, en la prefectura de Aichi. A ellos los acompañaría el grupo Perú Criollo del peruano Enrique Kamizaki.

de ritmo puertorriqueño y la agresiva tiemba [sic] cubana".[194]

"Es difícil abrirse camino en el género de música 'nova trova' en Japón" señaló el crítico Fernando Sea.[195] Pero de todas formas el cantautor chileno Reynaldo Pineda que se afincó en Japón a principios de los noventa, trabajaba mucho para salir adelante. Se ganaba la vida interpretando canciones de Víctor Jara, Violeta Parra, Silvio Rodríguez, Pablo Milanés, Mercedes Sosa, Atahualpa Yupanqui, Tania Libertad y Joan Manuel Serrat. Antes de mudarse a Japón Pineda ganó en Santiago de Chile el Festival "Víctor Jara". En Japón Pineda tocaba la guitarra y lo acompañaba la bajista Daiske Yoshioka y la pianista Mayumi Motohashi. Juntos seguido interpretaban "Te recuerdo", "Amanda", "Moliendo café" y "Comandante Che Guevara". Como otros músicos que he citado anteriormente, el cantautor chileno llegó a hacer comerciales para la televisión japonesa.[196]

Los diversos festivales que fueron surgiendo a través de los años han ayudado a promover grupos y cantantes individuales. Como se podrá ver, esos eventos ofrecen una plataforma donde artistas japoneses, hispanohablantes afincados en Japón e invitados de varias partes del mundo presentan. Desde el verano de 1990 se llevó a cabo el Caribbean Carnival (ahora es el Caribbean Latin America Festival). Cada vez se presentan diferentes grupos. Por ejemplo, en agosto de 1995, Los Diamantes interpretaron "Cantemos la canción de la victoria", "Diamambo" y "Como un cóndor". A ellos se unieron la agrupación puertorriqueña 3-2 Get Funky así como la cantante La India que debutó con una orquesta que integraba a Bobby Allende en los bongos y Luisito Quinteros en los timbales.[197] El Caribbean Carnival en su tiempo tuvo su éxito y para promoverlo aún más los organizadores lanzaron el disco *Caribbean Carnival* en donde se recopilaban los mejores temas de los grupos participantes en el evento. El siguiente año, el Carnival tuvo como invitado al país de la República Dominicana. En esa ocasión hicieron acto de presencia Las Chicas del Can y

---

194 *IP* 24 de abril de 2004.

195 *IP* 9 de febrero de 1997.

196 Ibíd.

197 *IP* 19 de agosto de 1995.

Las Merenbooty Girls. También participaron los merengueros japoneses que integraron las agrupaciones Belinda Sunrise y Alaska Band así como las Cow Girls.[198] Ahora los tiempos han cambiado; el Caribbean Latin America Festival atrae a miles de personas al Parque Yoyogi de Tokio. Una mirada al programa del 2015 indica que se presentaron los grupos Panorama Steel Orquesta, Olawodudu, Beat it Dancers, P&J Samba, Los Cativos, Lokaliente, Stars on Pan, L Girls, Supra Carlos Garcia, Carnival Flavor y Sonics Tokyo. Individualmente se presentó Lakopo, Ronski, Lando, Michy Rich, Barbie Japan y Tsuyoshi entre otros.[199]

El Latin Music Festival se llevó a cabo durante años (comenzó en 1998). Un artículo que documenta la octava edición señala que había 50 intérpretes japoneses y dos invitados especiales, George Yamamoto de Perú y "Lupita" de México. Los artistas interpretaron salsa, cumbia, mambo, ranchera, merengue y guajiro entre otros. Decía Fernando Sea: "nos daba la impresión de que nos encontrábamos en una sala de espectáculos de México, Colombia, Perú o República Dominicana. Por donde se caminaba se respiraba música latina. Al escuchar a Izumi Muramatsu, vocalista de Son Reinas, parecía como si Celia Cruz (salvando la distancia), se contoneara sobre el set. Las niponas Akiko Ise (bajo), Satomi Seki (conga) y la juvenil Higa, en la guitarra, se entregaban en cuerpo y alma al ritmo caliente y acompasado de la salsa".[200]

Por supuesto que tampoco podía faltar el "Cuban Music and Dance Festival" que en el 1997 presentó a varios exponentes del ritmo salsero de Cuba y Japón. Ahí también se presentó el grupo Son Reinas (la banda salsera a la que aludí anteriormente que estaba integrada por diez jóvenes japonesas que se inició en 1993) y el grupo Chévere, Narciso Medina de Cuba y el Dúo Fong. Festivales como este no se organizaban anualmente sino esporádicamente. Lo que estoy tratando de mostrar aquí es cómo los festivales son plataformas ideales donde artistas de varias nacionalidades conviven.

El Carnaval de Samba de Asakusa tuvo su primera edición

---

198   *IP* 11 de agosto de 1995

199   http://www.guavaberry.jp/TheCaribbeanLatinAmericaStreet/. Consultado 22 ago. 2017.

200   *IP* 6 de octubre de 1996.

a principios de los ochenta. Como su nombre lo indica, el festival es de corte brasileño. Sin embargo, en 1997 invitaron a la comparsa cubana. Mario Castro escribió: "En ese evento ... la conga cubana supo ganarse un espacio y captar la atención del público al transmitir su mensaje de alegría, ritmo y color, mediante vestidos típicos y una bien montada coreografía en la cual participaron un total de 80 personas entre músicos y danzarines. La estructura de la comparsa, que corrió a cargo del coreógrafo y bailarín cubano radicado en Tokio Tanguín Fong, representó, según sus propias palabras, 'la historia de cómo los esclavos negros africanos llegaron a Cuba, no solo con su cargamento de cadenas y penas, sino también con su rico folclore musical'".[201] Lo interesante es que dentro de la comparsa solamente había seis cubanos; los demás eran japoneses. Desde el principio este carnaval atrae por lo menos a medio millón de personas; por lo tanto, poder representar, aunque sea solo un aspecto de la cultura cubana era cuestión de gran orgullo.

El Festival Merengue, Tabaco y Ron fue uno de los primeros en promover la música y la danza de la República Dominicana. El espectáculo presentaba varias actividades, pero sobre todo había concursos de merengue y bachata donde se presentaban varias parejas de hispanohablantes y mixtas también. Como parte del festejo generalmente había una exhibición de baile. Un artículo señalaba la diversidad del jurado en la edición de 1997:

> El grupo encargado de señalar a los ganadores estuvo integrado por S. Satomi, Yuko Harada y Yuko Ishikawa, profesoras de salsa al estilo americano, más específicamente de Nueva York y Puerto Rico; Alberto Romay, bailarín e instructor de ritmos populares cubanos; Luis Sasaki, buen exponente del merengue y la bachata del país anfitrión; la peruana Elsa Hatakeda, profesora de salsa, merengue y ritmos modernos; el argentino Santiago Herrera, director ejecutivo de Tiempo Iberoamericano, y el también dominicano, empresario y entendido en estas artes del baile Harold Marcano. El momento culminante del certamen, el

---

201   *IP* 6 de septiembre de 1997.

cual fue acertadamente conducido por el quisqueyano Luis Matos, fue sin duda el anuncio que coronó a los ganadores.[202]

Como es evidente, las variopintas nacionalidades del jurado no solo reflejan la diversidad de los concursantes sino la forma en que varios grupos practicaban este baile caribeño.

Uno de los festivales que ha atraído a cientos de participantes por todo Japón es el Festival de Marinera; de hecho, no se trata de un solo festival sino de varias festividades y concursos que se llevan a cabo en torno a esa expresión artística. El baile de la marinera se originó a finales del siglo XIX en la ciudad de Trujillo situada al norte de la capital del Perú. Por décadas, se han hecho concursos nacionales de baile en ese país. La marinera ha estado presente en Japón desde que llegaron los inmigrantes de los que me ocupo en este libro, alrededor de 1990. Los festivales y concursos se iniciaron años más tarde. Incluso, se llevaban (y se llevan) a cabo en escuelas; por ejemplo, a Kiyoshi Florián, un estudiante del Colegio Mundo de Alegría se le ocurrió realizar un festival en el 2006. El evento se realizó en el Hamamatsu Fukushi Koryu Center y abrió el festival "la presentación de una danza de tondero, donde once niños peruanos y japoneses realizaron un baile que nació entre la región de Piura y Lambayeque, al norte de Perú".[203] Los miembros del jurado fueron Junko Okada, directora del Grupo Amistad Criolla, y Cesar Paredes Orrego, director del Grupo Perú Matisse y profesor de danzas quien llegó a Japón en 1994.

En el 2011 se llevó a cabo el Primer Concurso de Marinera Norteña "Sacachispas 2011". Los concursantes debían de estar familiarizados con las marineras "La centenaria" de Alejandro Segura, "El gato blanco" de D.A.D., "El triunfador" de Segundo Castañeda, "La trujillana" de Teófilo Álvarez, "Así baila mi trujillana" de Juan Benítez, "El turrón" de Juan Requeña Castro, "La concheperla" de Abelardo Gamarra, "Que viva Chiclayo" de Luis Abelardo Núñez, "Al compás de la 32" de D.R. y "Sonando

---

202   IP 10 de agosto de 1997.

203   IP 13 de mayo de 2006.

el cuero del tambor" de D.A.D.[204] Este concurso también llamado (Selectivo Mundial de Marinera Peruana) todavía se sigue llevando a cabo. También se crearon otros festivales como aquel que fundó el compositor y cantante peruano Luis Abelardo Takahashi Núñez: Festival de Marinera Norteña. El evento se destaca porque en éste participan jóvenes de entre 13 y 17 años. Con motivo del II festival que se llevó a cabo en Gifu en agosto de 2014 y que atrajo a concursantes de diferentes provincias de Japón, llegaron al archipiélago como jurado el "Chino" Terrones, campeón nacional en el Festival de Trujillo uno de los más reñidos en Perú, y los campeones Álex Donet y Paula Galdós. Otros miembros del jurado fueron la japonesa Chifumi Fukuda y Álex Hidalgo, director de cine y televisión.[205]

Diversos grupos también bailan la marinera durante festivales religiosos como el del Señor de los Milagros el cual se lleva a cabo en más de una docena de iglesias católicas en todo el Japón durante el mes de octubre. Desde principios de los 90, los fieles se reúnen en sus respectivas iglesias y le rinden honor a la imagen del Cristo de Pachacamilla o el Señor de los Milagros.[206] Las variopintas imágenes del Cristo son réplicas de aquel que se encuentra en el Convento de las Hermanitas (iglesia de las Nazarenas) en Lima. Generalmente la imagen morada es bendecida y sacada al atrio de la iglesia en andas después de una misa en español (a veces las misas son bilingües o trilingües e incluyen el japonés y el tagalo, por ejemplo). Después de la oración, grupos de fieles se apresuran para transportar la imagen mientras entonan el Himno al Señor de los Milagros en una procesión que da vueltas en el atrio de la iglesia o incluso, cuando se permite, llegan recorrer un par de calles.[207] Posteriormente,

---

204 http://out.easycounter.com/external/espanol.ipcdigital.com. Consultado 8 ago. 2018.

205 http://internationalpress.jp/2014/08/05/chicos-peruanos-muestran-mejor-nivel-en-el-ii-festival-de-marinera-nortena-2014-realizado-en-gifu/. Consultado 12 ago. 2018.

206 De acuerdo a la estudiosa Hiromi Terazawa, la primera procesión del Señor de los Milagros en Japón se llevó a cabo en la Iglesia Católica de Sumiyoshi en Kobe el 18 de octubre de 1992 (173).

207 No ha sido fácil llevar a cabo las procesiones en las calles tal y como se hace en Perú. La iglesia católica de Yamato (Kanagawa) fue la única que al principio logró autorización para que la imagen del Cristo que había sido mandada pintar y que se montaría sobre unas andas de más de 200 kilos pudiera recorrer las calles de Minami Rinkan (Kanagawa) por dos horas.

grupos de niños y jóvenes se regocijan al bailar la marinera frente a la imagen del Cristo. Esta celebración anual, celebrada por católicos de varios países (a la misa acuden, japoneses, filipinos e hispanohablantes y gente de otras nacionalidades), termina con un agasajo gastronómico donde todos comparten comidas de todo el mundo. Como se ha podido notar, la marinera se lleva a cabo en un sinnúmero de festivales incluyendo los religiosos y son tantos los grupos y escuelas que ese baile por sí mismo merece un estudio profundo.

Las diversas asociaciones sin fines de lucro que se han fundado en Japón a lo largo de los años también han ayudado a propagar la música y sobre todo la danza folclórica. La Sociedad Hispánica de Japón o Casa de España (fundada en 1957), es una institución cultural y académica japonesa que imparte cursos de flamenco y guitarra.[208] Con la llegada de los inmigrantes latinoamericanos se crearon asociaciones con miembros de diferentes países. Entre 1994 y 1996 se fundó la Asociación de Chilenos de Kansai, la Asociación Peruana de Nishio (más tarde se llamó Asociación Hispanoamericana), la Asociación Perú Ashikaga de Tochigi, la Asociación Gunma, la Asociación Contigo Perú, la Asociación de Mexicanos Residentes en Okinawa, la Asociación Kanagawa, la Asociación Peruana de Yokohama y el Centro Cultural Hispano de Okinawa.[209] En 1997 se creó la Asociación de Paraguayos de Tochigi.[210] Conforme los hijos de los inmigrantes iban creciendo surgieron entidades como el Centro Cultural de Jóvenes Latinoamericanos de Yokohama

---

IP 3 de noviembre de 1996.

El 28 de mayo de 2011 entrevisté a Javier Takahashi quien ayuda con la administración de la Iglesia Católica de Midorigaoka en Nagoya. Él explicó que al principio fue muy difícil hacer una procesión en las calles aledañas a la iglesia ya que ese tipo de procesiones religiosas no se llevan a cabo en Japón. De todas formas, con el paso del tiempo ha habido más aceptación y apertura. La celebración del Señor de los Milagros en esa iglesia es una de los más grandes del país.

208 En diciembre de 1993 se formó la Asociación de Jóvenes Españoles en Japón. Su objetivo principal era fomentar contactos e intercambios de información sobre experiencias individuales que orientar y ayudar a los españoles a mejorar su nivel de adaptación en Japón. *IP* 22 de mayo de 1994.

209 *IP* 11 de septiembre de 1994; 23 de abril de 1995; 24 de marzo de 1996; y, 28 de marzo de 1998.

210 *IP* 6 de mayo de 2004.

(2000),[211] el grupo Ganbateando Argentinos (2003),[212] el Centro Cultural Impacto Latino y la Asociación de Peruanos en Japón (2013).[213] Todas esas entidades organizaban (y organizan) eventos para mostrar su cultura, sus tradiciones y su folklore. En una conmovedora carta, Ángel Rafael La Rosa Milano escribía en defensa de esas asociaciones:

> Cuando emigramos a tierras muy remotas, convirtiéndonos en extranjeros, la añoranza de nuestra gente, nuestra tierra y nuestras costumbres hace que crezca el amor patrio y la conciencia de nuestra cultura nacional. Estando en nuestros países, normalmente nos relacionamos con las tradiciones musicales, por ejemplo, como meros espectadores. pero, al vivir en otros lugares, con otros pueblos, la cultura propia se convierte en alimento vital, en vivencia fundamental. Nos armamos de patriotismo y lo expresamos participando activamente en promoción de nuestro rico acervo cultural. A veces, incluso, llegamos a convertirnos en flamantes cantantes y bailarines. Ciertamente, un tanto improvisados, aunque por demás orgullosos y entusiastas. […] El Centro Cultural Impacto Latino se yergue como esa fuerza convocadora imprescindible. La razón primera para la concepción del mismo es el cabal entendimiento que tienen sus fundadores sobre el peso específico de la cultura, la educación y el deporte en el desarrollo integral y armónico de las comunidades latinoamericanas y española establecidas en Japón, en busca de horizontes de prosperidad.[214]

---

211 *IP* 29 de diciembre de 2001.

212 *IP* 22 de mayo de 2004.

213 Esta asociación está tratando de consolidar todas las asociaciones peruanas en Japón: "La creación de la Asociación de Peruanos en Japón no es sino la suma de muchas voluntades concurrentes quienes acordaron formar esta gran Asociación que involucre en lo posible a todas las diversas asociaciones, grupos, individuales y demás colectivos humanos de peruanos que radican en Japón sin distinción de raza, religión, credo y solo con el único y obligado requisito de la preocupación y ganas de trabajar para un mejor futuro de nuestra comunidad peruana afincada en Japón." http://www.aspeja.org/index.php/component/k2/item/50. Consultado 31 jul. 2017.

214 *IP* 21 de junio de 2008.

Es obvio que el baile y la música están en el corazón de lo que divulgan esas asociaciones.

Con el paso del tiempo fueron surgiendo agrupaciones que fueron (algunas todavía lo son), "invitadas por municipios y asociaciones internaciones japoneses para difundir la música, baile y gastronomía de América Latina. Las actividades que realizan estos grupos se han constituido en auténticos embajadores culturales de sus países en Japón y también han contribuido a fomentar la amistad y el entendimiento con los japoneses" señaló Eri Horiuchi.[215] Algunos de los grupos que el periodista menciona son: Grupo Corazón de México, de danzas mexicanas (fundado en 1985); Grupo Amigos de danzas latinoamericanas (1989); Así es mi Tierra, de danzas peruanas (1991); Grupo de Danza Paraguaya Golondrina Viajera (1996); Centro Cultural de Jóvenes Latinoamericanos de Yokohama, de danza y gastronomía latinas (2000); Bailando Perú de danzas tradicionales de ese país (2000); el Grupo Folclórico Proyecto Lengua Española, de danzas peruanas (2000); el Grupo Chachani, de música folclórica de los andes (2002); el Circulo Latinoamericano de Toyokawa de música danzas y bailes peruanos (2002); la Fraternidad Cultural Bolivia Unida de Bailes Bolivianos (2003); Mi Perú, un grupo infantil que interpreta bailes peruanos (2003); Viva Bolivia de bailes de ese país (2003) y la Comunidad Peruana Japonesa de Kansai (2004) que se dedicaba a visitar a los latinoamericanos detenidos en la Oficina de Inmigración de Ibaraki a la par que hacía intercambios culturales a través de la danza.[216] Incluso, hay asociaciones que han surgido en lugares únicos como la Okinawa Latino American Association que fue formada por militares hispanos dentro de la Base Militar

---

215 IP 5 de marzo de 2005.
Aparte de esos grupos se imparten clases de baile en diversas partes del país y en espacios variados como los restaurantes y los bares. De acuerdo a Julio Hirashiki, un *nissei* asentado hace casi dos décadas en Okinawa, recuerda que en esa provincia "prácticamente la gente no conocía la salsa" (entrevista personal). Por eso fundó su negocio Salsa Latina, un bar y restaurante donde se imparten clases de salsa regularmente. "Los domingos aquí se agrupan los otros grupos que practican salsa en Okinawa. Hago dos fiestas de salsa al año; una en marzo 'Día de la Salsa' y la otra en septiembre: 'Alma Salsera'. En esas fiestas nos unimos a todos los grupos y hacemos presentaciones por varias partes. A veces presentamos ante públicos de 700 personas. Los militares [en Okinawa] tienen muy pocos lugares donde salir a divertirse. En ese sentido Salsa Latina contribuye a su recreación y enriquecimiento" añadió (entrevista personal).

216 Ibíd.

Americana en Okinawa. Dentro y fuera de la Base los miembros promueven el folklore latinoamericano.[217]

Las fiestas patrias, organizadas por los respectivos consulados, embajadas, asociaciones o simplemente grupos de personas de los países latinoamericanos con más presencia en Japón también son ocasión para mostrar la música y el folclore de cada país. De hecho, las agrupaciones de danza que mencioné con anterioridad generalmente interpretan en las sedes de donde se llevan a cabo las celebraciones. Esas celebraciones de los Días Nacionales presentan una magnífica oportunidad para llevar a grupos y artistas invitados a Japón al mismo tiempo. Los siguientes son algunos ejemplos. En 1997, con motivo del 175 Aniversario de la Independencia de Perú, la Asociación Contigo Perú congregó a 200 personas. Los asistentes cantaron el himno nacional y hubo presentaciones de grupos folclóricos y de bailarines de danzas peruanas como el Huaylas, la marinera y el landó. Al final se hizo un sorteo, se ofreció comida peruana y hubo un baile general.[218] Dos meses más tarde en la Embajada de México en Tokio se hizo una reunión-almuerzo para celebrar la independencia de ese país. Hubo duetos de charros y mariachis. Los dúos Canto a Veracruz y Canto de América entonaron guapangos, boleros y música latinoamericana. También se ofrecieron platillos tradicionales de México.[219] Ese mismo año, al sur de Tokio, en Osaka, se comenzó a llevar a cabo la Fiesta Mexicana de Osaka la cual tiene como finalidad la promoción cultural de México. El Día Nacional Paraguayo se ha venido festejando por la Asociación de Paraguayos de Tochigi (cuyos miembros hablan en guaraní)[220] y la Fiesta de Paraguay en Tokio se lleva a cabo en esa ciudad con motivo de la independencia.

---

217 Esta asociación es muy activa dentro y fuera de la Base Militar Norteamericana. Hacen varios eventos culturales, recaudan fondos, otorgan becas y hacen trabajo comunitario (entrevista personal con Iroel Rodríguez). Juan Carlos Lugo Alba, uno de los principales promotores de la cultura latinoamericana señaló que era un honor difundir la cultura latinoamericana a través de bailes y festivales (entrevista personal).

218 *IP* 4 de agosto de 1996.

219 *IP* 29 de septiembre de 1996.

220 *IP* 15 de mayo de 2004.

Japón es uno de los países que celebra más fiestas y festivales. En el verano solamente (que coincide con la mayoría de las celebraciones nacionales latinoamericanas) hay cientos de festivales con fuegos artificiales. Decía un editorial del *International Press*:

> Entonces habría que institucionalizar o encausar mejor ese caudal de adrenalina que parece inundar Japón con las fiestas de Colombia, Perú, Bolivia y un poco después México, que ya aprovecha bastante bien su celebración nacional desde años atrás. Miren lo que hace este país, la repercusión que tiene cuando se acerca el 15 de septiembre, día en que celebran el Grito de la Independencia en México. Y eso es lo que necesitamos, gritar por los cuatro rincones de este archipiélago los días nacionales e iluminar el firmamento cultural japonés con un *hanabi* (fuegos artificiales) de exposiciones de pintura, fotografía, música, danza, arqueología, comida, cine, además de foros, visita de empresarios, rectores de universidad y mucho deporte. ¿Que cuesta mucho dinero? Pero la inversión valdría la pena. Se gastan más recursos en cenas y actividades cuyos réditos, muchas veces, son exiguos.[221]

Y en efecto, sobre todo con el paso del tiempo las fiestas nacionales se fueron transformando en grandes eventos. Por ejemplo, en el caso de la República Dominicana, cuyas fiestas nacionales se celebraban a finales de los noventa a menor escala, para el 2004 el periodista Luis Álvarez se sorprendió al ver que 500 personas acudieron a un centro comunitario. Decía:

> La Fiesta Nacional de la República Dominicana que esa comunidad festejó por primera vez con un show inolvidable, sirvió para consagrar la figura de Luis Sasaki, un joven *dekasegi* que dejó la fábrica para convertirse en maestro de danza y bailarín profesional. Ha logrado formar un elenco

---

221   *IP* 29 de julio de 2006.

solo de japoneses que baila merengue y bachata como los mejores. Fue la primera actividad de gran magnitud impulsada por el Consulado General dominicano, marcó el debut de la primera Asociación Cultural de Dominicanos de Japón y significó la oportunidad para conocer el silencioso trabajo de difusión del país de Luis Sasaki.... Con un show que Sasaki llamó 'Corazón Latino', el título de la canción del español David Bisbal, el grupo de Sasaki arrancó los mejores aplausos del público. El cierre del show estuvo a cargo de la famosa Vickiana.[222]

Y en efecto, sobre todo en los últimos diez años las fiestas nacionales de Colombia, Bolivia y sobre todo Perú se han convertido en magnos eventos que se llevan a cabo en amplios espacios al aire libre o en auditorios con capacidad para miles de personas. Sin embargo, cabe aclarar que no todas las fiestas patrias son así de grandes. Por ejemplo, el Instituto Cervantes celebró por primera vez el Día Nacional de El Salvador en el 2013. Y, con motivo del Día Nacional de Chile se llevaron a cabo eventos entre el 2012 y el 2014 donde se ha presentado el Dúo Álvarez-Henríquez, el "Arpa Dúo Sonrisa" compuesto por Enrique Carrera y Arisa Matsuki así como un concierto del virtuoso guitarrista Alexis Vallejos acompañado de Takeshi Tezuka y Yoko Takaki. Del mismo modo, con motivo del Día Nacional de Uruguay se presentó un concierto de tango que, junto al candombe y la murga se interpretaron piezas de Edgardo Donato, Aníbal Troilo así como de Francisco y Rafael Canaro.[223]

Como veremos a continuación, en las grandes fiestas nacionales no solamente se presentan artistas de un país específico sino grupos o individuos de otros países, así como japoneses, por supuesto. Por ejemplo, en la actualidad los colombianos en Japón generalmente celebran su Día de la Independencia en el Parque Hibiya de Tokio. En el 2013 hicieron su debut Álvaro Meza Rey

---

222 *IP* 6 de marzo de 2004.

223 Este último concierto se presentó en 2015. Las actividades que menciono en este párrafo se pueden consultar aquí: http://tokio.cervantes.es/es/cultura_espanol/cultura_espanol.htm. Consultado 28 jul. 2017.

Vallenato, el grupo folclórico de danzas de Colombia en Japón "Fiesta Esmeralda", el DJ Lando (Samurái Latino) y el Carnaval de Barranquilla que interpretó cumbia y puya vallenata, entre otros.[224] El siguiente año en el mismo Parque Hibiya se repitió la celebración. Esta vez fue invitada Mónica Giraldo, una artista que hace unos años ganó premios internacionales como el Grammy Latino. Asimismo, Andrés Felipe Casarán y Carlos Alberto García (Beto), colombianos afincados en Japón, presentaron salsa y mapalé con sus respectivas agrupaciones "Cali Rumba Japón" y "Sabor Caleño". Por su parte el cantante y guitarrista Kazuki Komatsu interpretó versiones de canciones de Rafael Escalona y Carlos Vives. Y, para cerrar con broche de oro, el ya mencionado grupo "Fiesta Esmeralda" interpretó cumbias y bambucos.[225]

El Día Nacional de Bolivia del 2016 se llevó a cabo en agosto y en dos lugares diferentes: el primero fue en el Centro Cívico de Akasaka en Tokio.[226] Ahí se presentaron los bailarines del Bolivia Dance Company quienes interpretaron una danza tinku. Además, se presentaron Los Tres Amigos, el grupo del boliviano Juan Carlos Severich, el argentino Luis Sartor y Ricky Rodríguez que he mencionado con anterioridad.[227] El segundo evento fue en el parque Shiba Koen donde se reunieron cientos de personas de diversas nacionalidades. Además, como se puede apreciar, las asociaciones y las agrupaciones de danza folclórica han aumentado: "Hasta Tokio llegaron instituciones culturales de la comunidad boliviana y grupos japoneses como la Asociación Bolivia Oizumi, Corazón Boliviano, Sonkoimanta, Fuji Andino de Shizuoka, Fraternidad Bolivia Unida de Mie,

---

224 http://kantod.com/fiesta-de-independencia-de-colombia-en-hibiya-park-tokio/. Consultado 5 ago. 2017.

225 http://kantod.com/fiesta-de-la-independencia-de-colombia-en-el-parque-hibiya-de-tokio/. Consultado 5 ago. 2017.

226 Las fiestas patrias bolivianas, como las mexicanas, peruanas y de otros países no solamente se celebran en Tokio. Doy el ejemplo de Tokio para mostrar la magnitud de los eventos. Por ejemplo, ya desde 1996, la colonia boliviana en Nagahama (Shiga) conmemoró la independencia de su país. "Toda la comunidad hispanohablante queda invitada a la reunión, donde se bailará la saya boliviana, así como la marinera, el huayno y el negroide peruanos" decía una nota del *International Press* (4 de agosto de 1996).

227 http://internationalpress.jp/2016/08/05/emocionante-concierto-de-musica-y-danza-celebro-en-tokio-el-dia-nacional-de-bolivia/. Consultado 4 sep. 2018.

Grupo Folclórico Japonés Tribología, Yuriko Goda, Peter Sirinu, Orquesta Estudiantina Bolivana de Japón, Caporales de Bolivia y los invitados especiales, la orquesta japonesa de salsa La Plena, que cerró la jornada con música para bailar." [228] Esta festividad es tan especial que con motivo de esa ocasión se hizo una representación del "Gran Carnaval de Oruro". Todos los artistas invitados desfilaron a lo largo del parque y danzaron al compás de la música tradicional.

Las fiestas patrias peruanas son eventos básicamente masivos. Se celebran en diferentes lugares en Tokio y en varias ciudades del interior tales como Kobe, Osaka, Nagoya, Hamamatsu y Gunma. En el verano del 2013 tuve la oportunidad de asistir al "Perú Festival" el cual se celebró el 28 de julio, justamente el día en que los peruanos celebran su independencia. "Viva la Patria" se decían los unos a los otros a través de toda la jornada. Este festival se ha llevado a cabo cada año desde el principio de los noventa y es parcialmente organizado y patrocinado por Kyodai, la empresa de la que me ocupé en el capítulo anterior. Este es uno de los festivales patrióticos que reúne a más personas y se lleva a cabo en el centro Studio Coast en Shin-Kiba, un vecindario de Tokio. En los últimos cinco años el evento ha atraído a 2,000 personas aproximadamente. Asimismo, cada año se invitan artistas de reputada fama del Perú.

El día que presencié el festival, el evento comenzó con el himno nacional del país y después el entonces embajador de Perú, Elard Escala, leyó un mensaje que le había enviado el presidente Ollanta Humala. Después, representantes de Kyodai presentaron a los maestros de ceremonias, Alberto Taba y Giuliana Salvador, quien de hecho hablaba un japonés perfecto. Ese día se presentaron un sinnúmero de grupos de marinera tanto norteña como limeña. Asimismo, se hicieron presentaciones de bailes típicos de la sierra y la selva. Hubo varios grupos de niños y de bailarines profesionales, así como diversas escuelas de danza como la de Carlos García y Erick Omiza. Por su parte el conjunto La Banda tocó salsa y el grupo Familia Criolla se ocupó de la jarana. Básicamente hubo

---

228 http://internationalpress.jp/2016/08/14/bolivianos-celebraron-su-dia-nacional-con-excelente-festival-en-tokio/. Consultado 13 sep. 2018.

docenas de grupos y el público nutrido de más de mil personas también participó ya que en ocasiones los bailarines o cantantes abandonaron el escenario para bailar con los espectadores. Conforme avanzaba la tarde el rock hizo acto de presencia. Ese día el grupo DK Vita le rindió un homenaje a Pedro Suárez-Vértiz, un rockero peruano. Y, para cerrar con broche de oro, se presentaron Los Kalibres, un grupo de reguetón integrado por jóvenes que vivieron su niñez en Perú y que emigraron a Japón a principios de los noventa y cuyos integrantes son Lando, Nando y Daniel. En esa ocasión cantaron varias canciones y una de ellas fue "Geisha":

> Me llama para que le de (eh)
> Fumamo' lo hacemo' otra vez
> Cuando prendemos los phillies
> Llenamos de humo toda la habitación
> Es argentina pero tiene un booty
> Que parece de los New York
> Mezclando el lean con la Fanta
> Nos vamos directo pa' a otra dimensión
> Siempre me pide hacerlo otra vez
> No fui a la iglesia pero ando blessed
> Ando multiplicando los de cien
> Tabamo abajo y ahora tamos flexx
> Tabamo abajo y ahora tamos flexx...[229]
> [...]

Como gran parte de los asistentes al festival eran jóvenes, se unieron al grupo que también canta en *japoñol* (una mezcla de japonés y español) y bailaron hasta el cansancio. Sin duda, el "Perú Festival" es una verdadera fiesta donde se pueden apreciar y disfrutar las diversas tradiciones musicales y dancísticas de ese país, así como los nuevos grupos jóvenes que van surgiendo en Japón y que tocan música urbana como es el caso de Los Kalibres. Por varias horas los espectadores se deleitan de los coloridos de los

---

[229] https://www.musica.com/letras.asp?letra=2276053. Consultado 28 ago. 2018. Para un video de ese evento, véase: https://www.youtube.com/watch?v=qQq65Tv2Clo. Para un estudio sobre este grupo consúltese el cabal estudio de Erika Rossi "Cantar la identidad...".

atuendos y tienen la oportunidad de escuchar ritmos y melodías de casi todos los rincones del Perú. Pero no todo es música y baile. El centro Studio Coast, donde se lleva a cabo el festival, cuenta con diversos espacios donde hay espectáculos y concursos para niños, además de contar con espacios a la intemperie donde varios restaurantes venden pollo asado, chorizo, papa a la huancaína, pan con chicharrón, picarones y choritos a la criolla.

La presencia de miles de peruanos en Japón, hace que las fiestas patrias hagan eco en otras partes. Por ejemplo, la Fiesta Peruana de Kobe comenzó a celebrarse en el 2008. Esta se hace con los enormes esfuerzos de Roxana A. Oshiro y Naomi Fujito (directora y subdirectora de la Comunidad Latina de Hyogo) y docenas de voluntarios. El 19 de julio del 2015 se conmemoró la séptima edición de la fiesta y también se le rindió homenaje al pueblo de Kobe al cumplir 20 años del Gran Terremoto que azotó esa ciudad en 1995. La Fiesta fue muy especial porque por primera vez se presentó la versión en español de la canción "Shiawase Hakoberu Youni", una canción que animó la reconstrucción de la ciudad cuando estaba en cenizas. La pieza musical fue originalmente compuesta por el profesor de música Makoto Usui quien vivió el terremoto en carne y hueso. La traducción de la versión en español fue iniciativa de la Comunidad Latina de Hyogo y fue interpretada por los dos músicos peruanos Fredy y Jesús Florez (el Dúo Florez). El compositor, el profesor Usui estuvo presente en la Fiesta.[230]

En la Fiesta se presentaron artistas de Hyogo, Osaka, Kyoto, Shiga y Gunma. Entre los artistas y grupos presentes estuvieron: Este es mi Perú, Michio Ishida, Somos Perú Osaka, Machu & M.S.K., los Chankas, Kindy, Omar Gutti y La Cordillera, La Nota, Grupo Danzas Nazca, Taller Marinera Lazos Culturales

---

230 Véase la canción interpretada por el Dúo Florez: https://www.youtube.com/watch?v=kRUdW4AJ9-M. Consultado 18 jul. 2017.
Sobre el origen de la canción: "The song *Shiawase Hakoberu Yoni* came into the world after the Great Hanshin Earthquake in 1995. Mr. Makoto Usui, who wrote the lyrics and music, was at that time and still is an elementary school teacher in Kobe City. According to Mr. Usui, the lyrics for this song 'formed within his mind gradually' in about 2 weeks after the earthquake. The music also has been brought from 'somewhere over the sky'. In only about 2 months after the earthquake, the song became well known to the local people and it was often sung in the disaster affected area" http://voicefromfield.com/moodle/mod/forum/discuss.php?d=59. Consultado 20 jul 2017.

Kyoto, Ivan & Yuiko Ritmo Cubano, Orquesta La Sensacional de Osaka, el DJ Juan Shibuya y el ya mencionado Dúo Flores. Por su parte, el Payaso Tokuchan se encargó de presentar un espectáculo infantil para todos los niños.[231] La Fiesta se lleva a cabo con el apoyo de un sinnúmero de entidades. Según datos de la *Revista Latin-a*, contaron con el apoyo de la Ciudad de Kobe, la "Asociación de Intercambio Internacional de Kobe, Asociación Internacional de Hyogo y del Consulado General del Perú en Nagoya" además del "auspicio de Pollytos, Kyodai, Antojitos Gian, Alpaca de Chika, Sabores Criollos, B-Wedge, Club Libertad Trujillo Filial Osaka, Jessy Estee, Somos Perú Osaka, Este es mi Peru, Proim Japan Inc., Isla Japan, Noticias Nippon, Peru News, Seven Bank, Easy Travel, Portalmie, Amauta, Real Tours, Fiestas Megumi, Restaurante Nazca, Brastel Remit, Facil, Bea Fiestas, FMYY y *Revista Latin-*a".[232]

Las fiestas patrias siguen proliferando y hasta se han organizado en nuevos espacios. En el 2016 se celebraron las independencias de Perú y Colombia en una "fiesta de confraternidad latinoamericana." Ese evento se llevó a cabo en un crucero que atravesó las bahías de Odaiba, Rainbow Bridge, Tokyo Disney y otros "lindos paisajes marinos durante 6 horas inolvidables."[233] En esa ocasión se presentó el conjunto La Banda el cual tocó bachata, boleros, cumbia y merengue. También hizo acto de presencia una "peña criolla" y se presentaron danzas peruanas representadas por los mejores bailarines de la academia Sol y Luna así como danzas colombianas de las que se ocupó el grupo Mi Tierra. "Estamos compartiendo buenos momentos entre los grupos y eso influye positivamente en nuestros jóvenes y niños. Están viendo cómo apreciamos nuestro Día Nacional y dan cuenta del gran valor de nuestra cultura" señaló José Suhara de la academia Sol y Luna.[234]

---

231   http://www.latina.com/fiesta+peruana+kobe+2015%3A+emoci%C3%3n%2C+alegr%C3%ADa+y+confraternidad/. Consultado 23 jul. 2017.

232   Ibíd.

233   https://internationalpress.jp/2016/07/28/la-celebracion-de-fiestas-patrias-no-para-este-sabado-es-el-gran-crucero-en-tokio/. Consultado 4 jul. 2016.

234   Ibíd.

En el 2017 parte de las fiestas patrias peruanas se celebró en el crucero del "Mega Festival Latino". Es decir, se trató de unificar a los representantes culturales de otros países para rendirle "tributo al Perú".[235] El crucero Royal Wing hizo el mismo recorrido que el año anterior. A bordo iban 300 pasajeros, entre ellos el embajador de Perú. Después de cantar el himno, los viajeros disfrutaron de música tradicional peruana (algunos representantes habían debutado el año anterior). Un grupo mexicano que estudia bajo la tutela de Silvia Rubalcaba ejecutó danzas tradicionales de su país mientras que el grupo Esmeralda de Colombia hizo resonar su cumbia. Las fiestas patrias le ofrecen una buena oportunidad a nuevos grupos que se han formado en Japón. Por ejemplo, con esa ocasión se presentó un nuevo grupo de rock llamado Rastro. Formado en la ciudad de Tochigi, el conjunto está integrado Roberto Saito (vocalista), Julio Arakawa (bajo), Antonio Rafael (primera guitarra), Yoshimabuku (batería), Juan José Paredes (segunda guitarra) y Luen Kague (teclado). Los integrantes del grupo "aspiran a lo más alto del rock latino en Japón". Como se ha podido ver en esos breves ejemplos, los festivales ofrecen oportunidades para promover esas manifestaciones artísticas.

En el sur de Japón, en la paradisiaca isla de Nokonoshima, la cual se encuentra a escasos kilómetros del corazón de Fukuoka, ciudad de la que forma parte, se acaba de celebrar la "Isla de Salsa", un evento musical con veintidós años de tradición en ese país. Por un día (septiembre 2, 2018), frente al mar miles de entusiastas mientras se deleitaban con exquisitos mojitos, bailaron y celebraron al ritmo de la música de Maykel Blanco y su Salsa Mayor.[236] Este es un evento anual masivo también conocido como "Vívela Salsa Tour" cuyos invitados comienzan su gira a principios del verano en Tokio y hacen su debut en las principales ciudades de Japón antes de llegar a la bellísima ciudad de Fukuoka al final del verano. "Isla de Salsa" es organizado por Tiempo Iberoamericano, una entidad

---

235   La información de este apartado, a menos que lo indique, está basada en este artículo: https://internationalpress.jp/2017/07/31/crucero-del-mega-festival-latino-tributo-al-peru-fue-pura-diversion/. Consultado 28 ago. 2018.

236   https://isla-de-salsa.jp/en/#artist. Consultado 16 sept. 2018.

cultural sin fines de lucro dirigida desde el 2002 por el argentino Santiago Herrera.[237] Por más de dos décadas el sudamericano se ha asegurado de llevar a tierras japonesas conjuntos de nivel internacional como La Charanga Habanera, Manolito y su Trabuco, Juan Formell y Los Van Van, Oscar D'León e incluso Juan Luis Guerra quien después de su debut se inspiró a componer su "Bachata en Fukuoka"[238] la cual dice así:

> Dile a la mañana que se
> acerca mi sueño
> que lo que se espera con
> paciencia se logra.
> Nueve horas a París viajé
> sin saberlo
> y crucé por Rusia con
> escala en tu boca.
> Yo canté tu bachata
> aquí en Fukuoka
> (tu bachata en Fukuoka)....[239]

El éxito de Tiempo Iberoamericano no solo tiene que ver con el hecho de que lleva a grupos de fama internacional a Japón, sino que por más de dos décadas ha convocado a la comunidad hispanohablante en ese país para que participe en "Vívela Salsa Tour". Cada año algunos de los conjuntos asentados en Japón se integran al Tour y debutan a la par con los famosos invitados.

Cuando entrevisté a Beto Shiroma me dijo con orgullo que estaba feliz de que Tromboranga, la orquesta invitada hace un par de años para liderar "Vívela Salsa Tour", viajaría hasta Okinawa donde varios artistas incluyendo él mismo, debutarían en el mismo escenario que el conjunto.[240] Curiosamente, Tramboranga es "un grupo atípico que cuenta con artistas de diferentes nacionalidades:

---

237 https://tiempo.jp/index_esp.html. Consultado 16 sep. 2018.

238 http://internationalpress.jp/2016/08/15/isla-de-salsa-celebra-20-anos-con-tromboranga-y-recuerdos-imborrables/. Consultado 2 jul. 2017.

239 https://www.youtube.com/watch?v=6zhuvVGCTcg. Consultado 3 jul. 2017.

240 Entrevista personal.

cantante de Cuba, percusionista de Perú, piano de Colombia, músicos de España y el segundo cantante y su líder, Joaquín Arteaga, de Venezuela".[241] Los integrantes de Tramboranga son nada menos que un reflejo del mosaico de individuos de diversas nacionalidades de hispanohablantes que conviven y se hacen camino en Japón. Por otra parte, no cabe duda que la creatividad de grupos japoneses como el de la Orquesta de la Luz es una muestra del legado que ha venido dejando la música hispanoamericana en ese país.

---

241 http://internationalpress.jp/2016/08/15/isla-de-salsa-celebra-20-anos-con-tromboranga-y-recuerdos-imborrables/. Consultado 2 jul. 2017.

Anuncio del Perú Festival, Tokio, 2013.

Vendedor de comida, Perú Festival, Tokio, 2013.

Bailarinas del Día de Brasil, Tokio, 2013.

Poster de la Fiesta Peruana de Kobe, 2014.

Niños bailando marinera en el Festival Internacional
de Wakaba, Tokio, 2015.

Grupo Folclórico de Chile en el Festival Internacional
de Wakaba, Tokio, 2015.

Miembros de la Alexander L.P. y Puros Habanos band – Joan David, percusión (derecha) y Alexander LP (izquierda), líder, cantautor, guitarrista, productor. Tokio, 2015.

Beto Shiroma en su estudio de grabación con la autora, Okinawa, 2015.

Joven bailando durante la procesión del Señor de los Milagros, Iglesia Católica de Hirakata, Osaka, 2016.

Mexicanos y japoneses celebrando El Día de los Muertos, Instituto Cervantes de Tokio, 2016.

Restaurante mexicano en isla de Nokonoshima, donde se celebra anualmente "Isla de Salsa", 2015.

CAPÍTULO 4

LA LITERATURA Y LAS BIBLIOTECAS

PRIMERA PARTE
LA LITERATURA

En su ensayo, "Japonés para principiantes", el escritor español Alberto Olmos señala que son pocos "los narradores españoles que han vivido en Japón. Por ello, el *relato japonés* sigue pecando en nuestras letras de superficial, como también es la presencia del país del sol naciente en nuestros medios de comunicación. Un discurso sensacionalista y cuajado de tópicos refuerza al otro, y Japón continúa pareciéndonos poco más que el país de los tatamis, las perversiones y esas huelgas contradictoriamente estajanovistas".[242] Olmos, quien vivió en Japón por tres años, amplía diciendo que:

> Esta ausencia de ficción *fundamentada* en el marco de la sociedad japonesa tiene que ver con la dificultad estadística de que, entre los dos mil españoles residentes en Japón, haya además algún escritor, o alguien con la voluntad de narrar sus vivencias en el extranjero. Por ello, desde hace años, son los blogs o bitácoras personales los que cumplen con la tarea de levantar acta de la vida de los españoles en Japón.... Esto sucedió con mi blog Hikikomori, que se transformó a mi vuelta de Japón en la novela *Trenes hacia Tokio* (2006).[243]

El escritor sugiere que aquel que ha vivido en Japón es capaz de presentar una visión más realista del ambiente japonés. De hecho, en torno al escritor español José Pazó, quien también vivió en Japón y escribió la novela *Banteki (El salvaje)* [2015], Olmos señala que su compatriota seguramente vivió una experiencia parecida a la suya "en su estancia en Japón, pues en las páginas

---

242 En la introducción a *Banteki* de José Pazó, ix.

243 Ibíd., x.

de este libro [*Banteki*] reconozco muchas de mis propias vivencias, y rememoro también una serie de conflictos sociales que, en su día, llamaron mi atención por resultar muy específicos del país donde había establecido mi residencia, conflictos que obviamente no solían aparecer en los medios de comunicación españoles".[244] Las afirmaciones de Olmos nos hacen postular preguntas muy importantes en torno a los escritores hispanohablantes en Japón. ¿Cómo se narra desde Japón? ¿Cómo se interpreta Japón desde dentro? ¿Difiere mucho la literatura escrita por escritores que han vivido en Japón y aquellos que, como diría Cees Nooteboom "mi Japón es un Japón de libros"?[245] ¿Cuáles son los temas por los que se inclinan los hispanohablantes en el archipiélago? Esas son parcialmente las preguntas que iremos respondiendo a través de este capítulo.[246]

Hasta la fecha se han editado dos antologías de escritores hispanohablantes en Japón. La primera ya la mencioné en el capítulo primero; se trata de *Encuentro: Colectánea de autores latinos en Japón* editada y publicada en Japón en 1997 por la catalana Montse Watkins. En ella hay once relatos de diversos escritores; nueve de ellos son de América Latina. Con respecto a esta antología, dicen Narciso J. Hidalgo y Rafael Reyes-Ruiz:

> La *Colectánea* que produce Montse reúne bajo el término latino a colaboradores que no tienen relación directa con Latinoamérica, como es el caso de la propia Montse y de Karen Tei Yamashita una nikkei californiana que escribe en portugués. Sin embargo, este 'abuso' del vocablo latino merece ser explicado, en la medida que el criterio de selección no apunta a la nacionalidad o a la procedencia, sino que ha tenido en cuenta, como factor esencial, el idioma en que aparecen escritos los relatos. La antología incluye a tres escritores brasileños cuyas historias originalmente escritas en portugués, fueron luego traducidas al español. Desde estas

---

244   Ibíd. pp. x-xi.

245   Citado por Lolita Bosch en *Japón*, p. 85.

246   En este capítulo no problematizo el concepto de Orientalismo; eso ya lo he hecho en otros estudios. Aquí más bien quisiera presentar la praxis de lo que se escribe desde adentro de Japón.

circunstancias puede decirse que hay un uso peculiar de la voz latinos, porque por ejemplo, los brasileños han tenido en cuenta, como factor esencial, la cultura transnacional latina que los latinoamericanos han forjado en Japón, aún cuando ocasionalmente, se autodenominan 'brasileiros'. Este hecho se ha explicado en la literatura antropológica que estudia esa comunidad.[247]

La segunda antología, *Bajo el sol naciente: Latinos en Japón*, se publicó en México en el 2005 y fue editada por Hidalgo y Reyes-Ruiz, los escritores que acabo de citar arriba. Dicen los editores:

> En este trabajo retomamos los criterios de selección que utilizó Montse de manera muy amplia en Japón y seguimos esa tradición inclusiva. En nuestra antología *Bajo el sol naciente: Latinos en Japón,* incluimos un relato de Osny Arashiro, un brasileño de origen japonés. Este criterio obedece además al hecho de que toda formulación de identidad responde a un proceso dinámico que incide en la formación y elaboración de dicha conciencia. Esto es, debido a que la comunidad de latinoamericanos en Japón se ha hecho cada vez más diversa, existen más puntos de encuentros entre brasileños e hispanoamericanos que los que había cuando comenzó la ola de emigración en los noventa. (ibíd.)

La antología que acabo de mencionar incluye siete relatos escritos por inmigrantes de origen latinoamericano que en el momento en que se compiló el libro vivían en Tokio y Osaka.

Como se ha hecho evidente a través de este libro, la selección de textos que presento y analizo fueron producidos por hispanohablantes (de España y Latinoamérica) que se han quedado a vivir en Japón o por aquellos que vivieron en ese país por lo menos por un periodo de dos años con la excepción del escritor Augusto Higa Oshiro quien vivió en Japón por 18 meses y quien escribió su cabal novela testimonial *Japón no da*

---

247 *Bajo el sol naciente…*, 17.

dos oportunidades (1994).[248] La globalización y las cambiantes economías han hecho que la gente se mude constantemente. Por lo tanto, en este apartado es difícil incluir únicamente a los escritores que están ahora mismo asentados en Japón. Como será evidente, varios han tenido que regresar a su tierra natal o han tenido que emigrar a otros países. Además, el acceso al internet ha hecho posible que escritores que publican en sitios digitales en Japón sean leídos inmediatamente en cualquier parte del mundo. Lo mismo puede decirse del acceso que los usuarios tienen a textos digitales y a la compra de libros por internet.

Pero ¿cuáles han sido los temas que más han proliferado en la literatura de los hispanohablantes en Japón? Entre ellos son: la ciudad y la tecnología (específicamente, los trenes y los celulares), la soledad, la cotidianeidad, la vida laboral (profesional, técnica y también la prostitución), la convivencia con otros extranjeros ya sean éstos hispanohablantes o no, la discriminación, la nostalgia por el país de origen, el suicidio, etcétera. He seleccionado textos que se han publicado en el periódico en Japón y en las revistas digitales lanzadas en ese país, en las dos antologías arriba mencionadas, así como en novelas que se han publicado fuera de Japón ya que algunos escritores han regresado a su país de origen después de vivir años en el archipiélago. He decidido incluir a escritores conocidos, así como aquellos que apenas llegaron a publicar un cuento o un poema en el periódico local.

La ciudad

Me gustaría comenzar con *Banteki (El salvaje)*, de Pazó porque se trata de una novela atrevida y muy bien lograda donde aparecen la mayoría de los temas a los que aludí en el párrafo anterior. De ese modo, la novela será una suerte de hilo conductor que nos guiará a los temas arriba señalados. El texto de Pazó transcurre en su mayoría en Osaka, la tercera ciudad más grande de Japón y en menor grado en Kioto y Kobe. El protagonista es un madrileño que se dedica a la enseñanza. La trama es simple: nos da noticia

---

248   Para un estudio de esta novela consúltese a López Calvo: *The Affinity of the Eye*....

de su vida cotidiana, de cómo se pasa la vida viajando en tren, de lo excéntricos que son sus amigos y de su obsesión por un diario que encuentra en una olla de arroz. Sin embargo, debajo de esa aparente simplicidad hay una severa crítica a la sociedad japonesa. Por ejemplo, a través del humor negro nos presenta así la ciudad: "Eso que veis ahí es una ciudad. Con fábricas y todo. Al lado de las fabricas vive la gente. Así pueden respirar mejor el humo de las fábricas. Así pueden desarrollar algún cáncer antes. En las ciudades hay muchas estaciones. En las estaciones siempre hay mucha gente. A mí me gusta la gente. De vez en cuando me toca los huevos, pero en general me gusta. Me gusta observar a gente que no entiendo" (4). A diferencia de los viajeros que se vislumbran con la modernidad de las grandes ciudades japonesas, este protagonista no solo se aparta de Tokio, sino que nos presenta un escenario caótico y sucio muy parecido a ciudades sobrepobladas y en vías de desarrollo: "Está amaneciendo. Vamos hacia el mar. ¿Veis esas lenguas de humo amarillo que entran en los valles? Es la mierda del aire. La mierda sale de las fábricas. Y de los coches. Hay muchos. Luego entra en los pulmones y en el cerebro. No me preguntéis cómo. ... Pero volvamos a la ciudad. Vamos a la estación. Mirad a toda esa gente. Vómitos de gente. Van y vienen. A todas horas. Si os metéis entre ellos, los odiaréis y los querréis un poquito" (5). Se trata de una mirada sarcástica ante los problemas de la sobrepoblación y polución. Más adelante califica a las ciudades de Osaka y Kobe (por cierto, esta última es una bella ciudad) como "apestosas llenas de fábricas y bloques de apartamentos que parecen colmenas" (97) e incluso las califica como "tumores" haciendo una alusión indirecta a un tumor de cáncer (132). El protagonista es un ser enajenado que se encuentra constantemente en un vaivén. Por una parte, detesta las calles "apestosas" y por otra siente cierta atracción: se trata de una experiencia siniestra ("uncanny" en términos freudianos). Dice el narrador "dentro de ellas [las ciudades] soy parte de un cáncer. Aquí no hay esperanza y eso es lo que busco" (97).

Más adelante el protagonista enloquece e invita a los lectores a ver la ciudad con su mirada frenética: "¿Veis la ciudad? ¿A que parece un cáncer? Mirad las calles como una tela de araña, observad las carreteras elevadas. Fijaos en las torres modernas y en las casas viejas oscuras. Meteos por los callejones húmedos y fétidos. Ríos de gente por las aceras y los puentes. Ríos de coches por las calles. Los trenes rodean el centro y luego salen despedidos hacia otra ciudad, hacia otro tumor" (141). Se trata de una mirada enajenada que ve la ciudad podrida y enfermiza pero que distingue la forma en que la sociedad japonesa vive entre la modernidad y la tradición. Aquí el protagonista ve y describe la ciudad como lo hiciera un extranjero que no conoce ni entiende lo que está ante su mirada. Es decir, el protagonista es un extranjero, un "salvaje" valga el subtítulo de la novela, que todo lo ve con una óptica superficial por eso no puede interpretar lo que está ante sus ojos. Más adelante volveré a esta novela; por lo pronto quisiera mostrar otro ejemplo de la ciudad.

El poema "Tokio y yo" fue escrito en la Provincia de Aichi por Miguel Angel Fujita y se publicó en el *International Press* el primero de noviembre del 2003. Dice el hablante poético:

> Despierta la ciudad
> monstruo de neón y de artificios
> por tus avenidas
> miríadas de individuos
> se agitan al ritmo de tus latidos
> si te pones a pensar en qué te has convertido
> te darás cuenta Edo
> que no eres más el ojo del imperio
> eres tan solo
> un nido de hormigas
> procurando llegar temprano a la jornada

Al principio la ciudad es amenazante porque se ha transformado en un "monstruo," en un animal en donde habitan seres deshumanizados que se han convertido en "hormigas" autómatas que solo saben trabajar. La alusión a Edo tiene que ver con la nostalgia por el pasado cuando Japón vivía en esa Era (1603-1868) apartado del mundo.

Así como en *Banteki*, en "Tokio y yo" el hablante lírico se encuentra en un vaivén de emociones que lo hacen sentir cómodo: "y sin embargo me encandilas / y sin embargo me cobijas" pero al mismo tiempo se siente molesto y atrapado como si estuviera dentro de un animal: "en tus carreteras me siento / como la ínfima ventosa de un gigantesco pulpo". Más adelante el hablante alude a lo material: "pero a pesar del frío del vidrio y del concreto / intuyo lo que ocultas a los forasteros". Se trata de un ansia de aprendizaje ya que éste quiere descubrir lo que llegó a existir en la ciudad antes de las masivas edificaciones. Por eso dice, "recuerdo un pasado sabido pero no vivido" El poema cierra con un oxímoron: "te amo y te detesto". Así como en *Banteki*, el hablante poético no quisiera ser parte de ese monstruo que es la ciudad, pero se da cuenta que es inescapable porque ya forma parte de él.

La tecnología: los trenes y los celulares

En el prólogo de *Banteki*, Olmos señala que la novela "ofrece un timbre narrativo desliteraturizado, sin exquisiteces, efectivamente salvaje. La prosa tormentosa nos llega cuajada de palabrotas y comentarios políticamente incorrectos" (xii). Y, en efecto, el protagonista relata con gran sarcasmo varios viajes que hace en tren, aunque uno resalta en particular, el del capítulo 7 titulado "Los dedos". Aquí el viajero se sube entre una multitud que va a ver un partido de béisbol. Se supone que en el tren tiene una cita con una joven llamada Yumi. Dice el narrador:

> A ver cómo cojones encuentro ahora a Yumi en medio de esta jodida marabunta. Mucho llevaros de un sitio para otro y lo único que conseguís es que os toquen el culo. Pues que os lo toquen bien, cabrones, así pagáis algo por este venir siempre detrás. No la veo, hostias. A lo mejor me he confundido de vagón. Me parece que le dije el penúltimo. En el tren de las seis y dieciséis. La organización y la puntualidad tienen esto. Se puede quedar en un vagón de un tren en marcha. (51)

Por un lado, el relato está saturado de morbo y por otro el protagonista admira que en realidad las personas se pueden dar cita al bordo de un tren ya que con la precisión con que operan los horarios es difícil que haya atrasos o adelantos. Más tarde

Yumi resulta ser imaginaria o simplemente se trata de un nombre hipotético que le ha dado a una joven con la que más de una vez se ha topado en el tren. El capítulo está saturado de "palabrotas" y morbo. Se trata del acoso sexual del que frecuentemente son víctimas las jóvenes que utilizan transporte público en las grandes urbes.

Primero aparece una autocrítica cuando se pregunta "¿me habrá visto [Yumi]" Creo que no existe el japonés que sea capaz de no ver a un apestoso *gaijin* [extranjero]. Incluso con los ojos cerrados. O de olerlo" (52). Más adelante la imaginaria "Yumi" quien como dije, probablemente se trata de una joven con la que el morboso ha coincidido, dice: "me ha tocado con los dedos. Un roce suave. Casi involuntario. Luego se lleva las manos al pecho. Se ha metido la izquierda bajo la camisa. Joder, se está tocando una teta" (53). Conforme el relato continúa el morbo aumenta a tal grado que la historia se hace inverosímil y eso es justamente lo que el novelista quiere lograr: ofrecer un relato completamente ficticio pero cargado de crítica social. Es decir, mientras expone con detalle el abuso de un extranjero violador y morboso en el tren, el lector no deja de preguntarse por la víctima. Según el inverosímil protagonista, la joven también lo seduce, aunque no cabe duda que se trata únicamente de lo que sucede en la cabeza del narrador (por supuesto que la novela está narrada en primera persona). Dice: "Con los ojos cerrados me imagino que se quita los pantalones en el tren y se la meto lentamente. Rodeados por la masa que va al estadio infecto de los Tigres de Osaka. De repente vuelvo a notar algo duro tocándome por detrás. Me tranquilizo al pensar que seguramente es la cartera de un *salaryman*" (54). Unos minutos más tarde el tren llega a la estación de Koshien. Ahí se baja "Yumi" rodeada de una multitud. En resumen, el tema central de este capítulo de *Banteki* es una crítica al abuso sexual del que son víctimas las mujeres que tienen que tomar trenes los cuales la mayoría de las veces van llenísimos de gente. De hecho, en Japón uno de los trabajos más peculiares es aquel del empleado de estación que controla las multitudes: básicamente empuja a la gente dentro del vagón en la mañana y en tarde cuando ésta va o regresa de trabajar.

En *Trenes hacia Tokio* (2006) de Alberto Olmos, el

protagonista (David) presenta una minuciosa narración de la cotidianidad. Se trata de una narración minimalista que se ocupa de los ceniceros, la mantequilla, el interior del apartamento donde habita, los platos y de todas las cosas que rodean al protagonista extranjero quien está escribiendo una novela y se dedica a la enseñanza del idioma inglés. La novela se sitúa en Moka, en la provincia de Tochigi y muestra lo difícil que es desplazarse a trabajar en el interior de Japón. Uno de los capítulos se titula "Ocho trenes" y se centra en el viaje de David al trabajo; éste toma cuatro trenes de ida y cuatro trenes de regreso. Aunque el protagonista se dedica más bien a ver jóvenes con minifaldas en esos trenes que parece que nunca llegan a su destino sobre todo después de una larga jornada de trabajo, también habla de la belleza del paisaje: "El caso es que, dentro del tren, aparte de una colegiala absolutamente espantosa, lo único interesante es mirar por la ventana, el alba. En el horizonte se perfilan poco a poco las montañas, muy picudas, y según se recoge la vista, los campos y las casas, los árboles sinuosos y los arroyos, van hinchándose de luz, irrigándose de claridad, como sangre blanca de reanima a materia oscura. Es un espectáculo precioso, gratuito, bien vestido" (84). En contraposición a la belleza del paisaje se puede ver cuán mecánicos se vuelven los seres humanos aun cuando viven en el campo y usan los trenes todos los días. Dice el protagonista: "Llegamos a Shimodate…. Avanzo por el andén hasta unas escaleras que llevan a otros andenes…. Subo escalones, recorro pasillos, bajo escalones, ando sin saber por qué y me pareo, siempre, todos los días, en la misma baldosa del andén siguiente, en el mismo pedazo de suelo, sin alevosía, sin intención…" (84). A través de toda la novela, David no deja de subrayar la monotonía del campo.

En la novela de Olmos, el protagonista quisiera que todos los trenes fueran hacia Tokio. Éste aspira a vivir en la gran ciudad por eso dice con melancolía: "no todos los trenes van hacia Tokio: sólo los que tomo yo. Siempre que entro en un tren, y me siento, y me convierto en pasajero por unos minutos (a veces hasta por unas horas) sueño que voy hacia Tokio, a la gran metrópoli…. Luego, el tren, sus puertas, se abren a la decepción, una decepción provinciana, con poco dinero, ojeras y televisioncitas" (115). La capital de Japón aparece muy poco en el texto precisamente porque el protagonista aspira a vivir en Tokio pero la ciudad se presenta inalcanzable; por eso solo la visita solamente de vez en cuando. Sus visitas a Tokio son fugaces y cuando llega la noche, tiene que tomar un tren de regreso al campo.

Por último, en este apartado, me gustaría aludir a un 'tuit' de Aurelio Asiain que es una suerte de poema de diez estrofas el cual dice:

1. Me fastidian los hashtag. Me fastidia recibir mensajes para varios destinatarios con los que no estoy conversando. Detesto las cadenas.
[…]
2. Lo escrito aquí es virtual. Los buenos días que das cada mañana no tienen para qué entrar en la eternidad. Tampoco tanto tonto diálogo.
[…]
10. Y sin embargo, cuántos tuits míos no existirían sin los treinta minutos que dura el trayecto en tren entre el norte de Kioto y Hirakata. (*IP* 10 de julio, 2010)

Obviamente, el autor escribe sus 'tuits' en el trayecto de su casa al trabajo y viceversa. Los trenes en Japón forman gran parte de la vida de los individuos. En el tren la gente consulta su celular como en el caso de Asiain; también duerme y sobre todo lee. Curiosamente, el escritor Juan José Lahuerta, se impresionó tanto con los trenes en Japón que escribió "el vagón llenísimo, tanto que los pasajeros sostenidos por la misma multitud, pueden tranquilamente dormir de pie" y Juan Villoro se asustó con el "disciplinado frenesí" con el que corre el tren bala aunque "al bajar del tren, los viajeros se desplazan con celeridad. Tal vez porque sus pasos son muy cortos da la impresión de que se dirigen a sitios próximos. No se puede ser un corredor de fondo en un sitio repleto: en Japón siempre estás cerca de algo y siempre hay que apurarse para alcanzarlo" ("Arenas…" 53). Nótese esta breve comparación del discurso en torno a los trenes escrito por los que viven en Japón y los dos últimos viajeros.

La soledad

Uno de los temas más comunes es el de la soledad, incluso en *Banteki* cuando dice el protagonista: "Solo en mi apartamento, pasan los trenes. No quiero leer, no quiero meterme en la vida de nadie, solo quiero mirar el techo (73). Esta escena de solitud se repite varias veces y se contrapone a los pasajes donde abundan las multitudes de afuera. De pronto, el personaje comienza a delirar ya que se imagina que unas voces lo persiguen: "Cuando lo hago de vez en cuando vienen las voces. Tres voces viejas. Juegan en las esquinas del techo. Se cambian de lugar. Hacen voces: de miedo, de risa, de burla, de ánimo, de viento, de secreto" (ibíd.). En las siguientes páginas se intercala un relato, *La historia de Miho*, donde se menciona a Tanizaki, el gran escritor del *Elogio de la sombra* así como el príncipe Genji, el protagonista de la clásica novela de Murasaki Shikubu, quien se presenta como personaje de ese microrelato. Por lo tanto, los intertextos personificados a través de las voces son los que consuelan al protagonista de *Banteki* que varias veces se encuentra hundido en su soledad.

    La amargura y soledad también la había descrito Augusto Higa en su *Japón no da dos oportunidades* cuando el protagonista quien vivía con varios compañeros en un pequeño apartamento se sentía por una parte asfixiado con la presión de éstos y por otra, estaba completamente solo. Dice el protagonista:

> En esas noches de insomnio, sin otra alternativa que revolverme sobre el 'futton', para escapar de la influencia de Pedro, salía del dormitorio. ¿Qué podía hacer? La escalera chirriaba bajo el peso de mi cuerpo, me detenía un largo momento, respiraba hondo. ¿A que otro dormitorio trasladarse? Llegaba a la cocina, con las luces apagadas, fumaba endemoniado. ¿Cuánto tiempo durarían las fuerzas? A veces salía a la calle, andaba sin rumbo hasta el supermercado, temblando de frío, con un viento inclemente desde la desnuda playa de estacionamiento, mirando a

fondo la oscuridad, de pronto aparecían las montañas de Gunma, dejándome temeroso. Sin pensar en nada, regresaba a la casa, fumaba otro rato, aliviada la conciencia, volvía a la cama, dormía unas horas, y a las siete de la mañana levantarse para ir al trabajo, el mismo ritmo, la misma pesadilla. (80)

De la misma forma, la soledad sobre todo se hace patente en el cuento "Triste soledad" de Pablo Lores Kanto. Es un relato en tercera persona. Se trata de la historia de Samuel Uchida Navarro, un *nissei* que nació y creció en Perú y poco después de cumplir los veinte años huyó de la violencia que se suscitó en Lima. Llegó a Estados Unidos donde fue todo: repartidor de periódicos, lavaplatos y hasta barrendero, pero gracias a que aprendió inglés llegó a trabajar como corrector de estilo en un diario latino. Cuando se enteró que los *nissei* podían encontrar trabajo legal en Japón, se mudó para el archipiélago donde vivía su sobrino, Omar. Samuel nunca se casó y era muy hábil para construir historias falsas y pedir dinero prestado. Dice el narrador: "Había perdido la cuenta de las veces que había matado a su madre, a su abuelo, o las veces que le había dado cáncer a uno de sus cinco hermanos…. Eso le permitía organizar colectas en las fábricas, en las iglesias vecinas a las que se sumaban solidariamente hasta los obreros japoneses que dejaban sus donaciones dentro de unos sobres de difuntos" (n.p.) En Japón Samuel vivía solo y era obrero. La soledad lo condujo al alcoholismo y es por eso que abusaba de sus compañeros pidiéndoles prestado. Cuando agotaba las posibilidades de estafar a la gente en un lugar, se mudaba de fábrica y hasta de provincia. Finalmente, Samuel se mudó a Kamakura donde vivía su sobrino. Al ver la felicidad de su sobrino en el nido de una familia bien formada, Samuel decidió quitarse la vida.[249] Dice el narrador: "Estaba muerto entre botellas de ron, vodka, whisky y latas de cerveza, los inútiles medicamentos contra la soledad. Y era tan desolada su soledad

---

249 Más adelante me enfocaré en el tema del suicidio. "Triste soledad" apareció en http://kantod.com/triste-soledad/ (Consultado 3 nov. 2016) y bajo el título "Confinado" en *Bajo el sol naciente…*, pp 29-34.

que nadie le había echado de menos y así hubiera permanecido hasta siempre si no fuera por el hedor que delata la vida cuando cesa y se descompone" (n.p.). Como se ha podido observar, la soledad debido al desarraigo y la tensión del trabajo, son temas que se repiten constantemente en este tipo de literatura.

La cotidianidad

Muy ligado al tema de la soledad encontramos la descripción de lo cotidiano. Como se verá, los personajes describen lo que se encuentra a su alrededor, pero sin gusto y sin adornos, como si se escuchara un eco de aislamiento. En *Banteki* el personaje se presenta atrapado y habla de la soledad y de lo cotidiano. Dice: "hace tiempo que pensé que lo mejor era no tener ilusiones. Pero tan solo lo he sentido de verdad cuando he vivido en estas ciudades llenas de humo y de mierda industrial. Aquí, en este apartamento lúgubre y barato, hecho de un cemento triste que asoma en las paredes y que se pone frío como el hielo en invierno y caliente como el fuego en verano. Aquí tumbado con un diario que recogí de la basura y con unos amigos extraños con los que no se puede hablar demasiado" (97). La vida del personaje de *Banteki* se asemeja a la de la adolescente, protagonista de "Un diario encontrado en una olla de arroz," un manuscrito (un intertexto) que forma parte de la novela y al que se alude repetidamente. En ese diario que encontró en la basura, se revela la triste y cruel historia de una joven, hija de padres alcohólicos que es discriminada en su escuela por sus compañeros y por eso decide escribir su diario donde dice: "hoy empiezo a escribir este diario. Es un secreto y no se lo diré a nadie. En clase se reirán de mí. Tengo que escribirlo donde no me vean, y eso es muy difícil. En casa, imposible, y en el colegio también. Hoy me he ido al parque que hay al lado de casa y he buscado un sitio detrás de los baños, entre un muro y unos arbustos. Estoy acuclillada y se está haciendo de noche" (147). Sobra decir que los diarios son sobre el acontecer cotidiano pero lo interesante es que aquí la escritura opera como un escape de la injusta realidad. Más adelante volveré a esta novela. Por lo tanto, voy a proveer otros ejemplos de lo cotidiano.

En *Japón* (2011), también de Alberto Olmos, dice el protagonista:

> no fumamos por fumar, sino por encender el mechero. Tenemos que tirar el mechero. Estamos fuera, en un banco de metal, junto a un señor de color azul. Delante de nosotros hay tres ceniceros. Cada cenicero es una torreta hexagonal, de aluminio, con arena muy fina en la parte superior. Vamos echando la ceniza en la arena de la parte superior.... Acabamos de fumar y empezamos otra vez a fumar. Entonces viene la señora de la limpieza. Lleva dos espátulas y un colador reticulado. ... El colador se llena de arena y la mujer lo agita, poco a poco, sin prisa, culinariamente, hasta que en él quedan sólo las colillas. Las tira y vuelve a empezar. ... Se marcha y nosotros llenamos la arena de cenizas. (19-20)

En los textos de *Japón* predomina lo cotidiano como en el pasaje arriba citado. Mientras vivía en la ciudad Moka, el escritor escribió un blog autobiográfico y en *Japón* se reproducen esas "entradas" al blog. El 18 de abril del 2006 escribe en el blog: "1. El espejo dice que tengo barba de tres días. ...2. Me he quitado el jersey de cuello de tortuga que compré en Uniqlo. En el envoltorio de plástico del jersey decía que era un jersey de cuello tortuga. ... Me he quitado la camiseta verde que me compré en Uniqlo, otro día, antes que el jersey de cuello lento. Es una camiseta sin más. Me gustan las camisetas porque no te hacen perder tiempo" (71). Lo interesante es que la cotidianeidad del blog se refleja en la literatura misma.

Trenes hacia Tokio, novela también de Olmos, surgió del blog al que aludí en el párrafo anterior. Por lo tanto, la novela opera como una suerte de diario donde el protagonista va describiendo lo que ve, escucha y entiende. El texto se trata de momentos cotidianos: "He dejado el paquete de tabaco en la mesa de la cocina y me he puesto a colocar los platos y tazas que Kokoro [su esposa] fregó por la mañana. Estoy pensando en irme a dar, a continuación, un largo paseo. Kokoro baja del segundo piso y localiza el tabaco y se pone a fumar. No sé si me mira porque yo tampoco la miro. Cuando acaba de fumar se va y yo empiezo a fumar un cigarrillo tras otro" (61-62). El encierro en su casa y lo cotidiano de la escritura misma hace que el protagonista se distraiga y se enfoque en aspectos mundanos. Es así como el escritor muestra varias viñetas de la vida cotidiana.

El mundo del trabajo

A. La vida profesional

En *Banteki* el protagonista trabaja como profesor de lenguas, un empleo que un mar de extranjeros profesionales (o semi-profesionales, muchos de ellos no tienen ni licenciatura en su tierra natal) ejercen por un tiempo en institutos, no necesariamente en universidades. Dice el protagonista: "mi jefe es un hombrecito bajo, delgado, calvo y grasoso. Siempre lleva una camisa blanca y unos pantalones grises. Al contratarme no me hizo muchas preguntas. Solo si podía hablar inglés. No de dónde era ni si tenía permiso o estancia. Nada. Me vio las narizotas, el aspecto bárbaro, de *gaijin*, de *banteki*, y se dijo: 'Este solo puede ser un animalucho más, uno de esos que hablan inglés'" (24). En efecto, en Japón la apariencia es muy importante. Por mucho tiempo se pensaba que los maestros de inglés tenían y deberían ser blancos. Por eso el sarcasmo del protagonista cuando dice que al jefe solo le importaba la apariencia. Para el protagonista la enseñanza de las lenguas en Japón es "mucho negocio" ya que las aulas son cubículos reducidísimos llenos de estudiantes y de maestros extranjeros que cobran un salario exorbitante (24-25).

Así como en *Banteki*, en *Tatami* (2008) de Olmos se presenta el "negocio" de impartir clases de idiomas. Esta breve novela toma lugar en un vuelo de Madrid a Tokio y solo tiene tres personajes. Una mujer, el pasajero de al lado que le cuenta una historia y, por último, una tercera persona que es la joven sobre la que se refiere la historia. El hombre narra por qué decide volver a Tokio después de haberse ido del archipiélago dieciocho años antes. Más tarde la novela adquiere un giro diferente cuando el pasajero, que al principio parece simplemente un morboso, termina contando una historia diferente. Lo que me interesa subrayar aquí es que el pasajero le cuenta a su interlocutora cuándo y por qué fue a Japón la primera vez. Éste dice que se trataba del año 1992, cuando los Juegos Olímpicos y la Expo en España: "Sí, toda la vaina. Por eso pude ir. Mis notas no eran espectaculares pero el español se puso de moda en Japón y todos allí querían aprenderlo. Había muchas escuelas nuevas y tampoco se miraba tanto el currículum como ahora. No importaban los máster ni los doctorados en español para extranjeros ni todas esas postrimerías estudiantiles que en realidad no sirven para nada. Un buen profesor de español solo tiene que ser simpático" (29). Nótese cómo Olmos corrobora con lo que Pazó señala: para poder enseñar un idioma era suficiente tener rasgos occidentales y ser amable.

Las clases particulares de idiomas también se presentan en *Japón*. Aquí el protagonista tiene que viajar media hora para atender a una sola estudiante que vive en cierta ciudad. Dice el narrador: "La clase fue bien. Dar clase del idioma A es fácil. T habla muy bien el idioma A y, básicamente, me paga por escucharla. Con todo, T comete errores. Dice 'yo siempre no' en lugar de 'yo nunca'. También dice 'mi amiga muy especial' en lugar de 'una amiga muy especial'. Yo apunto sus errores porque me parecen literarios" (13). Por sus ejemplos se infiere que el "idioma A" es español. Aunque breve, este pasaje ilustra la demanda que había (y hay, aunque hoy en menor escala) por la enseñanza de idiomas.

En *Trenes hacia Tokio*, a David, el protagonista, al principio le gusta su trabajo como maestro de inglés en un jardín de niños. Sin embargo, con el paso del tiempo, la administración comienza a supervisar a los maestros con escrutinio (los comienzan a grabar) porque el estado se los ha exigido. Ahí es donde él habla de sus frustraciones a pesar de que se trata de un trabajo profesional. Primero alude a las ocho clases de idiomas que tiene que dar al día a diferentes niveles entre las 9:50 de la mañana y las 4:30 de la tarde. Después se queja con el jefe (en japonés mal hablado pero entendible, señala el narrador) y dice: "Estoy cansado. Me vengo desde la provincia vecina hasta aquí en tren, ¿sabe? Más de dos horas de trayecto para ir y para volver.... Y me dais un sueldo bajísimo y yo tengo que comprar las tarjetas ... y la comida y luego aguantar que me grabes con la cámara..." (170). Al final David renuncia. *Trenes hacia Tokio* nos muestra la otra cara de la moneda. La vida laboral profesional de los docentes no es tan fácil como aparenta ser en *Banteki* o *Tatami*. A continuación, veremos cómo se presenta la vida de los técnicos o mejor dicho obreros en las fábricas.

B. La vida de los obreros

De acuerdo al testimonio de Augusto Higa en *Japón no da dos oportunidades*, a los trabajadores extranjeros les exigían demasiado e incluso había una suerte de separatismo iniciado por los japoneses. Dice el escritor:

> La 'Isuzu Kouki' era una pequeña empresa, tanto por su reducido personal como por el número de operaciones, y tres secciones importantes estaban copados por los extranjeros. ¿Qué pensaban los japoneses sobre peruanos y brasileños? Negativamente por supuesto. Se trataba de un personal irregular, no permanecían ni cinco meses en el puesto de trabajo, faltaban más de lo acostumbrado, y si no los vigilaban no mantenían el ritmo de producción. Por lo tanto, la solución consistía en una línea de conducta agresiva, firmeza en el cumplimiento de la producción, exigencia para mejorar la calidad del producto. Hasta allí era perfectamente legítimo. Lo extraño para mí, se encontraba en el hecho que los japoneses de la 'Isuzu' se organizaban y cerraban filas, como si estuvieran defendiendo el honor nacional, o como si enfrentaran a enemigos mortales. (169)

Similar fue la experiencia del relato "Primer contacto" de Marly Higashi. En el texto una pareja trabaja en una fábrica de adobo de nabos, la mujer es *nissei* y el hombre no tiene ascendencia japonesa. La jefa de ellos y otras empleadas japonesas que llevaban treinta años trabajando en la fábrica, marginaban a los extranjeros.[250]

---

250 Los extranjeros son brasileños, aunque se infiere que había otros extranjeros también. Incluyo este cuento para ejemplificar la discriminación y porque fue escrito en español. Publicado en *Colectánea de autores...* pp. 65-73.

Estos últimos por su parte querían dejar el trabajo, pero no podían porque le tenían miedo al contratista que los recomendó. De hecho, romper un contrato de trabajo con un contratista era muy severo porque los extranjeros podían ser arrestados. Por lo tanto, la pareja tenía que soportar a sus compañeras de trabajo. Dice el narrador: "a veces, las japonesas tomaban bruscamente la pala con que la brasileña revolvía el caldo, mostrándole que debía sumergirla hasta el fondo del bidón y, al hacerlo, causaban un sonido de rascar las paredes. El caso es que esperaban que los extranjeros imitaran los gestos que se les habían fosilizado más de treinta años atrás" (69). Al final del cuento, la jefa y la empleada extranjera meten al mismo tiempo las manos al fondo del bidón. La japonesa sintió náuseas y retiró las manos rápidamente. Ese mismo día la pareja decide irse de la fábrica porque ya no soporta el maltrato y sobre todo la humillación. El separatismo y la intolerancia son aspectos que se repiten a través de la literatura escrita por hispanohablantes. En los dos casos que acabo de citar, lo interesante es que la humillación es en contra de los descendientes de japoneses.

La novela *Gambate* de Luis Fernando Arreola (2011), cuenta la historia de Luis Endo, un peruano que compró un apellido falso japonés en su tierra natal, pagó por una visa falsa al llegar al archipiélago, y ahí se quedó a vivir como ilegal por unos años donde se desempeñó como obrero en varios lugares. El narrador nos cuenta lo difícil que fue uno de sus trabajos en la fábrica Kanemazu donde se limpiaba y se cortaba pescado: "el timbre sonó a las ocho en punto y entramos a la planta. Adentro, la temperatura era aún menor por la neblina que se escapaba de la cámara frigorífica" (92). Dos grandes máquinas, operadas por los obreros, cortaban el pescado. Después llegaba la desafiante tarea de quitarle las escamas al pescado sin quitarle mucha carne. El protagonista explica lo interminable que fue su primera jornada: "Miré el reloj y todavía faltaban cuarenta minutos para el mediodía. Hasta ese momento, ningún pescado que había pelado tenía nota aprobatoria. Como los sostenía demasiado tiempo, los guantes de jebe los descongelaban y el veloz rodillo los jalaba con fuerza" (ibíd.). Más tarde, a la hora del almuerzo, Luis trató de quitarse los guantes, pero no pudo; dice: "a las justas podía cerrar o abrir los dedos. Estaban congelados. Abrí el caño y dejé que el agua ablandara su rigidez. Al sentirlos más flexibles, logré sacarlos con los dientes (ibíd.). En *Gambate* no se enfatiza tanto la marginalización de los obreros extranjeros sino más bien lo difícil del trabajo y lo competitivo que puede llegar a ser éste entre la misma comunidad de compatriotas. Es decir, había una constante pugna entre los peruanos (incluso había un par de mujeres) que trabajaban en la fábrica.

En Japón hacía falta mano de obra barata que hiciera el trabajo de las tres K. K. K. (kitsui, kitanai, kiken; en español: difícil, sucio y peligroso); ese era el trabajo que no querían hacer los jóvenes japoneses por eso se necesitó mano de obra extranjera a principios de los 90. La novela de Arreola presenta en forma eminente cuál es el tipo de trabajo que los extranjeros desarrollaban. El protagonista también cuenta cuál era su trabajo en una fábrica que reciclaba basura: "El trabajo parecía fácil. El único problema era compartir el espacio con un enjambre de moscas. Como protección, recibí una máscara y guantes especiales. Mi compañero era un anciano que apenas hablaba.... Pasaron las ocho horas laborales y después de marcar la tarjeta de salida, sentí ganas de nunca regresar a ese trabajo. Estaba sucio, con el pelo duro por el polvo y mi cuerpo olía a podrido" (70). Como se puede apreciar, trabajo había, pero las condiciones no eran óptimas. Muchos de los emigrantes que fueron a trabajar a Japón habían tenido trabajos técnicos o profesionales en su tierra natal. Por lo tanto, llegar a trabajar como obreros era algo automático, difícil y hasta denigrante y eso es precisamente lo que se refleja en la literatura. En el caso de *Gambate*, Luis, el protagonista, había sido estudiante universitario y fue a Japón no solo para ganar dinero sino porque con sus ahorros en el futuro iba a poder terminar la universidad. En el archipiélago Luis pasa muchos percances. Aparte de ser ilegal y de poseer documentos falsos, conoce a la gente errónea (se enamora de una prostituta que es la enamorada de un mafioso, sus amigos cometen robos) y eso lo hace escapar de un lugar a otro "¿Qué estaba haciendo con mi vida?" se pregunta el personaje y luego confiesa que vive horrorizado y en una constante lucha y en el vaivén de querer quedarse en Japón y querer regresarse a Perú. Este mismo sentimiento lo muestra

Augusto Higa en *Japón no da dos oportunidades*. El protagonista se pregunta "¿Para qué había viajado al Japón? Exactamente no lo sabía explicar, pero la ambición de ganar dinero y satisfacer la vanidad derrotada, pueden considerarse una respuesta apropiada. En el año de 1990, me empeñaba como profesional especializado en restas y publicaciones del Ministerio de Educación.... Vivíamos la profunda crisis del Perú, cuando la inflación galopante trepaba al sesenta por ciento mensual, las empresas quebraban como un remolino..." (108). El simple hecho de cambiar de oficio, en este caso a uno más bajo, hacía que los obreros se lamentaran repetidamente y añoraran su regreso a su tierra natal.

C. La prostitución

Otro tema que aparece constantemente en la ficción es la prostitución. Aunque este oficio, uno de los más antiguos del mundo, no forma parte del sistema laboral formal, es una gestión casi siempre clandestina por la cual se cobra por dar un servicio. A continuación, voy a proveer tres ejemplos de cómo se presenta la prostitución. En los dos primeros son dos japonesas las que se prostituyen, en el segundo se trata de una colombiana que emigra a Japón engañada. En *Banteki* el protagonista encuentra en la basura un "Diario en una olla de arroz" (ya aludí a este intertexto en el apartado de la cotidianidad). Como sabemos, el diario es escrito por una joven adolescente que vive en una profunda soledad porque sus padres son alcohólicos, en la escuela sus compañeras se burlan de ella y uno de sus maestros quiere abusar de ella. La joven va a la preparatoria en cierta ciudad (aunque se intuye que se trata de Osaka porque ahí se encuentra su diario), su bagaje cultural es limitado, como lo es en muchas jóvenes de su edad, pero sus aspiraciones no son pocas. La protagonista hace una lista de "sus sueños" y entre las cosas que le gustaría hacer son llegar a ser famosa, excentrica y rechazar la fama, viajar por todo el mudo y saber muchos idiomas (149). Por lo tanto, la joven tiene ansias de aprender, recorrer el mundo y tener una personalidad fuerte y diferente a las demás. En contraposición, hace una lista de cosas que parecieran ser básicas como son tener un bikini, un perro y unas zapatillas de baloncesto de color miel. Sin embargo, su mayor sueño en ese momento era ponerse un aro en cada pezón, tal como lo hacían otras jóvenes de su edad (149). Para cumplir este último sueño la joven acude a sus compañeras, unas colegialas llamadas Tomoko y Kato quienes tienen malas intenciones y ya han sido contagiadas por malas influencias: fuman y se juntan con gente de mala voluntad.

Un día, "Kato se subió la falda y se bajó las bragas. Tiene esa parte totalmente afeitada y lleva un pequeño anillo dorado atravesando uno de los labios. Tomoko me ha dicho que si quiero uno así me ayudará a conseguirlo a cambio de cien mil yenes y algunas bragas usadas" dice la protagonista (159). A partir de ese momento comienza una concatenación de crueles eventos. Las "compañeras" comienzan a chantajearla: "Tomoko y Kato dicen que pueden encontrar a alguien que pague cincuenta mil yenes por acostarse conmigo y todavía más si es la primera vez. Que me quede con el dinero y que lo use para ponerme los anillos" (160). La joven es obviamente virgen y al principio se rehúsa, pero poco a poco va dando de sí. Al principio les da a las "compañeras" seis bragas usadas (éstas son muy cotizadas entre los morbosos en Japón). Después la joven le roba dinero a su madre para pagar los supuestos aros y las "compañeras" se lo quedan. Pero eso no es todo; engañan a la joven y la llevan a un lugar donde la hacen desvestirse y la graban sin que se dé cuenta. Este incidente hace que las "compañeras" la amenacen diciendo que van a hacer el video público en las redes sociales. Aún hay más: la llevan a un hotel para que se prostituya; literalmente pierde la virginidad con un extraño a cambio de dinero. Engañada una vez más, las amigas le vuelven a robar ya que se quedan casi con todo el dinero que se ganó en ese sucio partido. Esta escalofriante historia es una crítica severa a la sociedad japonesa ya que nos muestra graves problemas a los que se enfrentan tanto los jóvenes como los adultos (no está de sobra que su padre sea un alcohólico, quizás víctima de la sobrecarga de trabajo y la madre tal vez desempleada por discriminación de género y marginada en la soledad de su pequeño apartamento). La prostitución entre las jóvenes es un tema candente en Japón en las últimas décadas, pero las causas por las que esas adolescentes se llegan a prostituir pueden ser tan insignificantes como un par de aros, tal y como lo muestra la novela de Pazó.

Otro ejemplo de prostitución se presenta en el cuento "Roku" de Pablo Lores Kanto (http://kantod.com/roku/, consultado 3 nov. 2016). El relato cuenta la historia de una pareja, Nanako y Ruusuke quienes se casaron cuando Japón prácticamente estaba todavía en cenizas, en 1949, justo después de la Segunda Guerra Mundial. Cinco años antes de conocerse, es decir, en plena guerra, Nanako, la mujer, tenía solamente diecisiete años cuando encontró empleo en los avisos clasificados del periódico donde solicitaban "Muchachas para trabajo manual" (n.p.). Cuando la joven se presentó a trabajar la llevaron a la trastienda de un bar y la enseñaron a acariciar los genitales de los hombres. El hijo de la dueña del bar le enseñó cómo hacer su trabajo. Por lo tanto, la joven se prostituía en cierta forma por el contacto sexual; además ese era su único trabajo. No sorprende que la joven tuviera un trabajo como tal, a la deriva, en un Japón desesperanzado y en plena guerra, en un país donde había pocas oportunidades para las mujeres. Nanako pasó sus mejores años (en el sentido en que es la etapa cuando se estudia en la universidad) prostituyéndose en la trastienda del bar y viviendo los horrores de la guerra y la posguerra. Cuando se casa con Ruusuke no puede concebir un hijo; de hecho nunca pudo aunque lo intentó por treinta años. . Psicológicamente la mujer había quedado marcada; en el fondo sentía culpabilidad por haberse prostituido antes de casarse. Ese "pecado" la perseguía hasta en sus peores pesadillas cuando su jefa se le aparecía. Seguramente sentía que el no haber concebido un hijo era una condena.

El título del cuento es simbólico: "Roku" en japonés significa seis. En Japón los números cuatro y nueve son de mala suerte. El número seis no es necesariamente de mala suerte excepto que cuando el nombre de alguien está compuesto por el sonido "roku" a esa persona se le llama "rokudenashi" lo cual quiere decir que es "bueno para nada".[251] En el relato, Nanako se lavaba las manos con jabón seis veces después de hacer el amor con su marido. Era como "si se tratara de una costumbre cabalística"

---

[251] Le agradezco a mi distinguida colega, la profesora Akemi Kudo, que me haya orientado sobre el significado de los números en Japón.

señala el narrador. El enigmático número seis también aparece cuando Nanako relee su diario. En el capítulo seis escribió cómo fue engañada y se hizo prostituta. Y, una vez casada, en sus peores pesadillas se le aparecía su jefa quien le peleaba el número de clientes que había tenido Nanako en una noche específica. Su obsesión por lavarse las manos tenía que ver con su culpabilidad. Incluso, cuando trabajaba se lavaba varias veces las manos inmediatamente después de estar con un cliente; incluso se las desinfectaba. Tradicionalmente los números nones en Japón son de buena suerte. Influenciados por los conceptos chinos del yin-yang, los japoneses celebran festividades nacionales el primero de enero, el tres de marzo y el cinco de mayo, por ejemplo. Por otra parte, los números seis y cuatro son de mala suerte cuando la gente se casa. Es decir, se evita regalarles a los novios juegos de vajillas para 4 ó 6 porque esos números se pueden dividir y puede ser un indicio de que la pareja se puede separar. Por eso, es muy común que haya vajillas para cinco personas y no para seis. En el relato, el número seis no divide a la pareja, pero es simbólico que el seis persiga a la protagonista hasta en sus peores pesadillas además el sentido de culpabilidad con el que vive día a día es realmente una condena. La prostitución arruinó la juventud de la mujer y el peso de la culpa la persiguió para siempre.

Otro cuento que se enfoca en la prostitución fue escrito por Héctor Sierra y se titula "Bésame al ritmo de la música" (*Bajo el sol...* pp. 75-91). El relato está exquisitamente narrado por la protagonista, Claudia, una colombiana muy guapa quien nació en Dos Quebradas. Durante su niñez creció escuchando que era preciosa. Y, cuando los amigos de su padre visitaban su casa se le acercaban de una manera muy especial. Por su parte, los amigos de la adolescente la admiraban por su belleza e incluso los maestros le daban buenas notas (que no se merecía) siempre y cuando sonriera. Dice: "los hombres sí que son bobos, compiten entre ellos, hacen cualquier cosa por conquistarla a una, aunque no les prestes atención, aunque sepan que una tiene novio o marido" (79). De todas formas, fue ella la que suspendió el bachillerato porque no le estaba yendo bien y porque una amiga la convenció de hacerse prostituta en Bogotá. Ahí ella trabaja en un bar que frecuentan los japoneses adinerados de las grandes corporaciones. No mucho tiempo después Claudia se va a Japón con un japonés que es parte de una suerte de mafia que se dedica a llevar prostitutas al archipiélago. El cuento relata en detalle la explotación de mujeres que terminan en Japón pagando primero la deuda del pasaje y después las "comisiones" que le tienen que dar a la mafia organizada. Dice: "Él [el japonés] me trajo a Japón y nunca más lo volví a ver. Conocí a mi manilla [madrota], una argentina que ni siquiera me dejó descansar y apenas llegué a Narita, me hizo teñir el pelo de rubio y me mandó a trabajar" (81). Las manillas les exigen a las prostitutas que trabajen sin parar. En el relato Claudia se prostituye a tal grado que atiende hasta diez clientes diarios. Pero no todo termina allí ya que una vez que las prostitutas han sido exploradas éstas son vendidas por las manillas a la mafia. Por su parte, la mafia las explota y las revende otra vez. El relato presenta un círculo vicioso del que se escucha mucho en Japón.

En el texto uno de los personajes es un mafioso, un tal Yamamoto (Claudia eventualmente se hace su amante). Él controla a cincuenta prostitutas colombianas afincadas en Japón y nunca anda solo. Dice la narradora: "y siempre anda con guardaespaldas, sus 'chimpiras', con el Ruichi que es como su secretario el que le ayuda a cuidar a las muchachas para obligarlas a trabajar más cuando no rinden, para asustarlas cuando no quieren pagar o para amenazar a las familias si alguna de las muchachas se les escapa, y para ir a Colombia a seguir trayendo más pelaítas" (83). Conforme la historia avanza, Claudia se va encontrando con más problemas. Para empezar, se le ocurre hacerse manilla y explotar a jóvenes como ella: se lleva a Japón a una prostituta de Colombia, pero terminan deportándola y lejos de ganar dinero en la maniobra, pierde. Su vida continúa empeorando: Yamamoto la corre, se pelea en el bar, le tumban los dientes y termina prostituyéndose en uno de los lugares más bajos. A pesar de sus hazañas en los prostíbulos de Japón, siempre está endeudada y lejos de ahorrar dinero se queda en la bancarrota. Al final resulta que su hermanita también quiere ir a Japón como prostituta, pero la madre no se lo permite. Lo peor es que la madre es la que termina yendo a Japón a prostituirse también. "Bésame al ritmo de la música" es una historia finamente narrada a pesar del circulo vicioso en que se encuentra la protagonista y su trágico final. Pero no todo en el cuento es negativo porque muestra cómo las mujeres viajan medio mundo para trabajar. A pesar de que Claudia está constantemente endeudada, ella le manda puntualmente dinero a su mamá quien se había divorciado. Lamentablemente, ambas, madre e hija terminan siendo víctimas en Japón.

La diversidad: la convivencia con otros extranjeros

La convivencia con otros extranjeros es otro tema que surge en una amalgama de textos. En *Banteki* el protagonista trabaja en la escuela de inglés con americanos, australianos y canadienses lo cual señala que la inmigración laboral no es única de hispanohablantes. Incluso, "hay una alemana que se hace pasar por inglesa" señala el narrador. Con su típico sarcasmo amplía diciendo que ella "intimida demasiado al personal. La gente grande intimida que te cagas. Sobre todo si tienen detrás un buen genocidio" (25). La inmigración generalmente se asocia con el movimiento de gente de países en desarrollo a países desarrollados, pero aquí se invierten los papeles. Según el narrador los extranjeros "todos trabajan para ahorrar" ya que "trabajan cinco años y se levantan pasta suficiente como para comprarse en su pueblo una queli tan grande como un palacio" (25). En contraposición, en *Trenes hacia Tokio*, el protagonista, a pesar de ser maestro de idiomas, convive con latinoamericanos trabajadores de una fábrica. En el capítulo titulado Boris Karloff, va a una fiesta de una quinceañera y en el camino va con latinoamericanos escuchando canciones de Luis Miguel y Gloria Estefan. En la fiesta, los latinoamericanos son descritos así: "hay grupos de adolescentes vestidos como en las películas americanas de baile de graduación, y adultos sin corbata fumando un cigarrillo con cada mano. Pasan mujeres muy atractivas cada dos minutos exactos..." (67). Es obvio que David se comunica con los que están a su alrededor, pero en el fondo no los entiende ya que es curioso que sea la primera vez que escucha el *reaggeton*. Además, aunque no lo dice, la fiesta le parece un tanto kitsch. El brindis, los discursos, las poses para las tomas y la foto gigantesca de la quinceañera que se cuelga en la pared le parecen ridículos; por eso evita tomarse una foto con ellos. En la celebración David aprende de lo difícil que trabajan los bolivianos en una fábrica y sobre los pocos derechos que tienen. Por otra parte, aprende de celebraciones y tipos de música que no había escuchado. En fin, aprende sobre la vida de otros extranjeros en Japón.

En la novela *Gambate* se ve la diversidad en diferentes planos; Luis, el protagonista, interactúa con varios extranjeros.[252] En los trabajos eventuales pesados que llegó a hacer los fines de semana (descargaba camiones de pesticidas), Luis explica que no había tanta competencia al principio hasta que llegaron otros extranjeros iraníes, tailandeses y brasileños. Entonces la competencia se hizo feroz porque dejaban "de ser personas para ser países que competían para demostrar ser el mejor. No había ningún premio material. Solo el orgullo de acabar más rápido" (15). Por otra parte, se presentan mujeres extranjeras latinoamericanas que entran a trabajar a una de las fábricas donde laboró Luis: dos peruanas y una colombiana. Las mujeres, lejos de presentar una amenaza, llegan a darle sabor al ambiente de la fábrica: "a la hora del almuerzo, la mesa más grande del comedor pasó a nuestro poder y la bulla de las bromas no tardó en aparecer. Los japoneses volteaban sorprendidos por nuestras risotadas" (107). Pero, no todos los latinoamericanos son tan genuinos y amables como esas mujeres. En la novela aparece un brasileño, Roberto, quien contrataba a los latinoamericanos sin visa para que fueran a trabajar a las fábricas a cambio de una comisión. Él hablaba muy bien japonés y portugués, idiomas que aprendió de sus padres en Brasil. También hablaba español porque había vivido en la frontera de Brasil con Argentina. Tipos como Roberto eran odiados porque la comisión que cobraban por buscarles trabajo a los ilegales era exagerada. Por último, se presentan varias mujeres filipinas y tailandesas que trabajan como prostitutas en los llamados *snacks*. Luis se enamora de un par de ellas y se entretejen historias casi inverosímiles pero entretenidas en la buena prosa de la novela.

El cuento "Hola, soy brasileño ¿y vocé?" escrito por

---

[252] Para un importante estudio que tiene que ver con la identidad de los personajes, véase el trabajo de Shigeko Mato.

Álvaro del Castillo (http://kantod.com/hola-soy-brasileno-y-voce/, consultado 3 nov. 2016) narra la conversación entre un brasileño y un peruano en una fábrica. El cuento está narrado en *portuñol*, una mezcla de portugués y español. En el relato nos enteramos que Hiro, el brasileño, habla muy bien japonés porque su familia japonesa que emigró a Brasil después de la Guerra le inculcó que hablara el idioma. Una vez en Japón, conoció a una peruana *nikkei* de Lima y con ella se casó. El cuento muestra cómo se van entretejiendo los matrimonios interraciales en Japón y sobre todo habla de las diferencias. Por ejemplo, Hiro tiene miedo de presentarle su esposa a su familia en Brasil, lugar a donde todavía no han viajado como pareja. Aunque ambos son hijos de japoneses hay diferencias entre peruanos y brasileños. Dice Hiro con frustración: "en muchas familias nikkeis brasileiro nao aceptan o nao están muy conformes con las familias extranjeras, así sean nikkeis. Piensan que son diferentes, que son muy liberales o no son tan descendientes de japoneses" (n.p.). Por otra parte, este obrero de fábrica admira las cosas positivas que le ofrece Japón: un buen salario para vivir, un lugar tranquilo, seguro y con buenos servicios "da gusto vivir en Nihon [Japón]" señala con entusiasmo el personaje. Sin embargo, a pesar de la prosperidad que ofrece ese país, el personaje no deja de ser un crítico severo ya que los japoneses "son muito fríos, no gustan conversar ni hablar. Me parece que Japón es un país de pessoas tristes" (n.p.). Como se puede observar, hay una incomprensión de la sociedad japonesa o quizás se trata de un rechazo que el personaje percibe (a muchos de los *nikkeis* se les discrimina por tener la cara japonesa y no hablar japonés como los nativos). Es por eso que Hiro está casado con una peruana y se deleita de entablar una conversación con Héctor, el peruano de la fábrica. Al final del día, para Hiro los peruanos "son muy alegres y les gusta estar juntos y unidos". Y, en el difícil ambiente de la fábrica aunque se comunican en *portuñol* el día se les hace más ameno.

La discriminación

La discriminación, así como la diversidad cultural, opera en varios planos. En la novela *Banteki* se nota la discriminación en contra de los de afuera, los extranjeros o los hijos de inmigrantes que incluso han nacido en Japón y los de adentro, los japoneses mismos. Dice el narrador: "La ciudad está llena de gente que se cree muy moderna y muy elegante. Bueno, solo algunas partes de la ciudad. En otras partes se esconden los coreanos y los *etas*, los parias históricos. Esas partes de la ciudad son invisibles y casi innombrables. Y si se nombran, no se habla de los que viven allí" (23). En efecto, los coreanos forman parte de uno de los grupos que se han discriminado por décadas en Japón y sobre todo después de la Segunda Guerra Mundial; y, aunque últimamente los coreanos han sobresalido en todas las esferas de la sociedad japonesa, todavía existe cierto rechazo en contra de ellos. Asimismo, los *etas* tienen una larga historia de discriminación ya que por siglos pertenecieron a la clase más baja de Japón. Era la gente "impura" por los oficios que desempeñaban los cuales se consideraban sucios: los matarifes, los empleados de funerarias y los curtidores, por citar algunos. Con el paso del tiempo, los *etas* han adquirido derechos pero todavía existe cierto rechazo y eso es lo que demuestra Pazó. Pero no solo esos dos grupos son discriminados. El texto también muestra cómo han cambiado los valores de la sociedad en torno a los ancianos. Por siglos las personas de la tercera edad habían sido respetadas y vivían en la misma casa con por lo menos uno de sus hijos. De ese modo, la casa se heredaba de generación en generación. Ahora eso está cambiando poco a poco "ahora a los abuelos los echan a la puta calle" dice el narrador (25). Si bien esa es una exageración, en las últimas dos décadas se han reportado varios casos de maltrato hacia los ancianos. Además de los ancianos, la novela hace alusión a los vagabundos; éstos si bien no son discriminados, definitivamente son marginalizados. Dice el narrador: "Tennoji es donde se reúnen los vagabundos de la ciudad. Cada uno con su casetita de cartón y sus andrajos. Mugrosos vagabundos" (69). A principio de los años 80, Japón prácticamente no tenía vagabundos. La estabilidad económica ofrecía suficiente trabajo para todos. Básicamente no había desempleo. Sin embargo, todo cambió a partir de los años noventa; la imprevista inestabilidad económica hizo que muchos que vivían bien y tenían un trabajo se quedaran en la calle. Esos se convirtieron en indigentes marginados que de la noche a la mañana llenaron los parques y las estaciones. Ahí construían (y todavía construyen) sus pequeñas casas de cartón. Como se puede ver, en *Banteki* no solo se presenta la discriminacion en contra de los extranjeros y sus descendientes aunque hayan nacido en Japón como es el caso de los coreanos, sino el rechazo hacia los propios japoneses.

Por otra parte, la discriminación de los coreanos hacia otros extranjeros e incluso hacia los japoneses mismos se presenta en el cuento "Otosan" de Luis Arriola Ayala (http://kantod.com/otosan-cuento/, consultado 24 jun. 2015). En el relato un joven peruano que trabaja en una fábrica en Japón le teme a la palabra "otosan" (papá) porque se siente huérfano ya que su padre lo había abandonado cuando tenía meses de nacido. Su jefe japonés un día le pide que lo llame "otosan" pero él se rehúsa a hacerlo por el sentimiento de pérdida que siente ante la ausencia de su propio padre. El jefe es un tipo exigente y frugal pero paternalista, como suelen ser los superiores japoneses. La discriminación se hace presente cuando el joven le dice a su jefe que le gusta una anfitriona de un bar coreano en Kikugawa. El jefe le advierte al joven que "es peligroso" pero éste no comprende por qué. El joven insiste y va al bar coreano, pero de pronto un grupo de matones coreanos lo retan a muerte, aunque sale con vida porque su jefe milagrosamente llegó a rescatarlo. Dice el narrador "ya en la calle, me contó [mi jefe] que el dueño del bar había trabajado para él y que los matones que estuvieron a punto de pegarme eran los hermanos de la chica coreana; que todos en Kikugawa sabían que ese bar no permitía el ingreso de extranjeros ni de japoneses, que la razón principal de esa norma era en respuesta a las décadas de explotación y discriminación que vivían los coreanos en el país del Sol Naciente" (n.p.) Como se puede observar, aquí se invierten los papeles. Los coreanos son los que no quieren mezclarse con otros grupos e incluso con los japoneses. Aunque el cuento no ahonda en la compleja problemática de la identidad de los coreanos en Japón y el pasaje que acabo de mostrar sea un poco exagerado (es muy raro que un jefe le diga a un subordinado que lo llame "otosan"), por lo menos muestra que hay una discriminación inversa.

La discriminación en contra de los trabajadores

latinoamericanos la narra de una forma inigualable Augusto Shiga en *Japón no da dos oportunidades*. El protagonista narra cómo los vecinos de Hayakawa, el pueblo donde se encontraba la fábrica donde laboraba y el pequeño apartamento donde vivía con sus compañeros de trabajo, se comenzaron a quejar por el supuesto ruido y escándalo que hacían los extranjeros. Era obvia la xenofobia que mostraban los vecinos japoneses, aunque lo hacían indirectamente. Dice el narrador: "no nos engañábamos. Para bien o para mal, a pesar de la exquisita cortesía, consideraban nuestra presencia como un peligro, éramos extranjeros de costumbres enredadas, y todavía peor: operarios de fábrica, la ralea social, extraídos del subsuelo, amontonados en la casa por una agencia que sabía perfectamente las hostilidades del vecindario" (58). Más de una vez los trabajadores *nikkei* fueron acosados por los vecinos. Lo peor era la humillación que sentían cuando reflexionaban sobre su propia identidad ya que eran descendientes de japoneses y habían ido a Japón a ganarse el pan y ahora los propios "hermanos" de sus padres o abuelos les daban la espalda. El narrador cuenta la anécdota de Roberto, uno de sus compañeros quien de regreso de la fábrica:

> llevaba el uniforme reglamentario, gorro, camisa y los zapatones de punta de acero, las siete y media de la noche, a cincuenta metros de la casa, le salió al encuentro una niñita, quien empezó a gritar destempladamente. No era indispensable entender el japonés, le estaban increpando, como si dijéramos en castellano: ¡Lárguese de aquí! ¡Nos molesta su presencia! Aquella noche en la casa, luego de escuchar los detalles del suceso, mientras esperábamos turno en la ducha, Koji Murakami hizo un amargo comentario: 'Allá en el Perú no somos peruanos, acá en el Japón nos maltratan por extranjeros. ¿Qué diablos somos?' (58-59)

Como se puede observar, los trabajadores, aunque no todos, sufrían (y sufren) discriminación. Japón es un país que no ha sido muy tolerante en torno a la inmigración (recuérdese la persecución del cristianismo y el hecho que el país estuvo apartado del mundo por siglos además de la falta de espacio y la sobrepoblación) pero en el caso de los *nissei* se problematiza porque, como sabemos, los padres o abuelos de los *nissei* son los japoneses que emigraron a América y ahora en Japón justamente se rechaza a los hijos o nietos de aquellos migrantes, aunque obviamente no a todos. Por eso la humillación del personaje de esta bien lograda novela.

La nostalgia

La nostalgia por la tierra natal es uno de los temas que se ven a través de la prosa (*Japón no da dos oportunidades*, *Trenes hacia Tokio* y *Gambate*) así como en la poesía. A continuación, proveeré únicamente un par de ejemplos que se ven en los poemas escritos por los lectores del periódico *International Press*. En el poema "Inmigrante" de Walter Omar Cárdenas Gayoso, la voz poética habla de cómo llegó a Japón, ahorró dinero y les construyó una casa a sus padres:

> Ahora sus amigos le dicen ganador
> pues a sus viejos una casa construyó
> dicen que es millonario
> pues unos dólares consiguió
> qué equivocada la gente
> pues escribiendo versos está hoy
> que empiezan diciendo:
> dulce vida qué amarga te siento hoy... (*IP* 8 de noviembre, 2003)

El dinero no lo es todo; el hablante sufre la vida difícil que le depara Japón alejado de su familia. Aun estando en Japón el hablante advierte que a pesar de ganar buen dinero sigue sufriendo como los demás humanos ya que en el archipiélago también "masca, llora y sueña". La "vida amarga" que vive este inmigrante tiene que ver con la nostalgia que siente al estar lejos de su tierra natal.

En el poema "Mi tierra natal" de Vicente Fudimoto, es precisamente la nostalgia la que hace que el hablante regrese a su país. Al principio habla de lo difícil que se le hizo llegar a Japón a trabajar de pie, largas horas y sin saber el idioma: "el idioma no lo entendía y no sabía lo que ellos / me decían, pues así pasaron los días, frialdad y humillación / recibía…". Más adelante confiesa que esa mala experiencia lo hizo un hombre fuerte pero distante:

> … Pero el deseo de ganar plata, y la ambición hizo de mí un hombre frío. Me olvidé de mis hijos y de mi mujer, duro trabajé y mucha plata junté. El tiempo pasó y la nostalgia de regresar me llegó. Así pude hacer mis maletas y regresé al Perú, qué alegría sentí ver el avión aterrizar en mi tierra natal. … (*IP* 27 de marzo de 2004)

El hablante reconoce que lo material triunfa. Su afán por ganar dinero lo hizo descuidar a su familia. La emigración hace que las familias se separen por meses y hasta años y muchas veces la distancia hace que el núcleo familiar se desintegre. Algunas veces el que emigra encuentra otra pareja y su familia sufre el abandono. En este caso, el poema da un giro porque dice "en un taxi llegué a mi hogar y la puerta / tuve que tocar, vi salir a mi mujer y detrás de ella / su nuevo querer, mis hijos ni se acordaban de mí" (Ibíd). El hablante se resigna al ver que su matrimonio ya no puede ser. Al final el hablante insta a sus lectores a que no dejen su tierra natal para que no les suceda lo que a él le pasó.

El suicidio

Otro tema constante en la literatura escrita por hispanohablantes es el suicidio. Japón es uno de los países con las tasas más altas de suicidio en el mundo. Este hecho subraya el reflejo de la sociedad en la ficción. En *Banteki*, el intertexto "Diario encontrado en una olla de arroz" termina con el suicidio de la adolescente. La joven es víctima de acoso en la escuela: sus compañeras y uno de sus profesores abusan de ella; es víctima porque la engañan y la hacen prostituirse; es víctima porque sus padres son alcohólicos y es víctima de discriminación por su linaje (su padre es coreano y por eso la maltratan sus compañeros en la escuela). Cuando la joven se da cuenta que no podrá ponerse los aros en los pezones--uno de sus grandes sueños—y que todos la engañan o simbólicamente la abandonan (realmente sus padres no la protegen porque ambos se encierran en habitaciones separadas a beber todos los días), ella decide quitarse la vida: "es la una. Mi madre está en su cuarto, bebiendo una botella que le compré en la tienda con mi dinero. Mi padre no está. Fuera, el cielo está azul, de un azul profundo y luminoso. Me gustaría ser parte de él" (188). La cuerda con la que decide suicidarse es de color rojo (el color que su madre detesta) pero con el que ella soñaba tener ropa interior. El triste final de esta novela nos ayuda a reflexionar sobre la incertidumbre con la que viven algunos jóvenes y sobre la fragilidad de la vida. Antes de quitarse la vida, la joven hace bola los papeles de su diario y los esconde en una olla de arroz. El protagonista de la novela encuentra esa olla de arroz en la basura. Una olla de arroz es el corazón de una casa japonesa: ahí se cocina el sustento, el alimento que da vida. Tristemente, en esta cabal novela es en la olla de arroz donde se revela el porqué de la muerte de la adolescente.

El suicidio también está presente en el cuento "Triste soledad" de Lores Kanto, texto al que aludí anteriormente. En el relato, el Tío, un tipo solitario, sin amigos y sin muchos objetivos en la vida, al final se suicida después de beberse botellas enteras de whisky, ron y vodka--era un alcohólico. Se suicida con una corbata que apenas le habían regalado unos días antes. Y, en el cuento "Tesis del ahogado", relato ganador del Primer Concurso de Cuentos Cortos en español organizado por el Doyo Hanno Latin Club de Saitama, el protagonista no se suicida exactamente, pero se arroja al agua. La autora del cuento es Ana Belén Pérez. El relato es sobre un hombre y un manuscrito (su tesis). Los símbolos del agua amenazadora aparecen a través de todo el breve texto. En una forma gráfica la autora presenta a un individuo moribundo atrapado en el remolino de las aguas profundas. Está perdiendo la respiración, el oído y "los ojos que parpadean de un modo muy violento, como buscando la luz, algo que los proteja hasta quedar inmóviles frente a un punto muerto, tal vez un grupo de algas" (n.p. *IP* 31 de diciembre de 2014). Cuando está a punto de perder el sentido, el hombre recuerda los últimos días de su vida: "las horas de estudio inacabables, con el sudor pegado a su frente, a su camisa" (n.p.). Se trata de un cuento conmovedor porque al final el lector se da cuenta que "el ahogado" se arrojó al lago para salvar un manuscrito que él mismo había lanzado al agua. Sin embargo, no pudo rescatar ni al texto ni a sí mismo porque "el agua se lo tragó todo". El cuento podría leerse como una alegoría de *La vorágine* además de que hay otros paralelismos. Por ejemplo, antes de morir el hombre recordaría "la ansiedad, la incertidumbre, las palpitaciones que no cesan, el insomnio y los vómitos" (n.p.). No cabe duda que se trata del proceso de escritura y de lo difícil que es terminar un proyecto cuando por un impulso instantáneo el escritor se pregunta sobre la validez de su creación y decide destruir su texto. El cuento termina con una nota triste y con otra esperanzadora. El hombre muere y su tesis permanece en el fondo del lago; nadie los busca, nadie los reclama. Sin embargo, en el abismo, en el más allá, el hombre descubre las respuestas que no pudo encontrar durante el proceso de creación. Se trata de un cuento corto bien logrado que, como varios cuentos contemporáneos, exigen la participación activa del lector. Es decir, a pesar de ser una narración breve el lector se ve obligado a leerlo más de una vez.

Como se ha podido ver a lo largo de este capítulo, la temática de la literatura es variada. En las páginas anteriores solamente me enfoqué en algunos temas y dejé fuera otros no porque los últimos no sean importantes. Por ejemplo, el cáncer es uno de los temas que se repite en varios textos. Como señalé, en *Banteki* la ciudad simboliza un cáncer y en *Tatami* uno de los tres personajes sufre de esa difícil enfermedad (117-118). También es impactante el micro-relato "El rostro" de Gaby Higashionna. En éste, la protagonista se somete a un tratamiento de quimoterapia y habla de lo rápido que todo sucede cuando a un paciente le detectan que padece de cáncer.[253] Otros temas que se repiten son la alusión a Hiroshima y Nagasaki, la batalla por el aprendizaje del idioma japonés, los desastres naturales y cómo están cambiando los valores en la sociedad japonesa. Éstos dos últimos temas se exponen de una forma excepcional en el cuento "La muñeca" de Montse Watkins donde Masayo, la protagonista, compra una muñeca que eventualmente "revive" (la muñeca había sido una joven de carne y hueso que había sido

---

253   http://kantod.com/el-rostro/. Consultado 26 ago. 2014.

víctima del terremoto de Kanto en 1923). Masayo encarna los valores tradicionales japoneses: creció durante la Segunda Guerra Mundial y aprendió a vivir con carencias, aunque gracias a la prosperidad económica de esa generación, llegó a tener un poder adquisitivo bastante sano; veneraba la cerámica, se alimentaba de comida típica y vivía una vida tradicional rodeada de exquisitos artefactos y pinturas aunque lamentablemente nunca logró tener un hijo. Simbólicamente, la muñeca se convierte en "su hija". En contraposición, el relato hace una severa crítica social porque presenta a la sociedad de finales del siglo XX llena de ansiedad por el tráfico, por la presión de tanto trabajo, con sus borracheras y un consumismo incontrolable. Otro cuento de Watkins, "El portal rojo", presenta a dos hombres que conversan cerca de *Akamon* (el portal rojo). El uno es un campesino que ha trabajado toda la vida en los campos de arroz que heredó de sus padres. Con sus ahorros soñaba educar a su hijo, pero el joven no aprecia ni lo tradicional (el trabajo en el campo) ni el futuro que le puede prometer el estudio ya que lejos de estudiar se dedica a pasear en su auto deportivo y a malgastar el dinero. El otro hombre es un obrero quien se queja de su mujer. Ella no trabaja ni cuida a su esposo como lo solían hacer las japonesas de ese entonces; en cambio, sí se pasa la vida paseando con sus amigas y comprando mercancía rebajada en los grandes almacenes de Tokio. El cuento subraya que la gente que sí trabajaba (digamos, en la forma tradicional) sufría porque "muchos de ellos eran empleados, víctimas durante la semana de exceso de trabajo, el estrés y los largos y agotadores viajes en abarrotados ferrocarriles hasta sus oficinas en Tokio" (20). En suma, en los relatos se presenta una sociedad que está en constante transformación.

Pero ¿qué más ocurre en el ámbito literario en Japón? Como señalé en el primer capítulo, escritores e intelectuales llevan a cabo conferencias y mesas redondas en torno a traducciones al japonés y viceversa, así como coloquios para aquellos afincados en Japón y conferencias internacionales. Sin embargo, más allá de esos inmensos foros en el centro de Tokio o en las grandes universidades ha habido otros espacios para la literatura. Por ejemplo, en el 1997, la peruana Pemela Higa y las brasileñas Denise y Roseli Iwamoto formaron un grupo y bailaban danzas tradicionales y contemporáneas de Okinawa. El título de su actuación era "Café Teatro" porque el joven grupo se dedicaba al teatro y a la danza y se presentaban en pequeños espacios en Kamata, un vecindario alejado del centro de Tokio.[254] Seis años más tarde, Gonzalo Robledo tuvo una conversación con la bailaora de flamenco y coreógrafa Masamy Okada sobre Frida Kahlo. Ahí decidieron montar la obra sobre la vida de la pintora mexicana; Robledo se encargó de guión y Okada de la dirección y la coreografía. Una de las canciones que Robledo escribió para la obra fue "Pa' quererte más largo", la cual dice:

> Espero que en la otra vida
> Seas tú quien nazcas antes
> Y que camines despacio
> Para que yo te alcance.
> Quiero nacer yo después
> Ay, pa'estar más junto a ti
> Para llegar yo a las once,
> Cuando en ti sean las diez.[255]

Es obvio que el interlocutor es Diego Rivera. Sin embargo, aquí lo interesante radica en la colaboración e intercambio cultural entre hispanohablantes y japoneses. También hay obras que no se han creado en Japón pero que sí atraen a un sinnúmero de espectadores. Por ejemplo, el grupo de teatro colombiano Fiesta Esmeralda hizo acto de presencia con la obra *Colombia renacimiento* en el Sexto Festival de Teatro Callejero en Japón 2006. Ahí actores colombianos presentaron esa "obra llena de dolor, coraje y paz, esa paz tan anhelada por nuestro país" dijo Yohana Suárez, una integrante de la agrupación.[256] De la misma forma, el dramaturgo y director argentino Mariano Pensotti convirtió las calles de Yokohama en escenario.[257] Su obra *La marea* se presentó a las

---

254   *IP* 26 de enero de 1997.

255   *IP* 18 de enero de 2003.

256   *IP* 13 de mayo de 2006.

257   *IP* 11 de nov. de 2008.

siete de la noche en una calle de nueve espacios intervenidos. En cada espacio había un grupo de actores en diferentes situaciones. Las situaciones carecían de diálogos o eran muy breves. Y, a través de un sistema de subtitulado instalado en cada situación los espectadores podían tener acceso a los pensamientos de los personajes. Las situaciones se representaban simultáneamente en ambos lados de la calle y los espectadores tenían la libertad de desplazarse de un lado a otro.[258] En el escenario el idioma español no es realmente una barrera.

Aparte del teatro ha habido concursos como el Concurso de Cuentos Montse Watkins organizado por el *International Press* que se llevó a cabo por primera vez en el 2006. Los miembros del jurado fueron los profesionales e intelectuales a los cuales me he referido a lo largo de este libro y que han estado asentados en Japón por más de dos décadas: Arturo Escandón, Pablo Lores Kanto, Alberto Matsumoto y Javier Baquedano. Los ganadores fueron Mayra Vásquez Tokuchi con "Asedios a Narciso"; el segundo lugar se lo llevó Jorge Cortés con "Una aventura laboral" y el ganador del tercero fue Luis José Chiba Ramayoni con "El último ramen". También hubo un segundo concurso el cual se anunció en diciembre del 2007. En esa ocasión se convocaron a hispanohablantes y japoneses que hablaran el idioma. El ganador de este segundo certamen lo ganó Miguel Angel Fujita con el cuento "Un mal sueño"; el segundo le fue otorgado a Brandi-Acosta-Dueñas Pardo por el relato "Imagen tierna de la nostalgia"; el tercero, "Sueño de dos realidades" le perteneció a Eddy Nelson Montilla Méndez y la mención honorifica se la llevó Margarita Mocada con "Mi hermano y yo". La temática de esos cuentos tiene que ver con la experiencia laboral (generalmente en la fábrica), lo difícil que es acostumbrarse a la vida en Japón, la nostalgia y los beneficios de aprender el idioma de ese país.

La literatura escrita en español ha proliferado tanto en géneros como en temáticas. Por ejemplo, Alfonso Asensio no se dedica a la escritura (trabaja en el campo de la tecnología) pero su afición a las artes marciales lo han inspirado a escribir dos novelas: *Kakutogi barrio* y *Cipango Punch*. En la primera, el protagonista

---

258 http://marianopensotti.com/lamarea.html. Consultado 4 nov. 2018.

llamado M., trabaja en Tokio como luchador en peleas ilegales organizadas por los *yakuza* (la mafia japonesa). Su mundo es uno de veladas nocturnas, clubs y dinero fácil que recorre a golpes bajo los neones de los vecindarios más emblemáticos de Tokio: Shinjuku, Shibuya y Roppongi. Cuando M. se ve atrapado en las redes misteriosas de la organización para la que trabaja, huye y termina en Singapur y finalmente en las junglas de Malasia. La segunda novela es una suerte de continuación de la primera; aquí el protagonista también se llama M. y después de haber huido de Tokio se encuentra lejos de esa ciudad, pero todavía en el continente asiático. Insatisfecho con su vida, en bancarrota y lejos de las noches de golpes, descubre que existe una fortuna olvidada en las cuentas de la desaparecida organización criminal. M. recorre Asia tras el rastro del dinero hasta volver a Tokio otra vez. Asensio decidió escribir obras de ficción para comprender y explicar por qué ninguna pelea es como se representa en la ficción ya que todo sistema de lucha está definido y restringido por sus reglas. El escritor se dedicó a la lucha profesional por muchos años y el proceso de escritura le ayudó a comprender un "mecanismo de descubrimiento personal que llega en momentos previos a la confrontación violenta" ya que los momentos más angustiosos de su vida siempre fueron antes de una pelea: "parte de ello era miedo, pero no al daño físico ... más bien era temor a la decepción, a hacerlo mal, a descubrir que las incontables horas gastadas frente al saco de boxeo fueron un desperdicio. Pero por encima de todo estaba la evidencia y el sentimiento de desnudez absoluta con la que veía de repente ... aquellos minutos de congoja servían para echarme una ojeada propia y llegar a conocerme un poco mejor" señala.[259]

    Los textos y las temáticas a los que he aludido hasta aquí son solo una parte de la literatura que se ha escrito por los hispanohablantes en Japón o por aquellos que recientemente han vivido en ese país. Comencé este capítulo con una cita de Alberto Olmos quien señaló que como son tan pocos los narradores que han vivido en Japón que el *relato japonés* sigue pecando de superficial. Mi interés ha sido rescatar algunos textos que todavía

---

[259] https://www.alfonsoasensio.com/el-arte-del-puntildeo-desnudo.html. Consultado 6 nov. 2018.

no han sido estudiados, así como mostrar los temas que más les preocupan a los escritores hispanohablantes. Coincido con Olmos en el hecho de que los narradores (y poetas) que han vivido en Japón no representan una realidad superficial, aunque admito que algunos sí pecan y su incomprensión de la cultura y la sociedad japonesa es más que obvia.

La literatura sobre Japón (incluyendo los relatos de viajes) que se escribe lejos de ese país sigue surgiendo y la hay buena y mala.[260] Aquí no me queda espacio para analizarla pero proveo un par de títulos para los lectores no familiarizados con este interesante corpus que ha surgido en las últimas dos décadas: *Sho-shan y la Dama Oscura* y *Tinta violeta,* de Eve Gil; *Gaijin,* de Maximiliano Matayoshi; *La profundidad de la piel,* de Pedro Ángel Palou; *Forward: Kioto,* de Juan Villoro; *Cuaderno de Tokio,* de Horacio Castellanos Moya; *La forma de las cosas* y *El samurái,* de Rafael Reyes-Ruiz; *El guerrero a la sombra del cerezo,* de David B. Gil; *El barco de Ise. Viaje literario por Japón* y *Tiempo de Hiroshima,* de Suso Mourelo; *Largo haiku para un viaje,* de Susy Calcina Nagay; *Kawanabe,* de María Claudia Otsubo; *El agua está helada* y *Hanami* de Cristina Rascón; *Vidas perfectas,* de Antonio J. Rodríguez, entre muchos otros (véase la bibliografía), además de la obra de Mario Bellatín. La poesía y narrativa de los escritores *nissei, sansei* y hasta *yonsei* de Perú sigue floreciendo (y no todos escriben necesariamente sobre Japón); por ejemplo: *Gaijin, Okinawa existe* y *La iluminación de Katzuo Nakamatsu,* de Augusto Higa Oshiro; *Poemas para llegar a casa,* de Nicolás Matayoshi Matayoshi; *España aparta de mí estos premios,* de Fernando Iwasaki Cauti (quien radica en España); *Las barcas que se despiden del sol* y *La belleza no es un lugar,* de Juan Carlos de la Fuente Umetsu; *Lecciones para un niño que llega tarde* y *Marginalia. Breve repertorio de pensamientos prematuros sobre el arte poco notable de escribir al revés* de Carlos Yushimito del Valle (quien radica en Chile); *La vida ya superó la escritura,* de la poeta y artista visual Tilsa Otta Vildoso--aparte de su interesante instalación montada con Eliana Otta--, "La Yunza Genealógica" que rinde tributo y conecta referentes culturales e ideológicos; por último, la producción de Ana Akamine Yamashiro

---

[260] Como mencioné en la introducción, varios autores que han vivido en Japón ya se han regresado a sus países de origen o se han mudado a otras partes del mundo.

quien se ganó el Premio Scriptura 2017 por su poemario *Los árboles una vez fueron hombres*.

SEGUNDA PARTE
LAS BIBLIOTECAS

El 29 de julio del 2013 me encaminé a la estación Keibayomae en Nagoya. Ahí está localizado el Departamento Regional de Inmigración donde se encuentran detenidos los extranjeros que han cometido delitos o cuya visa se ha vencido. Varios de ellos no tienen más remedio que esperar su turno para ser deportados. El edificio de ocho pisos es amplísimo. Éste opera como un centro de detención, aunque en realidad es una suerte de prisión. A los detenidos se les puede visitar por 30 minutos máximo y en días específicos. Para poder ver a un detenido hay que llenar una serie de formularios (todos en japonés); hay que esperar por horas el turno y después hay una estricta revisión de todo lo que el visitante lleva consigo. La visita se lleva a cabo a través de un cristal y ante los ojos de cuatro guardias que ven y escuchan con cuidado el diálogo que se lleva a cabo. Ese día visité a un detenido de Perú cuyo nombre omito por su privacidad. La razón de mi visita era saber si en ese lugar existía alguna biblioteca ya que algunos detenidos permanecen ahí meses enteros. Para mi decepción, el detenido me dijo que no existía una biblioteca y que no había ni libros, ni revistas ni periódicos, aunque él sí había leído libros sobre los shogunes, así como novelas de Vargas Llosa, Bryce Echenique y García Márquez; todos ellos habían llegado a sus manos por azar. Ese mismo día entrevisté a una joven filipina y le hice la misma pregunta; pensé que quizás ella sí tendría acceso a libros en inglés, pero me dijo que no. Además, apenas hablaba inglés (de hecho, la entrevisté en japonés). Me dijo que solo tenía la *Biblia* en tagalo. Lo mismo sucedió al final del día cuando hice mi tercera entrevista con un joven iraquí que hablaba un japonés envidiable. Me dijo que simplemente no había nada que leer. Frustrada, desde el Departamento Regional mismo me comuniqué a una cárcel que se encuentra en la provincia de Aichi, pero me dijeron por teléfono que no perdiera mi tiempo porque no me iban a dejar entrar.

En esos días tuve densas conversaciones con las Hermanas Gwendolyn Hoeffel y Michiko Sato del Centro Católico Mikokoro en Nagoya y ellas me dijeron que generalmente los religiosos son los que les llevan libros a los detenidos pero que aún para ellos no era fácil. Lo mismo me diría Alberto Matsumoto tres años más tarde, en 2016, quien recordó lo que pasaba en torno a este asunto en los años noventa:

> La iglesia católica comenzó a funcionar de una manera muy rápida. Por ejemplo, la iglesia católica de San Ignacio, la que está a un lado de la universidad de Sofía, ya desde los noventas tenía monjas que comenzaron a formar un grupo de trabajo con japoneses; con voluntarios católicos japoneses para que ayudaran a los latinos con problemas. Por ejemplo, les ayudaban a los ilegales, a los indocumentados, a los presos. Yo siempre colaboré con la iglesia católica. Cuando la gente comenzó a llegar en miles, empezaron los problemas y es que en Japón los detienen fácilmente.... En cuanto a la lectura en las cárceles y centros de detención, las mismas Hermanas comenzaron a llevar los libros a los centros de detención. En los centros de detención solo aceptan los libros de los sacerdotes y de las monjas. Ellos no aceptan libros así nada más de cualquiera. Llevaban la *Biblia* y libros saludables. Hubo libros que llegaron de Argentina o de Sao Paulo por barco para esa causa. Eran libros para los jóvenes porque también hay prisión de menores. Para el año 1996 ya había problemas de delincuencia juvenil. Se hacía lo que se podía dentro de lo que se podía. Era muy poca la gente que tenía formación, preparación y acceso a esos lugares. Uno no podía simplemente decir 'traje algunos libros de Sao Paulo'. Así que lo hacíamos a través de la vía consular, o a través de las Hermanas o con asociaciones de ayuda que

eran reconocidas por las autoridades.[261]

En el 2013, llamé a varios sacerdotes de la provincia de Aichi y de Tokio y di con el Padre Anselmo Ferreira de Melo quien me dijo que su auto era una suerte de biblioteca ambulante ya que en éste les llevaba libros a los presos; cuando terminaban de leer un libro, simplemente se lo devolvían. La segunda ocasión me dio una lista de 40 títulos; en las siguientes comunicaciones que tuvimos me dio más y más títulos.[262]

Mi interés por el estudio de las bibliotecas y las prácticas de la lectura nació hace dos décadas cuando hice investigación sobre los lectores en las tabaquerías de Cuba.[263] En el caso de Japón, sabía que existían grandes bibliotecas en las universidades que atesoraban libros en español, pero dado el hecho de que gran parte de la población hispanohablante no asiste a esas casas de estudio, me di a la tarea de estudiar bibliotecas alternativas donde sé que los trabajadores acuden. Para empezar, las iglesias católicas generalmente tienen una pequeña biblioteca que los feligreses pueden consultar. Se trata de un pequeño librero con

---

261 Entrevista personal.

262 La biblioteca del Padre Anselmo Ferreira de Melo es de libros en portugués. Esta es la segunda lista que me envió: *O evangelho segundo o espiritismo* (Allan Kardec); *O brilho da estrela* (Danielle Steel); *Através do espelho* (Jostein Gaarner); *Bilhete ao Pai* (Celso Antunes); *O alienista* (Machado de Assis); *Minhas vidas passadas a limpo* (Mario Prata); *Mantenha o seu cérebro vivo* (Lawrence C. Katz); *Tudo vai dar certo* (Cesar Romao); *Caminhos e escolhas* (Abilio Diniz); *Ramsés - a batalha de Kadesh* (Christian Jacq); *O monte cinco, Onze minutos, O Diário de um mago, O alquimista* y *As valquirias* (Paulo Coelho); *A deusa sentada* (Helena Marques); *Contos da montanha I e II* (Miguel Torga); *Nosso lar* (Chico Xavier); *O poder do agora* (Eckhart Tolle); *Perdas e ganhos* (Lya Luft); *Dinheiro: Os segredos de quem tem* (Gustavo Cerbasi); *100 segredos* (Erwin Von Rommel); *O destino em suas mãos* (Richard Simonetti); *Nunca desista de seus sonhos* (Augusto Cury); *Por um Fio* (Drauzio Varella); *O código da Vinci* (Dan Brawn); *A vida não precisa ser tão complicada* (Leila Navarro); *O melhor livro sobre o nada* (Jerry Seinfield); *Nos bastidores da alma* (Nilza Helena Kfouri); *Pais brilhantes e professores fascinantes* (Augusto Cury); *Assassinatos na Academia Brasileira de Letras* (Jô Soares); *O reverso da medalha* (Sidney Sheldon); *Decifrando a fortaleza digital* (Sérgio Pereira Couto); *Tudo tem seu preço* (Zibia Gasparetto); *Pés no chão cabeça nas nuvens* (Lair Ribeiro); *O poder da paciência* (M.J Ryan); *As 100 leis da felicidade* (Peter Adams); *Treze a mesa* (Agatha Christie) y *O poder infinito da sua mente* (Lauro Trevisan) [correspondencia sep. 24, 2013]. La primera lista fue breve: *Bhagavad Gita* (Krishna), *O poder do silencio* (Eckhart Tolle), *Descubra sua personalidade financeira* (Jordan E. Goodman), *A camino da luz* (Francisco Candido Xavier), *Verdades do espírito* (Luiz Gasparetto), *Nada é por acaso* (Zibia Gasparetto), *Entre o amor e a guerra* (Zibia Gasparetto), *Na cama com Bruna Surfistinha* (Bruna Surfistinha), *Quatro rodas* (revista de autos) y *Revista alternativa* "una revista publicada por brasileños cada dos semanas; esa revista se la dan a los presos cada mes". Correspondencia 5 sept. 2013.

263 Véase *El Lector*... en la bibliografía.

libros en su mayoría religiosos que se encuentra en un área común de la iglesia: ya sea en una sala de actividades o cerca de ésta. También hay libreros donde los feligreses dejan sus *Biblias* las cuales solo consultan cuando están en la iglesia. En la Iglesia Ignacio de Loyola de Tokio los domingos se pone un librero en el atrio de la iglesia. Los feligreses pueden tomar gratuitamente un libro o viceversa: pueden dejar uno; o simplemente pueden intercambiar.

En mayo del 2014 visité el Centro Loyola que forma parte de la iglesia que mencioné en el párrafo anterior. Ahí las religiosas atesoran una amplia biblioteca y videoteca cuyos textos y cintas han circulado entre los feligreses e incluso han llegado a las cárceles. La lista de libros es demasiado larga para enumerarla aquí.[264] Además de libros, hay CDs que se piden prestados repetidamente: *El gran milagro, El encuentro mundial de las familias (Valencia 2006), Ballet Folklorico de México de Amalia Hernández (60 años 1952-2012), Mozart Requiem de Karl Böhm, The Holy Land – Revealed, Al final del paraíso, Ana en los tejados verdes, Bella, Ben Hur, The Robe, El señor de la misericordia, Espartaco, Evelyn, Los sacramentos, Confianza en la cosecha, Camino al cielo de Michael Landon y Victor French, Faustina, Francisco de Asís, Clara y Francisco, Gandhi, Guadalupe, Fátima, Lourdes, Un milagro en la tierra, José, Juan XXIII, El Papa bueno, Karol I, Karol II, La Biblia en el principio, La misión, Historia de la iglesia I-IV, Romero, La vida es bella, The Keys of the Kingdom, Las sandalias del pescador, Laura: un amor muy grande, The Lizzie McGuire Movie, Los diez mandamientos, The Ten Commandments, Lutero, Madre Teresa en el nombre de los pobres, Marcelino pan y vino, María Goretti, María madre del hijo de Dios, Mi bella dama, Mi Cristo roto, Cruzada, Escarlata y negro, Pablo de Tarso al mundo, Padre Pío de Pietrelchina, Beato Miguel Agustín Pro, Poncio Pilatos, Quo vadis, Rey de reyes, Romero, San Antonio de Padua, San Isidro Labrador, Bakhita a Santa, Maximilian Kolbe vida por vida, San Juan. El Apocalipsis, San Pablo. Historia basada en los hechos de los apóstoles, Saint Peter, Seguiré tus pasos, Santa Teresa de los Andes, The Other Wise Man / El cuarto Rey Mago, El Cristo del Océano, San Maximiliano (María Kolbe), Santa Rosa de Lima, Monsieur Vincent,*

---

264   Esa biblioteca será el tema de un futuro estudio.

Milagros eucarísticos, La sabana santa, La novicia rebelde, La pasión de Cristo, Bernardita de Lourdes, Apostolado Nueva Evangelización, Te puede pasar a ti (Juanjo Callejas – Cocombia), La Cristiada, Padre Pro, Un hombre para la eternidad, Cruzada, Padre Nuestro, El Señor de los Milagros, El final del paraíso, El color del paraíso, Poncio Pilatos, Canción de cuna, Faustina, Isidro el Labrador, Raúl Julia Romero, Teresa de Jesús (4 CDs), Pío XII – El holocausto, Teresa de los Andes, Molokai: La Isla Maldita, Rosa de Lima y María Goretti. Una historia emocionante.

También hay una pequeña biblioteca para niños donde se atesoran: *La biblia de nuestro pueblo, Evangelios concordados ilustrados, Biblia temática, Vivir con la Biblia del Cardenal Carlo María Martini, Saber leer la biblia de Francisco Varo, Vive la biblia, Comentario bíblico, Nueva Biblia de Jerusalén revisada y aumentada, Biblia del peregrino, Biblia para la iniciación cristiana, Libros para fieles, Abraham y los patriarcas, David y el reino de Israel, Introducción a los evangelios, Celebrar cantando con anotación musical, Libros para el aprendizaje del idioma japonés: Minna no nihongo (varios tomos); Curso de español para niños. Amigos I & Amigos II, Curso de español para niños. Entre amigos I & II, Ven. Libro del alumno, Nuevo español 2000, Español en marcha, Chicos-chicas: libro del alumno, Español sin fronteras, Bienvenidos al español, Súbete al español, Abrapalabra, Danko el caballo que conocía las estrellas, Julieta y Leandro , El Maestro Zacarías de Martín Paz, Pictogramas encuentro para jugar al escondite, Coquito, La bruja Berta, La princesita, La historia de José, David y Goliat, La biblia contada a los niños, Una fábula para cada día, Cuentos de Caristio, Mi primer Quijote en cómic, Arte japonés II – Ikebana, Haha to kodomo no ayatori asobi, Kurisimasu o umagoya, Joshua no kurisimasu, Cristo Sama, Kami sama no yume / God's Dream* y también hay varios rompecabezas. Como se puede ver, sobre todo en la colección de niños, hay libros para el aprendizaje del idioma japonés y español. De hecho, parte de las actividades del Centro Loyola, aparte de la catequesis, es la enseñanza de idiomas.

Más allá de las iglesias, los municipios donde viven muchos extranjeros tienen sus asociaciones internacionales o asociación de intercambio internacional. Éstas son instituciones públicas que operan con un alto porcentaje de voluntarios japoneses versados en una o varias lenguas extranjeras; también hay especialistas como psicólogos o abogados. Los extranjeros acuden a esos centros para pedir información sobre cualquier aspecto relacionado a la vida cotidiana. Todos los servicios son gratuitos y cualquier persona puede entrar a esos centros; no se necesita ninguna identificación. En el caso del Centro Internacional de Nagoya, por lo general la gente acude para terapia personal cuando tiene dificultades para ajustarse a la vida en Japón, para hacer preguntas de índole legal o para hacer preguntas básicas que tienen que ver con la vida cotidiana; por ejemplo, cómo obtener la licencia de conducir, cómo y cuándo reciclar, la educación, los medios de transporte, los impuestos, etcétera. Como muchos extranjeros no dominan el idioma, se les hace difícil comprender la correspondencia que reciben en casa; es entonces cuando acuden a centros como éste para que les traduzcan los documentos. El centro también cuenta con un servicio telefónico multilingüe que conecta a los extranjeros con los hospitales o con oficinas gubernamentales. Además, hay computadoras que se prestan a un bajo costo y también hay actividades culturales: se imparten clases básicas de japonés, hay exhibiciones y se organizan todo tipo de excursiones.

El Centro Internacional de Nagoya tiene una biblioteca la cual visité el 29 de mayo del 2011. Entre los libros más leídos en español estaban: *Memorias de una Geisha*, de Arthur Golden; *Los jefes, Los cachorros* y *La verdad de las mentiras, Historia de Mayta* y *La casa verde*, de Vargas Llosa; *Doce cuentos peregrinos, El otoño del patriarca, Cien años de soledad* y *Funerales de la Mamá grande*, de García Márquez; *La casa de las bellas durmientes*, de Yasunari Kawabata; *El conde de montecristo* de Alejandro Dumas; *Marcelino pan y vino* y *La burrita "non"* de José María Sánchez Silva; *Don Quijote* y *El licenciado vidriera*, de Cervantes; *El llano en llamas* de Juan Rulfo; *Las armas secretas*, de Julio Cortázar; *México insurgente* de John Reed; *Peligro inminente*, de Agatha Christie; *Los hijos del limo*, de Octavio Paz, *Nocturno de los 14* de Ramón Sender; *La gaviota* y *El jardín de los cerezos* de Antón Chéjov; *El jardín de al lado* y *Tres novelitas burguesas*, de Donoso, *El río que nos lleva*, de José Luis Sampedro, *Nada* de Carmen Laforet; *Picasso 85* de C. Rodríguez Aguilera; *Un muerto en la 105*, de Cristóbal Zaragoza; *Veinte poemas de amor*, de Pablo Neruda; *La revolución de los precios en la cuenca del Pacífico 1600-1650*; *Angeles y demonios*, de Dan Brown; *Confesiones de una máscara* y *Caballos desbocados* de Yukio Mishima; *De amor y de sombra, La casa de los espíritus* y *El plan infinito* de Isabel Allende; *Cien sonetos de amor* y *Confieso que he vivido,* de Pablo Neruda; *La tregua,* de Mario Benedetti; *Hijo del sol: Vida y muerte de Tupac Amaru,* de Daniel Mastroberardino; *El libro amarillo,* de Samael Aun Weor; *El hacedor, Martin Fierro* y *Ficciones,* de Jorge Luis Borges; *Cancionero (1921-1924)* de Federico García Lorca; *Don Segundo Sombra* de Ricardo Guiraldes; *La vida, un enigma,* de Daisaku Ikeda; *Luis Buñuel. De la literatura al cine* de Antonio Monegal; *El conejo de cristal,* de Toshiko Takagi; *Primavera con una esquina rota* y *Cuentos,* de Mario Benedetti; *El misterio del capital* de Hernando De Soto; *Huracán. Una novela de naufragio y supervivencia,* de Carlos León Amorés; *Caballo de Troya,* de J. J. Benítez; *Fabulas y leyendas,* de Ciro Alegría; *La mujer imaginaria,* de Jorge Edwards; *Maldito amor* de Rosario Ferré; *La única calma,* de Mariano Antolín Rato; *Astrología y destino,* de Liz Greene; *La balada del café triste,* de Carson McCullers; *Susana* de Pío Baroja; *Los pasos perdidos* y *El siglo de las luces,* de Alejo Carpentier; *No me esperen en abril* de Alfredo Bryce Echenique; *Cuentos inconclusos* y *La tercera edad* de J. R. R. Tolkien; *Tren nocturno de la vía láctea* de Kenji Miyazawa; *El secreto de los toros* de José Raúl Bernardo; *Un puñado de arena,* de Takuboku (versión de Antonio Cabezas); *Tratado de las cinco ruedas,* de Musashi Miyamoto; *Eva Perón,* de Pedro Ara; *El quinto jinete* de Dominique Lapierre y Larry Collins; *Introducción a la astrología,* de Lisa Mor Purgo; *Historia de América Latina,* de Pedro Carrasco y Guillermo Céspedes; *Nada es azar,* de Richard Bach; *Los ovnis de oro,* de Ernesto Cardenal; *El naranjo,* de Carlos Fuentes; *Tierra de nadie,* de Juan Carlos Onetti; *Puente al infinito,* de Richard Bach; *El baldío* y *Madama Sui* de Roa Bastos; *Historia de una gaviota y el gato que le enseñó a volar,* de Luis Sepúlveda; *Ana Karenina* de León Tolstoi; *Anaconda,* de Horacio Quiroga; *La túnica de azafrán* y *Sabiduría de los antepasados* de Rampa T. Lobsang; *El gran gatsby,* de Fitzgerald; *El sueño de una noche de verano,* de Shakespeare; *Rimas y leyendas,* de Gustavo A. Becquer; *El shock del futuro* de Alvin Toffler; *El profeta* de Gibrán Jalil Gibrán; *Me llamo Rigoberta Menchú,* de Elizabeth Burgos; *Territorio comanche,* de Pérez Reverte; *Confesiones de amor,* de Chiyo Uno; *Dinos cómo sobrevivir a nuestra locura*, de Kenzaburo Oe; *Facundo*, de Sarmiento; *Historias misteriosas*, de Lafcadio Hearn; *Te di la vida entera* de Zoé Valdés; *Historias fantásticas* de Stephen King; *Marianela* de Benito Pérez Galdós; *Gengi Monogatari*, de Murasaki Shikibu; *La tapadera* (the firm) de John Grisham; *Refugios de piedra* de Jean M. Avel; *Spunik, mi amor* de Haruki Murakami; *El libro de la almohada*, de Sei Shonagon; *Amanecer*, de Stephanie Meyer y *La sirenita sin voz*, de Barsy Kalman. La lectura de esos libros nos indica lo que lee la comunidad de hispanohablantes de Nagoya, una ciudad con miles de extranjeros.

Sin embargo, el libro más leído es sin duda *Viviendo en Nagoya: Guía Práctica*. Esta *Guía* gratuita es bilingüe (español/japonés) y tiene 130 páginas aproximadamente; se publica anualmente por la Oficina del Alcalde. La *Guía* explica en detalle 1) La vida diaria en Nagoya: servicios de agua potable, electricidad y gas, servicios postales y telefónicos, disposición de basura, salud, cuidado de niños, educación, vivienda, medios de transporte, impuestos, vida en la comunidad e instalaciones deportivas; 2) emergencias: incendios y enfermedades, accidentes de tráfico y delitos, desastres naturales, defensa nacional, tratamiento médico de emergencia en la noche y días feriados; 3) trámites importantes: para el registro de extranjería, de residencia, seguro de salud, sistema de seguro médico para ancianos y pensiones; 4) servicios informativos: servicios de consulta, organismos de administración pública de Nagoya, organizaciones internacionales e informaciones de transportes. Como se puede observar, es muy difícil la vida para los extranjeros que no dominan el idioma japonés. Por eso esas guías se publican en varios idiomas.

Quise comparar el archivo de libros del Centro Internacional de Nagoya con otros. Para ese fin, viajé a pequeños pueblos en la provincia de Aichi. Primero fui al Centro Cultural de Kariya el cual me sorprendió por su elegancia. Eran pocos los libros en español o portugués, pero había diccionarios básicos, la guía que mencioné en el párrafo anterior, la *Revista Caretas* (la cual se encuentra en varias bibliotecas), libros para el aprendizaje del idioma japonés y algunas revistas que mencioné en el capítulo dos. También fui al Centro Comunitario de Homidanchi, cerca de la ciudad de Toyota. Como ahí la gran mayoría de los pobladores son brasileños, el noventa por ciento de los libros eran para esos lectores, aunque encontré algunos títulos en español, sobre todo para niños: *La manzana y la mariposa*, *No todas las vacas son iguales*, *Historias mágicas*, *Alicia en el país de las maravillas*, *Carlitos*, *El cocuyo y la mora*, *El ladrón de voces*, *El mechón de cabellos blancos*, *Un diente se mueve*, *La historia de Cristóbal Colón*, *Don Quijote* y *Mi gato, mi viejo amigo*. Homidanchi es una suerte de pueblo marginado. Ahí viven en multifamiliares miles de individuos. Aparte del Centro Comunitario hay un par de templos de evangélicos y un supermercado con comida sudamericana. Por lo tanto, aunque pequeña, la biblioteca es un recurso esencial para los moradores de ese lugar tan apartado de todo.

Es importante mencionar que aparte de los centros internacionales o comunitarios ha habido otros tipos de bibliotecas como la biblioteca Kyodai ubicada en el local de la empresa en el vecindario de Gotanda, en Tokio. Ésta llegó a atesorar más de cien títulos (novelas, diccionarios, textos didácticos). Todos los socios Kyodai podían ser miembros del "Club de libros", como llamaban a la biblioteca. Los socios pagaban 1,000 yenes para ser parte del club y podían pedir prestados libros por 35 días y sin costo alguno. La biblioteca del club se formó con las donaciones de libros hechos por los residentes en Japón y tenía libros de García Márquez, Vargas Llosa, Paulo Coelho, Manuel Puig, Isabel Allende, Mario Puzo, Marguerite Yourcenar, Allan Poe, Patrick Suskind y Henry Miller, entre otros (*IP* 31 de mayo, 2003).

Las bibliotecas municipales también atesoran libros en español. Ya desde 1996, un artículo del *International Press* decía: "las bibliotecas japonesas tienen sus puertas abiertas a los extranjeros, incluso a aquellos que no han regularizado su estancia en Japón, ya que los datos que son necesarios en el momento de la inscripción no son comunicados a ningún órgano oficial, según declararon durante un simposio realizado en Tokio miembros de la Asociación Musubime no Kai (30 de junio de 1996). En el 2013 tuve la oportunidad de visitar la biblioteca de la Ciudad de Toyota. Esta tiene una impresionante colección de libros para niños, sin embargo, solo unos pocos se leen; por ejemplo, *Cuentos del Japón*, *Cuento de Navidad*, traducciones de *Harry Potter* al español y *Platero y yo*. Ese mismo año visité la Biblioteca de la Provincia de

Aichi. La colección de libros en portugués es un verdadero tesoro. Un hecho importante es que se han leído libros de escritores latinoamericanos traducidos al portugués: Allende, Benedetti, Cervantes, Laura Esquivel, Jorge Franco, García Márquez, Leonardo Padura, Pérez-Reverte, Santiago Roncagliolo, Ruiz Zafón, Luis Sepulveda, Marcela Serrano, Vargas Llosa y Neruda. En español se ha leído *Poeta en Nueva York*, *Romancero Gitano* y *La casa de Bernarda Alba* de García Lorca. El libro que más se ha consultado es la *Guía de aprendizaje del idioma japonés y de la vida cotidiana en Japón*.

El Instituto Cervantes de Tokio se instaló el 10 de septiembre del 2007 y su inauguración oficial fue el 11 de noviembre del 2008. Es el Instituto más grande de la red y cuenta con varias aulas, además de un auditorio, el Mesón Cervantes (un restaurante español), una librería y la Biblioteca Federico García Lorca. El instituto está situado en un área privilegiada en Tokio, cerca de la Universidad de Sofía. Visité el instituto en abril del 2012, cuando la biblioteca tenía pocos libros. Manuel Pérez, entonces el bibliotecario me explicó que al principio se cercioró de tener una mesa con "literatura de quiosco" porque a los lectores les gusta consultar esos textos.[265] La mesa tenía *Cinemanía*, *Fotogramas & DVD*, *Emprendedores*, *Geo*, *Leer*, *National Geographic*, *Qué leer*, *Revista de Occidente*, *Revista de libros*, *Vanity Fair*, *Viajar*, *Quo* y *Hola*. Por otra parte, la Colección Arce tenía revistas interesantes como *Guaragua – Revista de cultura Latinoamericana*, *Grial – Revista galega de cultura*, *Cuadernos de Alzate*, *Quimera*, *Revista de Estudios de Juventud*, *Ecologista*, *Ínsula*, *Letras libres* y *Boletín Ramón*. Con el paso del tiempo la biblioteca ha adquirido una gran cantidad de libros de América Latina, España, las Filipinas y otros países de habla hispana, así como traducciones al japonés de autores hispanoparlantes y traducciones al español de autores japoneses. Hay un club de lectura que se reúne una vez al mes y esporádicamente hay cuentacuentos en español, por supuesto.

Como se ha podido ver en este breve esbozo que excluye a las bibliotecas universitarias, los hispanohablantes en Japón

---

265 Entrevista personal.

acuden a bibliotecas que poco a poco han proliferado debido a su presencia en ese país. Como es sabido, un estudio de la lectura en el siglo XXI es mucho más complejo porque hay un sinnúmero de usuarios que solamente lee en el internet. Sin duda alguna, la tecnología ha permitido que los hispanohablantes tengan acceso al universo digital que antes fue vedado para quienes solo tuvieron acceso a bibliotecas físicas. De todas formas, me pareció importante llevar a cabo este bosquejo con la esperanza de que futuros investigadores lleven a cabo un estudio más profundo sobre las bibliotecas y las prácticas de la lectura.

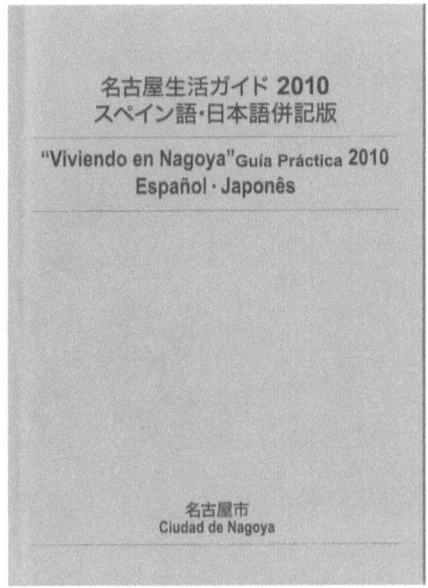

Viviendo en Nagoya,
una de las publicaciones más leídas.

Biblioteca en la Iglesia de Midorigaoka, Nagoya, 2013.

Biblioteca de la Ciudad de Toyota, 2013.

EPÍLOGO

Como se ha visto a través de este libro, los hispanohablantes en Japón han sido los protagonistas de una cultura híbrida y única. En las últimas tres décadas ellos han creado periódicos, revistas, programas de radio, literatura, videos y música exclusivamente en español. Las redes sociales han ayudado a promover esa cultura dentro y fuera de Japón. Sin embargo, en este libro quise rescatar y presentar la producción cultural que no es tan obvia o asequible en las redes sociales.

     La tarde del 26 de mayo de 2015, conocí en Tokio a Héctor García (Kirai). Me citó en la estación Daikanyama de Tokio la cual se encuentra en un bello vecindario con cafés, boutiques, galerías, librerías y todo lo que concierne a la última moda: vestuarios extravagantes, cortes de cabello asimétricos, maquillajes de sombras especiales, las más sofisticadas tendencias en accesorios, etcétera. Nos sentamos en un café al aire libre y allí me contó que Tokio opera como un laboratorio donde se pone a prueba lo que se pondrá de moda en el futuro: "si Google tiene que experimentar algo, lo hace en Tokio. La densidad de Tokio le ayuda a comprender a Silicon Valley lo que tendrá éxito o no" dijo.[266] García, es un *geek* que llegó a Japón en febrero del 2004 y desde entonces se ha dado a la tarea de escribir casi a diario el blog http://www.kirainet.com/ el cual es visitado por millones de usuarios. Su blog es una verdadera enciclopedia que tiene las siguientes categorías: animales y mascotas, anime, arquitectura, astronomía, bebidas, blogs, China, chorradas, ciencia, cine, citas, comida, cultura japonesa, curiosidades, deportes, desastres naturales, edificios, entrevistas, estadísticas, fashion, física, fotografía, fotos, friki, gadgets, geek, guía Japón, historia, idols

---

266   Entrevista personal.

japonesas, ikigai, inteligencia artificial, internet, investigación, japoneses durmiendo, kansai, kirai en los medios, kyoto, libros, manga, mi vida en Japón, música, Nihon, nihongo, nombres desafortunados, Okinawa, Osaka, otaku, paseos por Tokio, personal, programación, publicidad, robótica, salud, señales, sexo, Shibuya, Shinjuku, sociedad, Suiza-Cern, technorati, tecnología, telefonía, televisión, Tokyo, Tokyo eventos, trabajo, tradicional, trenes, varios, viajar Japón, viajes, videojuegos, videos y vulcanus. Le pregunté por qué decidió comenzar el blog y me dijo "desde que tenía diez años ya chateaba con gente en Australia. Ahí comenzó mi pasión con los ordenadores. Cuando llegué a Japón quise documentar lo que era nuevo para mí y así comencé". Le pregunté cómo lograba encontrar cosas nuevas en Japón después de haber vivido ahí por más de una década, a lo cual me contestó: "esa es la gran paradoja del antropólogo: el pez en la pecera.... Al principio me era muy fácil escribir porque todo era novedad. Después se me fue haciendo más difícil". El blog de Kirai es uno de los más populares en el mundo. Escrito en español e inglés e ilustrado con bellísimas fotografías, el blog permite que los usuarios comprendan mejor la historia y cultura japonesas.

Valiéndose de la tecnología, varios hispanohablantes en Japón han creado blogs que son verdaderas joyas. Ya desde 1997, los argentinos Eduardo y Hugo Eiguchi crearon una red informática para usuarios latinoamericanos en Japón.[267] Y, en marzo de 2005 el escritor Alberto Olmos quien tenía su propio blog, Hikikomori,[268] (el cual más tarde transformó en la novela *Trenes hacia Tokio* la cual analicé en el cuarto capítulo), escribió sobre el bloguero español Jorge Larrañaga (quizás el primer bloguero en Japón) quien lanzó su tokyonikki.com (su diario de Tokio) en 2003.[269] Olmos les siguió la pista a los blogueros y en diciembre del mismo año documentó varios blogs que promovían la comunicación entre hispanohablantes en Japón: www.casanipolatina.com,

---

267 *IP* 9 de marzo de 1997.

268 El blog todavía existe, pero a partir de 2007.

269 *IP* 2 de marzo de 2005.

http://dreamers.com/foros/nihongo,
http://groups.msn.com/GambateandoArgentinos,
http://apoyo.jp/bbs/bbs.cgi,
http://es.groups:yahoo.com/group/sumo_esp
y http://groups.msn.com/kaminarijapan. [270]
Los blogs han proliferado y hay algunos que son más visitados que otros:
http://blog.danielberlanga.es/,
http://www.edokun.net/,
http://www.frikis.net/,
http://www.japangaijin.com/,
http://nekojitablog.blogspot.com/,
http://unestranyentokio.blogspot.com/,
http://www.razienjapon.com/, entre muchos otros.[271]

 Twitter también ha sido la plataforma por medio de la cual varios hispanohablantes han dado noticias de su vida en Japón. El crítico Aurelio Asiain ha escrito cientos de páginas y ha publicado interesantes videos y fotos también: https://twitter.com/aasiain. Los videos de YouTube también han proliferado. El Canal Latino en Japón publica videos culturales muy interesantes: https://www.youtube.com/channel/UCifwLYQtB2n8YiaU7NEWFAQ/videos. Asimismo, los youtubers españoles en Japón nos muestran una gama de videos que incluyen series de televisión bien conocidas:

 https://www.youtube.com/results?search_query=youtubers+espa%C3%B1oles+en+japon, también véanse 5 youtubers hispanos en Japón:

 https://www.youtube.com/watch?v=Pl2eiT9WXHM.

 Sin duda alguna, las redes sociales han contribuido enormemente a que se conozca más a fondo la producción cultural de los hispanohablantes en Japón. Al mismo tiempo, han ayudado a promover la cultura no solo digital sino también la escrita. Por ejemplo, Héctor García publicó su libro *Un geek en Japón: momentos*

---

270 *IP* 3 de diciembre de 2005.

271 El blog http://unajaponesaenjapon.com/ es interesantísimo. Está escrito en español y japonés por una japonesa que vivió mucho tiempo en Argentina. Su blog es sobre todo interesante dado el bagaje cultural de la autora.

en 2010; la versión en inglés, *A Geek in Japan*, se lanzó en 2011. El libro originó de los artículos previamente publicados en el blog del autor y consta de doce capítulos que incluyen los orígenes de la cultura japonesa, las artes tradicionales y disciplinas, el carácter único japonés, curiosidades y símbolos, los japoneses en el trabajo, la vida diaria de la sociedad japonesa, el Japón de hoy, el mundo de la manga y el anime, la música japonesa moderna, la televisión y el cine, una visita a Tokio y un viaje alrededor de Japón. Los dos últimos capítulos operan como una breve guía para el visitante donde el autor paso a paso explica la mejor época para visitar ese país, qué boletos de avión y de tren comprar, recomendaciones para sitios donde hospedarse, los mejores lugares para visitar en la capital y en el interior del país, así como recomendaciones para visitar tanto vecindarios interesantes y museos. Al final del libro hay un glosario de frases básicas japonesas, un índice y una bibliografía. Lo que hace a este libro diferente es la inclusión de más de cien fotografías tomadas por el autor mismo además de pinturas de artistas clásicos japoneses. Las imágenes ilustran de una manera formidable el texto ya que hay un balance entre los dibujos antiguos que explican la historia de ese país y las fotografías recientes que convierten al libro en una verdadera "ventana" al mundo japonés tradicional y contemporáneo. Hay imágenes de jóvenes japonesas caminando en kimono en las calles, de tiendas de ramen, de monjes budistas, de festivales, de geishas, de revistas, de libros, de neones, de jardines, de templos, de estatuas sagradas, de la ceremonia del té, de arreglos florales, de las artes marciales, de artistas teatrales en escena, de asalariados haciendo reverencias, de estudiantes de la preparatoria, de niñas celebrando el "Día del Niño", de los baños públicos, de los interiores de las casas, de gente jugando pachinko, de platillos "deliciosos", de robots, de edificios modernos, de automóviles, de trenes, de casetas de policía, de jubilados en un parque, de variaciones de sake, de máquinas vendedoras, de diversas variaciones de jóvenes otaku, de miembros de la mafia, de cantantes y grupos de música pop, de portadas de revistas de manga, de músicos tocando el taiko y el koto, de posters de películas clásicas y contemporáneas, de imágenes de personajes e iconos famosos en la televisión, de mapas, de tiendas de aparatos electrónicos, de estaciones del metro, de imágenes del Monte Fuji y en fin, de un mundo de imágenes. Aparte de *Un geek*, García ha publicado (en coautoría con Francesc Miralles) los siguientes libros de autoayuda: *Ikigai: los secretos de Japón para una vida larga y feliz, El método ikigai (cuerpo y mente)* e *Ichigo-ichie: haz de cada instante algo único*. Lo que habría que plantearse es hasta qué punto los medios sociales le permiten a un autor promover sus libros impresos (y en versión digital también). En conjunto, García ha vendido más de un millón de ejemplares.

    En todo caso, las redes sociales no solo han contribuido a que se tenga un mayor entendimiento de la producción cultural de los hispanohablantes en Japón, sino que también han ayudado a poner al mundo al tanto de las últimas noticias sobre todo en el caso de catástrofes naturales. García me dijo que fue durante el Gran Terremoto del Este del 2011 cuando comprendió la magnitud y el peso que tenía lo que publicaba en su blog, "de pronto me di cuenta que los directores de la prensa de España o de otras partes del mundo me estaban leyendo" es por eso que "últimamente no pienso en la audiencia; intento pensar en encontrar cosas que me importen a mí; cuando escribo pienso que le estoy escribiendo una carta a un amigo". Le pregunté que en dónde se veía en diez años y me contestó lo inesperado: "me veo escribiendo libros en papel. Los libros escritos a mano me brindan una experiencia tranquila. En el web todo es rápido. Es una experiencia diferente". Al despedirse me dijo "escribe con calma. Tranquila".

    Hay varios aspectos de la producción cultural de los hispanohablantes que no me fue posible estudiar en este proyecto. Por ejemplo, el fútbol, el béisbol, la gastronomía y el arte. Cada uno de ellos merece en sí un libro. Otro aspecto importantísimo que está ligado a la cultura y es motivo de artículos y densas discusiones en todos los periódicos y las revistas es la educación de los hispanohablantes, particularmente de aquellos que han tenido hijos en Japón o que llegaron a ese país con hijos pequeños. La educación en Japón es difícil aun para los japoneses mismos y es quizás la más competitiva del mundo (antes de ingresar a la universidad). Los niños y jóvenes después de la escuela van a otros institutos a aprender matemáticas, lengua y música entre otras cosas para poder competir e ingresar a una buena universidad.

Los hijos de los hispanohablantes han tenido que entrar en ese mundo competitivo donde la enseñanza bilingüe en las escuelas primarias está en sus primeras etapas.

El 25 de mayo del 2015 visité Mundo de Alegría, una escuela primaria, secundaria y preparatoria bilingüe donde se imparten clases de español y japonés la cual está situada en Hamamatsu en la provincia de Shizuoka.[272] Ahí me recibió la joven directora y fundadora de la escuela, Masami Matsumoto. Ese día me explicó que "la educación era lo más difícil para los trabajadores que llegaron de Latinoamérica porque no existía un colegio para latinos. Muchos niños iban a las escuelas japonesas y no comprendían ni el idioma, ni la cultura, ni las costumbres y sus padres tampoco los podían ayudar. Los brasileños fundaron sus colegios para brasileños, pero los latinoamericanos, especialmente los peruanos que estudiaban en Japón no aprendían. Es por eso que después de varias gestiones fundamos la escuela en 2003, para que los niños aprendieran en ambos idiomas".[273] En sus dieciséis años de existencia, Mundo de Alegría ha promovido la educación, la adaptación y una mejor inserción de los jóvenes a la sociedad japonesa. Esos jóvenes son parte de concursos de dibujo, celebraciones internacionales, concursos de oratoria, concursos de ensayo, concursos de arte, concursos de dibujo y redacción, y, lo más importante es que algunos han logrado ingresar a las universidades japonesas. Aunque en este libro me ocupé mayormente de los hispanohablantes que llegaron a Japón cuando ya eran adultos, ahora son las emergentes generaciones de jóvenes (muchos de ellos bilingües o trilingües) los protagonistas de una nueva producción cultural híbrida, única y multifacética. Ahora que las Olimpiadas de Tokio

---

272   También se imparten clases de portugués-japonés.

273   Entrevista personal. Ese día también tuve la oportunidad de entrevistar a dos profesoras: Giovanna Reyes y Esther Seto. De acuerdo a Reyes, "desde el punto de vista de la enseñanza, los desniveles de los niños es el peor reto, pero, por otra parte, es muy grato ver que los niños son muy felices aquí. Muchas veces los padres trabajan de noche y donde viven, los niños no pueden hacer ruido. A ellos les hace falta afecto y consideran la escuela como un hogar; aquí juegan y se relajan". La profesora Seto, una *nissei* que enseña matemáticas y ciencia, señaló que cuando ella llegó a Japón en el 2009, uno de sus hijos no se adaptó al colegio japonés por eso decidió "ingresarlo a Mundo de Alegría donde se adaptó muy bien; era su medio, se sentía en casa".

2020 se aproximan, los hispanohablantes en Japón tendrán más visibilidad y sobre todo un mayor protagonismo no solo como atletas sino como intérpretes, traductores, escritores, periodistas, guías, productores, reporteros, locutores, blogueros e incluso voluntarios.[274]

---

274   De los 80,000 voluntarios que el Comité Olímpico pensaba reclutar, para el 20 de noviembre del 2018 ya se habían registrado 81,035 voluntarios y 44% de ellos son extranjeros. https://internationalpress.jp/2018/11/27/sorpresa-en-tokio-2020-casi-la-mitad-de-voluntarios-seran-extranjeros/ Consultado 28 feb. 2019.

Naomi Fujito, subdirectora de la Revista *Latin-a*, enseñando español en la sede de la Comunidad Latina Hyogo, Kobe, 2015.

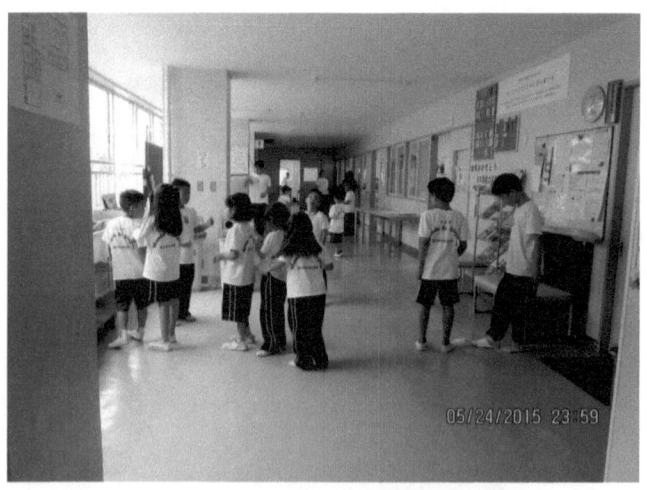

Niños en el Colegio Mundo de Alegría, Hamamatsu, 2015.

Historia cultural de los hispanohablantes en Japón

Niños leyendo en el Colegio Mundo de Alegría,
Hamamatsu, 2015.

Jóvenes en el Colegio Mundo de Alegría,
Hamamatsu, 2015.

Héctor García, bloguero, Tokio, 2015.

BIBLIOGRAFÍA

Almazán Tomás, David V. *Arte japonés y japonismo*. Bilboko Arte Ederren Musdeoa, 2014.
---, et al. *El principio Asia: China, Japón e India y el arte contemporáneo en España (1957-2017)*. Fundación Juan March, 2018.
---. "El punto de inflexión: Montse Watkins y la editorial Luna Books". *Ensayos en homenaje a la traductora e investigadora Montse Watkins*. Departamento de Estudios Hispánicos. Universidad de Estudios Extranjeros de Kioto, 2015, pp. 41-58.
Allende, Isabel. *El amante japonés*. Penguin Random House, 2015.
Arriola Ayala, Luis Fernando. *Gambate*. Editorial San Marcos, 2011.
Arrupe, Pedro. *Yo viví la bomba atómica*. Editorial Patria, 1965.
Asiain, Aurelio. *Gendai Mekishiko Shi-shu. Antología de poesía mexicana contemporánea*. Doyo Bijutsusha Shuppan Hanbai, 2004.
---. *Japón en Octavio Paz*. Fondo de Cultura Económica, 2014.
---. *Luna en la hierba. Medio centenar de poemas japoneses elegidos, traducidos y comentados por Aurelio Asiain*. Hiperión, 2007.
---. "Un mundo de rocío". *Letras Libres*, No. 149, mayo, 2011, pp. 16-21.
---. *Urdimbre*. Fondo de Cultura Económica, 2013.
Aullón de Haro, Pedro. *El jaiku en España. La delimitación de un componente de la poética de la modernidad*. Editorial Playor, 1985.
Baquedano, F. Esteban de, y Ryunosuke Nakazono. *Supeingo de tanoshimu sekai mukashibanashi*. IBC Publishing, 2018.
Barlés, Báguena Elena y David Almazán. *Japón y el mundo actual*. Prensas Univ. de Zaragoza, 2011.
---. *La mujer japonesa: realidad y mito*. Prensas Universitarias de Zaragoza, 2008.
Bellatin, Mario. *Obra reunida*. Alfaguara, 2013.

---. *Obra reunida 2*. Alfaguara, 2014.
Bernabé Marc y Verònica Calafell. *Apuntes de Japón. Diario de un traductor de manga en el Mundial 2002*. Ediciones Glénat, 2002.
Bogarín Quintana, Mario Javier. *Otakus bajo el sol. La construcción sociocultural del fanático de manga y anime en Mexicali*. UABC, 2012.
Bosch, Lolita y Alberto Olmos. *Japón*. Brutas Editoras, 2011.
Bravo Mendiola, Ángel. *Una cabeza llena de pájaros*. Belacqva, 2003.
Brody, Betsy. *Opening the Doors: Immigration, Ethnicity, and Globalization in Japan*. New York: Routledge, 2002.
Burena, Remy y Teikichi Okimura. *Un japonés y un suramericano*. Buenos Aires: Editorial Mikune, 1933.
Cabezas García, Antonio. "Impacto mutuo de Japón y las demás civilizaciones". *Japón y la Península Ibérica. Cinco siglos de encuentros*, coordinado por Fernando Cid Lucas, Satori Ediciones, 2011, pp. 19-32.
---. *El siglo ibérico del Japón. La presencia hispano-portuguesa en Japón 1543-1643*. Universidad de Valladolid, 1994.
Calcina Nagay, Susy. *Largo haiku para un viaje*. Algón, 2013.
Camayd-Freixas, Eric, ed. *Orientalism and Identity in latin America: Fashioning Self and Other From the (Post)Colonial Margin*. U of Arizona Press, 2013.
Cárdenas, Antonio. "Crónica de un migrante". *Cuadernos CANELA*, Vol. VI, 1994. 7-17.
Castellanos Moya, Horacio. *Cuadernos de Tokio: los cuervos de Sangenjaya*. Editorial Huerders, 2015.
Chakrabarty, Dipesh. *Provincializing Europe: Postcolonial Thought and Historical Difference*. Princeton UP, 2000.
Chew, Selfa A. *Uprooting Community: Japanese Mexicans, World War II, and the US-Mexico Borderlans*. The U of Arizona P, 2015.
Chiappe, Mat. "Bellatin y Japón: Una entrevista". *The Buenos Aires Review*, 12 may. 2015, http://www.buenosairesreview.org/es/2015/05/bellatin-y-japon-una-entrevista/ Consultado 7 ene. 2019.
Cid Lucas, Fernando, ed. *Japón y la Peninsula Ibérica. Cinco siglos de encuentros*. Satori Ediciones, 2011.

Colina Martín, Sergio, coordinador. *Miradas desde Japón. Historias de 25 españoles en el país del sol naciente*. Embajada de España en Japón, 2018. http://www.exteriores.gob.es/Portal/es/SalaDePrensa/Multimedia/Publicaciones/Documents/Area%20publicaciones/Miradas%20desde%20Jap%C3%B3n%20versi%C3%B3n%20LINEA.pdf. Consultado 4 feb. 2019.

Córdova Quero Hugo y Rafael Shoji. *Trasnational Faiths: Latin-American Immigrants and their Religions in Japan*. Routledge, 2016.

Cortés, Enrique. *Relaciones entre México y Japón durante el Porfiriato*. SER México, 1980.

Cortines, Javier. *Bajo la piel del dragón*. Morandi, 2005.

Delgado, Richard, and Jean Stefancic, editores. *The Latino Condition. A Critical Reader*. New York UP, 2011.

Díaz Covarrubias, Francisco. *Viaje al Japón*. Edición y prólogo de Hugo Diego. CONACULTA, 2008.

Dussel, Enrique D. "Transmodernity and Interculturality: An Interpretation from the Perspective of Philosophy of Liberation". *Transmodernity: Journal of Peripheral Cultural Production of the Luso-Hispanic World*, vol. 1, no. 3, 2012, pp. 28-59.

Endo, Shusaku. *Silencio: la aventura de los jesuitas en el Japón del siglo XVII*. Trad. Jaime Fernández y José Miguel Vara. Edhasa, 2009.

Fuente Umetsu, Juan Carlos de la. *Las barcas que se despiden del sol*. Tranvías Editores, 2008.

---. *La belleza no es un lugar*. Carpe Diem Editora, 2019.

Galván, Kyra. *Poesía en jeroglífico*. Ediciones Fósforo, 2013.

Gallego Andrada, Elena y Shoji Bando, eds. *Ensayos en homenaje a la traductora e investigadora Montse Watkins*. Departamento de Estudios Hispánicos. Universidad de Estudios Extranjeros de Kioto, 2015

---. "Lengua y cultura en la traducción de la literatura japonesa al español. La responsabilidad de traducir". *Ensayos en homenaje a la traductora e investigadora Montse Watkins*. Departamento de Estudios Hispánicos. Universidad de Estudios

Extranjeros de Kioto, 2015, pp. 119-144.
---. "Sobre la traducción de literatura japonesa al español". *Cuadernos CANELA*, Vol. X, 1998, pp. 97-98.
García Gutiérrez, Fernando. *La arquitectura japonesa vista desde Occidente. Japón y Occidente II.* Guadalquivir, 2001.
---. *Ensayos sobre budismo y estética de Japón.* Videal Impresores, 2011.
---. *Japón y Occidente. Influencias reciprocas en el arte.* Guadalquivir, 1990.
---. *Los mártires de Nagasaki: IV centenario (1597-1997).* Guadalquivir, 1996.
---. *El zen y el arte japonés.* Guadalquivir, 1998.
García, Jerry. *Looking Like the Enemy. Japanese Mexicans, the Mexican State, and US Hegemony, 1897-1945.* The U of Arizona Press, 2014.
García Héctor (Kirai) y Francesc Miralles. *Ikigai. Los secretos de Japón para una vida larga y feliz.* Urano, 2016.
García, Héctor. *A Geek in Japan. Discovering the Land of Manga, Anime, Zen, and the Tea Ceremony.* Tuttle, 2011.
---. *Momentos: un geek en Japón.* Norma, 2010.
Gasquet, Axel. *El llamado de Oriente. Historia cultural del orientalismo argentino (1900-1950).* Eudeba, 2015.
---. *Oriente al sur. El orientalismo literario argentino de Esteban Echeverría a Roberto Arlt.* Eudeba, 2007.
Guerra, Juan Luis. "Una bachata en Fukuoka" http://www.youtube.com/watch?v=5E87B3t9cnY. Consultado 2 jul. 2017.
Gil de Carrasco, Antonio. "El español en Japón: Evolución y perspectivas". *Supeingo Sekai no Kotoba to Bunka.* Departamamento de Estudios Hispánicos. Universidad de Estudios Extranjeros de Kyoto, pp. 67-82.
---. "Prólogo". *Actas del I Congreso Internacional sobre el español y la cultura hispánica del Instituto Cervantes de Tokio (2013).* http://cvc.cervantes.es/ensenanza/biblioteca_ele/publicaciones_centros/PDF/tokio_2013/01_prologo1.pdf. Consultado 7 mar. 2017.
Gil, David B. *El guerrero a la sombra del cerezo.* Suma de Letras, 2017.

Gil, Eve. *Sho-shan y la Dama Oscura*. Santillana, 2009.

---. *Tinta violeta. Sho-shan segunda temporada*. Santillana, 2011.

Gómez Carrillo, Enrique. *El Japón heroico y galante*. Edición, introducción y notas: Ricardo de la Fuente Ballesteros. U de Valladolid, 2011.

Gómez Aragón, Anjhara, ed. *Japón y Occidente. El patrimonio cultural como punto de encuentro*. Aconcagua, 2016.

González, Javier y Sandra Morales Muñoz, editores. *Kôten: lecturas cruzadas Japón-América Latina*. Pontificia Universidad Javeriana, 2005.

González, Juan. *The Harvest of Empire. A History of Latinos in America*. Penguin, 2011.

González Vallés, Jesús. *Historia de la filosofía japonesa*. Tecnos, 2014.

González, Vicente. *Diccionario español-japonés*. Enderle, 1986.

----. *Gramática teórico-práctica de la lengua japonesa para uso de los estudiantes de habla española*. Enderle, 1985.

González, Silvia Lidia. *El ejercicio del periodismo*. Trillas, 2006.

---. "Fukushima en tres tiempos: silencio, mutaciones y sueños". *Istor. Revista de Historia International*. Año XIII, No. 51, invierno de 2012, pp. 153-165.

---. *Hiroshima: la censura del siglo XX*. U de Monterrey, 2000.

---. *Hiroshima: la noticia que nunca fue ¿cómo se censura la información en tiempos de conflicto?* Editorial Venezolana, 2004.

-----. "Hiroshima y Nagasaki: Conciencia histórica a través del arte y la cultura popular de Iberoamérica". *The Journal of Kanda University International Studies*. No. 28, March 31, 2016, pp. 67-87.

-----. "Hiroshima: una noticia que murió en la guerra". *Comunicación: estudios venezolanos de comunicación*. No. 130, 2005, pp. 88-99.

González Viñas, Fernando. *Japón, un viaje entre la sonrisa y el vacío*. Editorial Almuzara, 2010.

Gutiérrez, David. *The Columbia History of Latinos in the United States since 1960*. Columbia UP, 2004.

Hagimoto, Koichi, editor. *Trans-Pacific Encounters. Asia and the Hispanic World*. Cambridge Scholars Press, 2016.

Higa Oshiro, Augusto. *Gaijin*. Animal de Invierno, 2014.

---. *La iluminación de Katzuo Nakamatsu*. APJ Fondo Editorial, 2015.
---. *Japón no da dos oportunidades*. Editorial Generación 94, 1994.
---. *Okinawa existe*. APJ/Grupo Editorial Mesa Redonda, 2013.
Higa Yara, Isaac. *Kokinawa sin zapatos*. 2014.
Hosokawa, Shuhei. "Okinawa latina: la orquesta Diamantes y la errante identidad de la emigración nipona-peruana". *Trans. Revista Transcultural de Música*. http://www.sibetrans.com/trans/articulo/233/okinawa-latina-la-orquesta-diamantes-y-la-errante-identidad-de-la-emigracion-nipona-peruana. Consultado 12 jul. 2017.
Ito, Masateru y Elena Gallego Andrada, trad. *Cien poetas, un poema cada uno. Ogura hyakunin isshu*. Taiseido, 2016.
Iwasaki Cauti, Fernando. *España, aparta de mí estos premios*. Páginas de Espuma, 2009.
Japón. Dirigida por Carlos Reygadas, Artecinema, 2003.
Jiménez de la Espada, Gonzalo. *Bushido el alma de Japón*. Daniel Jorro, 1909.
---, et al. *Cuentos del Japón viejo*. Langre, 2013.
---. *Leyendas y narraciones japonesas*. Langre, 2013.
Jusué Simonena, Carmen, et. al. *Itinerario universal de Francisco Javier*. Gobierno de Navarra, 2002.
"Kenji Miyazawa". http://www.montsewatkins.net/vida_de_kenji.html. Consultado 20 ago. 2016.
Klengel, Susanne y Alexandra Ortiz Wallner, eds. *Sur/South: Poetics and Politics of Thinking Latin America / India*. Iberoamericana, 2016.
Kushigian, Julia A. *Orientalism in the Hispanic Literary Tradition. In Dialogue with Borges, Paz, and Sarduy*. Albuquerque: U of New Mexico P, 1991.
Lahuerta, Juan José. *Japonecedades*. Samaranch Disseny Grafic, 2004.
Lanzaco Federico. *La cultura japonesa reflejada en su lengua*. Verbum, 2010.
---. *Introducción a la cultura japonesa: pensamiento y religión*. U de Valladolid, 2011.
---. *La mujer japonesa: un esbozo a través de la historia*. Verbum, 2012.
---. *Religión y espiritualidad en la sociedad japonesa contemporánea*. Prensas Universitarias de Zaragoza, 2008.
Lee-DiStefano, Debbie. *Three Asian-Hispanic Writers from Peru:*

Doris Moromisato, José Watanabe, Siu Kam Wen. Mellen Press, 2008.

López Calvo, Ignacio. ---. *The Affinity of the Eye. Writing Nikkei in Peru*. U of Arizona Press, 2013.

---, ed. *Alternative Orientalisms and Beyond*. Cambridge Scholars Publishing, 2007.

---, ed. *One World Periphery Reads the Other: Knowing the 'Oriental' in the Americas and The Iberian Peninsula*. Newcastle, UK: Cambridge Scholars Publishing, 2010.

---. "Worlding and Decolonizing the Literary World-System: Asian-Latin American Literature as an Alternative Type of *Weltliteratur*". *Re-Mapping World Literature. Estéticas, mercados y epistemologías entre América Latina y el Sur Global*, editado por Gesine Müller, et al. De Gruyter, 2018, pp. 15-31.

Lowe, Lisa. *The Intimacies of Four Continents*. Duke UP, 2015.

Loyde, Monserrat. "Los mexicanos que viven en Japón". *Letras Libres*, No. 131, nov. 2009, pp. 30-33.

Lozoya, Jorge Alberto y Víctor Kerber Palma. "Japón contemporáneo." *Historia mínima de Japón*, coordinado por Michiko Tanaka. El Colegio de México, 2013.

Lozoya, Jorge Alberto y Xavier Lozoya. *Cartas transpacíficas*. Ariel, 2013.

Magaña Carrillo, Irma. *Japón en mi existir: La calidad total, un camino a seguir*. Gobierno del Estado de Colima, 2009.

Mapa de los sonidos de Tokio. Dirigida por Isabel Coixet, 2009.

Marshall, Tim. *Prisoners of Geography. Ten Maps that Explain Everything About the World*. Scribner, 2016.

Matayoshi Matayoshi, Nicolás. *Poemas para llegar a casa*. Arteidea Editores, 2000.

Mato, Shigeko. "Rethinking the Hybrid Identity of a Peruvian Migrant Worker in Japan in *Gambate* (2011) by Luis Fernando Arriola Ayala" in *Trans-Pacific Enounters: Asia and the Hispanic World*, editado by Koichi Hagimoto, Cambridge Scholars Publishing, 2016, pp. 178-195.

Matsuda Matt. *Pacific Worlds: A History of Seas, Peoples, and Cultures*. Cambridge UP, 2012.

Matsumoto, Juan Alberto. *Aruzenchin o shirutameno*. Akashi Shuppan, 2008.

---. *Sanju-nichi de hanaseru supeingo kaiwa*. Natsume-sha 2017.

Masterson, Daniel M. and Sayaka Funada-Classen. *The Japanese in Latin America*. U of IL Press, 2004.

Mayorquín, Xóchitl. "Vivir y leer en Japón. Entrevista a Aurelio Asiain". http://revistareplicante.com/vivir-y-leer-en-japon/. Consultado 22 feb. 2014.

Mendieta, Eduardo. "Ni orientalismo ni occidentalismo: Edward W. Said y el latinoamericanismo". *Tabula Rasa*, No. 5, 2006, pp. 67-83.

Miyazawa, Kenji. *El mesón con muchos pedidos y otros cuentos*. Trad. Elena Gallego Andrada y Montse Watkins. Luna Books / Gendaikikakushitsu, 2000.

Mori, Ogai. *El barco del río Takase y otros relatos*. Trad. Elena Gallego Andrada. Luna Books / Gendaikikakushitsu, 2000.

Moromisato, Doris. *Diario de una mujer esponja*. Flora Tristán, 2004.

---. *Chambalala era un camino*. NoEvas Editoras, 1999.

Müller, Gesine, et al. *Re-Mapping World Literature. Estéticas, mercados y epistemologías entre América Latina y el Sur Global*. De Gruyter, 2018.

Mushanokoji, Saneatsu. *Amistad*. Trad. Elena Gallego Andrada. Contraseña, 2015.

Nagy-Zekmi, Silvia, ed. *Orientalismo en Latinoamérica*. Iberoamericana, 2008.

Nettel, Guadalupe. *Pétalos y otras historias incómodas*. Anagrama, 2008.

Nivón Bolán, Raúl. "El camino del té y los caminos del cristianismo en Japón". *CANELA*, Vol. XIV, 2002, pp. 17-34.

Olmo, Luz del. *Haikus para niños. Los cuatro elementos*. Verbum, 2008.

Olmos, Alberto. *Tatami*. Lengua de Trapo, 2008.

----. *Trenes hacia Tokio*. Lengua de Trapo, 2011.

Ontiveros, José Luis. *Aproximaciones a Yamato: los escritores mexicanos y Japón*. Premiá, 1989.

Ota, Seiko. *José Juan Tablada: su haikú y su japonismo*. Fondo de Cultura Económica, 2014.

---, y Elena Gallego Andrada, trad. *Haikus de amor*. Hiperión, 2015.

---, y Elena Gallego Andrada, trad. *Haikus contracorriente*, 2017.
---, y Elena Gallego Andrada, trad. *Haikus en el corredor de la muerte*. Hiperión. 2014.
---, y Elena Gallego Andrada, trad. *Haikus de guerra*. Hiperión 2016.
---, y Elena Gallego Andrada, trad.. *Kigo: la palabra de estación en el haiku japonés*. Hiperión, 2013.
Otta Vildoso Tilsa. *Antimateria. Gran acelerador de poemas*. Editorial Pesopluma, 2015.
---. *La vida ya superó a la escritura*. Editorial Juan Malasuerte, 2018.
Otsubo, María Claudia. *Kawanabe*. Series O, 2012.
Pazó Espinosa, José. *Banteki (El salvaje)*. Libros de la Ballena, 2015.
----. *El libro de la rana*. Madrid: Langre, 2011.
----. "Gonzalo Jiménez de la Espada: ¿hispanista en Japón o japonólogo en España?" *Japón y la Península Ibérica. Cinco siglos de encuentros*, coordinado por Fernando Cid Lucas, Satori Ediciones, 2011, pp. 137-156.
Piché, Bruno H. *Robinson ante el abismo. Recuento de islas*. UNAM, DGE Equilibrista, 2010.
Rascón, Cristina. *El agua está helada*. Instituto Sonorense de Cultura, 2006.
---. *Hanami*. CONACULTA, 2009.
Rey Marcos, Felisa. "El español en las universidades japonesas: panorama general 2003". *Coloquio Internacional: Japón y el mundo hispánico: enlaces culturales, literarios y lingüísticos*. 167-175.http://cvc.cervantes.es/Ensenanza/biblioteca_ele/aepe/pdf/coloquio_2004/coloquio_2004_22.pdf. Consultado ago. 17, 2017.
Reyes-Ruiz, Rafael y Narciso J. Hidalgo, eds. *Bajo el sol naciente: Latinos en Japón. Antología*. Editorial Fridaura, 2007.
Reyes-Ruiz, Rafael. "The Creation of Latino Culture in Japan. An Ethnography of Spanish-Speaking Latin American Immigration in Tokyo." Tesis doctoral. The New School of Social Research, 2000.
---. *La forma de las cosas*. Alfar, 2016.
---. *Samurái*. La Pereza, 2018.
Riger Tsurumi, Rebecca. *The Closed Hand: Images of the Japanese in Modern Peruvian Literature*. Purdue UP, 2012.
Rivas, Zelideth María y Debbie Lee-DiStefano, eds. *Imagining*

Asia in the Americas. Rutgers UP, 2016.
Rossi, Erika. "Cantar la identidad: el emigrante/dekasegi en la música de los jóvenes latinos en Japón". *Confluenze. Rivista di studi iberoamericani.* Vol. 1, No. 2, 2009, pp. 122-143.
---. "La comunidad latina y los medios étnicos en Japón. ¿Desde el papel a la web?" *Construyendo Nuestra Interculturalidad. Revista Cultural Electrónica.* Año 7, Vol. 6, 2011, pp. 1-15.
Robledo, Gonzalo. *Apuntes e imágenes de América Latina/Raten America tenbyo.* Instituto de Estudios Latinoamericanos Universidad Rikkyo, 2016.
Robles Díaz, Carlos Pavel. "Experiencia profesional como periodista en un medio dirigido a inmigrantes peruanos en Japón". Tesis de licenciatura. Pontificia Universidad Católica del Perú, 2016.
Rodao, Florentino, coord.. *Espana y el Pacífico.* Agencia Española de Cooperación Internacional en colaboración con la Asociación Española de Estudios del Pacífico, 1989.
----. *Franco y el imperio japonés.* Plaza & Janés, 2002.
Rodríguez, Antonio J. *Vidas perfectas.* Penguin Random House, 2017.
Rodríguez Izquierdo y Gavala, Fernando. *A zaga de tu huella: haikus de mi peregrinaje a Tierra Santa (29 abril-mayo, 2009).* Dossoles, D. L., 2009.
---, y Jesús Montero Marchena. *Un haiku en el arcoíris.* U de Sevilla, 2007.
---. *El haiku japonés: historia y traducción; evolución y triunfo del haikai breve poema sensitivo.* Hiperión, 2006.
Said, Edward. *Orientalism.* New York: Vintage Books, 1978.
Sanz Yagüe, Montserrat. *Frente al Pacífico.* Isla del Náufrago, 2011.
Santiago, José Andrés y Ana Soler. *Manga del cuadro flotante a la viñeta japonesa.* Universidad de Vigo, 2010.
Sierra Blas, Verónica. "Cartas para todos: discursos, prácticas y representaciones de la escritura epistolar en la época contemporánea." En *Culturas del escrito en el mundo occidental: del Renacimiento a la contemporaneidad,* editado por Antonio Castillo Gómez, Casa de Velázquez, 2015.
Siu Kam Wen. *La primera espada del imperio.* Instituto Nacional de Cultura, 2008.

Sojun, Ikkyu. *Un puñado de poemas*. Traducido por Aurelio Asiain. Universidad Autónoma de Nuevo León, 2010.
Sosa, Víctor. *El oriente en la poética de Octavio Paz*. Secretaría de Cultura/Gobierno del Estado de Puebla, 2000.
Takashi, Sasaki. *Fukushima: vivir el desastre*. Traducido por F. Javier de Esteban Baquedano, Satori, 2013.
Tanaka, Michiko, coordinadora. *Historia mínima de Japón*. El Colegio de México, 2013.
Tanizaki, Junichiro. *El elogio de la sombra*. Traducción de F. Javier de Esteban Baquedano. Satori, 2016.
Taranco, David. *Cegado por el ruido*. Ediciones Poesia Sí Eres Tú, 2010.
Terazawa, Hiromi. "Procesión del Señor de los Milagros en Japón: desde el punto de vista de la transculturación". *Perspectivas Latinoamericanas*, No. 6, 2009, pp. 172-183.
Tinajero, Araceli. *El lector: A History of the Cigar Factory Reader*. Traducido por Judith Grasberg, U of Texas Press, 2010.
---. *Kokoro, una mexicana en Japón*.Verbum, 2012.
---. *Orientalismo en el modernismo hispanoamericano*. Purdue University Press, 2004.
---, editora. *Orientalisms of the Hispanic and Luso-Brazilian World*. Escribana, 2014.
Torres-Rodríguez, Laura. *Orientaciones Transpacíficas. La modernidad mexicana y el espectro de Asia*. U of NC UP, 2019.
Tsuchiya, Akiko y William G. Acree Jr, editors. *Empire's End. Transnational Connections In the Hispanic World*. Vanderbilt UP, 2016.
Tsukahara, Nobuyuki. "Condiciones sociales del bilingüismo". *CANELA*, Vol. XIX, 2007. 19-22
Ugarte, Víctor. "La implantación del Instituto Cervantes en Japón y el nuevo DELE de seis niveles". *CANELA*, Vol. 20, 2008, pp. 9-14.
Vilaró, Eugènia. *Geisha, los secretos del mundo flotante*. Shinden, 2006.
Villoro, Juan. "Arenas de Japón." *Letras Libres*, No. 131, nov. 2009, pp. 52-57.
---. *Foward Kioto*. Ultramarina Editorial, 2012.
Vitali Analía "Actitudes y usos de la lengua materna entre

hispanohablantes en Japón". *CANELA*, Vol. 22, 2010, pp. 1-16.

-----. "Derechos lingüísticos, educación bilingüe y pragmatismo entre hispanohablantes residentes en Japón". *CANELA*, Vol. 24, 2012, pp. 63-75.

Watkins, Montse. *Encuentro: colectánea de autores latinos en Japón*. Luna Books, 1997.

----. *¿El fin del sueño? Latinoamericanos en Japón*. Luna Books, 1999.

----. *Pasajeros de un sueño. Emigrantes latinoamericanos en Japón*. Luna Books, 1995.

----. *El portal rojo*. Luna Books, 1994.

Yoshitomi, Shizuyo. *Multicultural Symbiotic Society and the Power of the Foreign Community. Do self-help groups that avoid ghettoization really exist?* Traducido por John Nevara, Akiko Mera y Edward Y. Sumoto. Gendaijinbunsha, 2010.

Yushimito del Valle, Carlos. *Lecciones para un niño que llega tarde*. Barcelona: Duomo, 2011.

---. *Marginalia. Breve repertorio de pensamientos prematuros sobre el arte poco notable de escribir al revés*. Odradek, 2015.

---. *Rizoma*. Perra Gráfica Taller, 2015.

Zambrano, Gregory. Prólogo y cronología. *Donia Barubara [Doña Bárbara]*. Trad. Ryukichi Terao. Gendaikikakushitsu, 2017.

---. *Hacer el mundo con palabras: los universos ficcionales de Kobo Abe y Gabriel García Márquez*. APULA, 2011.

---. Introducción. *Historia de las pulgas que viajaron a la luna (y otros cuentos de ficción científica)* por Kobo Abe. Traducido por Ryukichi Terao, Eterna Cadencia, 2013, pp.11-27.

---. *El horizonte de las palabras: La literatura hispanoamericana en perspectiva japonesa. (Conversaciones con académicos y traductores)*. Instituto Cervantes, 2009. https://www.academia.edu/34345791/El_horizonte_de_las_palabras_la_literatura_hispanoamericana_en_perspectiva_japonesa_conversaciones_con_acad%C3%89micos_y_traductores_._gregory_zambrano_2009_ Consultado 21 jul. 2017.

---. *Los mapas secretos (poesía reunida 1990-2000)*. Mucuglifo / CONAC, 2005.

---. *Mariano Picón Salas (1901-1965)*. El Nacional, 2008.

---. *Mujer-escritura, imaginario y sociedad en América Latina*. U de Los Andes, 2004.

---. "Traducción y recepción en la cultura hispánica de un clásico japonés: la obra de Kobo Abe". *Actas del congreso Internacional sobre el español y la cultura hispánica. Instituto Cervantes de Tokio* (2013). Instituto Cervantes. 2014. PDF. 111-122.

PERIÓDICOS

International Press - Tokio
Ryukyu Shimpo – Naha, Okinawa, Japan.
Times, The - Tokio

REVISTAS

Acueducto – *La Revista Española en Japón*
Alternativa
Escape
Gambateando
Kyodai
Kyodai Magazine
Mercado Latino
Mujer Latina
Revista Kantō – *Arte, Cultura, Literatura, Comunicación*
Revista Kaikan
Revista Latin-@
Revista Mujer de Hoy
Revista Replicante. Cultura Crítica y Periodismo Digital
Revista Vitrine

TELEVISIÓN

Canal Latino Japón https://www.youtube.com/channel/UCIFWLY-QTB2N8YIAU7NEWFAQ/featured

CORRESPONDENCIA POR CORREO ELECTRÓNICO

Ferreira de Melo, Anselmo. Sep. 5, 2013; sep. 24, 2013; nov. 20, 2013; sep. 2, 2014; feb. 9, 2015.
Matsumoto, Alberto. 25 de enero de 2019.
Saiki, Kike. 7 de junio de 2017.
Sakai Alberto F. 4 de febrero de 2019.
Uehara, Natsuki. 4 de febrero de 2019.

ENTREVISTAS

Alva, Roberto. Entrevista personal. Osaka, 27 de mayo del 2011.
Bainotti, Alberto. Entrevista por correo electrónico. 20 de mayo, 2015.
Contreras, Alejandro. Entrevista por correo electrónico. 29 de junio del 2015.
Gallego Andrada, Elena. Entrevista personal. Tokio 12 de noviembre del 2016.
González, Silvia Lidia. Entrevista por correo electrónico. 1º. de marzo del 2017.
Hirashiki, Julio. Entevista personal. Naha, Okinawa, 2 de junio del 2015.
Jaramillo Cárdenas, Luis Jaime. Entrevista personal. Tokio, 19 de abril del 2014.
Lugo Alba, Juan Carlos. Entrevista personal. Okinawa, 3 de junio del 2015.
L.P. Alexander. Entrevista Personal. Tokio, 27 de mayo del 2015.

Matsumoto, Alberto. Entrevista personal. Tokio, 27 de octubre del 2016.
Matsumoto, Masami. Entrevista personal. Hamamatsu, 25 de mayo del 2015.
Musso Sotomayor, Ricardo. Entrevista personal. Nagoya, 20 de mayo, 2015.
Oshiro, A. Roxana. Entrevista personal. Kobe, 25 de mayo del 2011.
Pérez, Manuel. Entrevista personal. Tokio, 11 de abril del 2012.
Reyes, Giovanna. Entrevista personal. Hamamatsu, 25 de mayo del 2015.
Rodríguez, Iroel. Entrevista personal. Okinawa, 3 de junio de 2015.
Sartor, Luis. Entrevista por correo electrónico. 26 de julio de 2017.
Saiki, Kike. Entrevista por correo electrónico. 22 de abril del 2017.
Seto, Esther. Entrevista personal. Hamamatsu, 25 de mayo del 2015.
Shiroma, Alberto. Entrevista personal. Ginowan-Shi, Okinawa, 2 de junio de 2015.
Takahashi, Javier. Entrevista personal. Nagoya, 28 de mayo de 2011.
Yoshitomi, Shizuyo. Entrevista personal. Kobe, 22 de mayo de 2015.
Zambrano, Gregory. Entrevista por correo electrónico. Febrero 11, 2019.

www.ingramcontent.com/pod-product-compliance
Lightning Source LLC
Chambersburg PA
CBHW030050100526
44591CB00008B/89